Elogios para PNL: Guia Essencial

"Em 50 anos publicando trabalhos importantes sobre autoaperfeiçoamento, os programas da NLP Comprehensive estão entre os mais bem-vistos e vendidos. Este novo livro, *PNL: Guia Essencial*, mantém a boa tradição. É um prazer recomendá-lo."

— Vic Conant, presidente, Nightingale-Conant

"O livro *PNL: Guia Essencial* é uma rica jornada pessoal. Você se divertirá com fatos curiosos enquanto é levado a explorar como aplicar os princípios e ensinamentos da PNL em tudo aquilo que possa tornar a vida mais fácil e feliz. Uma introdução única à PNL a qual o fará experimentá-la não tanto como um conjunto de conceitos, mas viva e ativamente."

— Connirae Andreas, autora de *Core Transformation*

"É um livro escrito para ensinar o leitor a 'como' colocar os princípios da PNL em prática. Ele foi escrito por dois dos profissionais da PNL mais interessantes e apaixonados no mundo. Ocorre de uma forma que facilita a leitura e o aprendizado "real", ou seja, as explicações e os exercícios transmitem habilidades novas e úteis. Ensinará a um leitor sério as particularidades do "software operacional" com o qual a mente funciona enquanto melhora drasticamente sua vida e comunicação com outras pessoas. É uma das melhores introduções à aprendizagem da PNL já impressa."

— Frank Bourke, presidente e fundador,
NLP Research & Recognition Project

"Um guia prático e bem organizado para fazer a PNL funcionar em sua vida, com histórias pessoais fáceis de identificar e que dão vida ao livro."

— Joseph O'Connor, autor do *Introducing NLP*,
The NLP Workbook e *Coaching with NLP*

"Já deve haver, pelo menos, 200 introduções à PNL, incluindo nosso próprio livro, *Heart of the Mind*, publicado 23 anos atrás. Por que outro? O especial neste livro é que os autores aplicam padrões e métodos em muitas áreas diferentes de suas próprias vidas — detalhadamente, com cuidado e criatividade. Pode parecer um pouco incoerente, às vezes, mas a jornada sempre termina com uma resolução reconfortante e humana."

— Steve Andreas, autor e editor de *NLP Classics*

"Tom e Tom podem explicar qualquer coisa de modo claro, motivador e possível. Recomendo muito este livro. Ótimas histórias e técnicas pelas quais viver sua vida."

— Shelle Rose Charvet, autora do *Words That Change Minds*

Embora existam muitas introduções técnicas excelentes
PNL: Guia Essencial é uma jornada pessoal de uso e aplica

real cotidiana, dos altos e baixos para outras pessoas e para si mesmo. Quem o ler acabará pensando em novas maneiras de aplicar as técnicas em seus próprios desafios e oportunidades pessoais.

Além do livro, criamos um site especial no qual há exemplos, demonstrações online e mais. Também há uma comunidade online e um sistema de suporte. É um lugar onde você pode fazer perguntas e obter respostas. Acesse http://eg.nlpco.com (conteúdos em inglês).

NLP Comprehensive:
Fundada em 1979, a NLP Comprehensive permanece sendo a principal frente da PNL. Seus empreendimentos, que vão do treinamento de desenvolvimento até a publicação, fazem-na gozar de ótima reputação. Até o momento, publicou mais de 50 títulos de PNL, inclusive o muito popular *NLP: The New Technology of Achievement,* de Nightingale-Conant. Mais recentemente, a empresa compilou e publicou, com críticas muito favoráveis, seus 30 anos de experiência em treinamento na forma de "Treinamento Portátil do Profissional de PNL", um programa de estudo em casa com 37 DVDs. Para ver esses e outros títulos da NLP Comprehensive, acesse www.nlpco.com (conteúdo em inglês).

Elogios para a NLP Comprehensive

"Fiz treinamento em mais de 30 organizações de PNL diferentes, inclusive com os fundadores da PNL. Seu Treinamento do Profissional é, de longe, o melhor que tive, sendo superior à qualidade dos treinadores e conteúdo oferecidos em outros lugares."
— Alix von Uhde, treinador PNL certificado e conselheiro pessoal, Colônia, Alemanha

"Os treinadores e treinamento da NLP Comprehensive me deram ferramentas valiosas para modelar minha própria excelência e a excelência de outras pessoas. Como resultado, formei um escritório de coaching com faturamento de seis dígitos que está melhorando a vida de milhares de pessoas. Considero-o currículo obrigatório para a vida."
— Jason D. McClain, fundador e CEO, IDEA ::: Evolutionary Companies

"[Após meu Treinamento do Profissional], é possível imaginar como fiquei ansioso para aprender mais sobre PNL a fim de aprimorar ainda mais minhas habilidades. Cometi o erro de me inscrever no treinamento em várias organizações diferentes porque pareciam caber em meu cronograma no momento. Só depois de ficar entediado com aulas repetitivas e de baixo nível do tipo 'consiga esse tipo de informação em qualquer lugar' foi que percebi a qualidade do treinamento que havia recebido originalmente. O que os outros estavam oferecendo como material do 'Profissional Mestre' já tinha sido coberto totalmente em seu Treinamento do Profissional! Descobri a incrível qualidade e variedade dos treinadores que vocês forneceram em um treinamento sem igual."
— Mary Miscisin, mestre em ciências, Sacramento, Califórnia

Tom Hoobyar e Tom Dotz com Susan Sanders
da *NLP Comprehensive*

PNL

Guia Essencial

Administre seus pensamentos
e motivações em direção
a seus objetivos

ALTA BOOKS
E D I T O R A

Rio de Janeiro, 2018

PNL: Guia Essencial
Copyright © 2018 da Starlin Alta Editora e Consultoria Eireli. ISBN: 978-85-508-0298-5

Translated from original NLP: the essential guide to neuro-linguistic programming. Copyright © 2013 by NLP Comprehensive. ISBN 978-0-06-208361-6. This translation is published and sold by permission of Harper Collins Publishers,, the owner of all rights to publish and sell the same. PORTUGUESE language edition published Starlin Alta Editora e Consultoria Eireli, Copyright © 2018 by Starlin Alta Editora e Consultoria Eireli.

Todos os direitos estão reservados e protegidos por Lei. Nenhuma parte deste livro, sem autorização prévia por escrito da editora, poderá ser reproduzida ou transmitida. A violação dos Direitos Autorais é crime estabelecido na Lei nº 9.610/98 e com punição de acordo com o artigo 184 do Código Penal.

A editora não se responsabiliza pelo conteúdo da obra, formulada exclusivamente pelo(s) autor(es).

Marcas Registradas: Todos os termos mencionados e reconhecidos como Marca Registrada e/ou Comercial são de responsabilidade de seus proprietários. A editora informa não estar associada a nenhum produto e/ou fornecedor apresentado no livro.

Impresso no Brasil — 2018 - Edição revisada conforme o Acordo Ortográfico da Língua Portuguesa de 2009.

Publique seu livro com a Alta Books. Para mais informações envie um e-mail para autoria@altabooks.com.br

Obra disponível para venda corporativa e/ou personalizada. Para mais informações, fale com projetos@altabooks.com.br

Produção Editorial Editora Alta Books	**Produtor Editorial** Thiê Alves	**Produtor Editorial (Design)** Aurélio Corrêa	**Marketing Editorial** Silas Amaro marketing@altabooks.com.br	**Ouvidoria** ouvidoria@altabooks.com.br
Gerência Editorial Anderson Vieira	**Assistente Editorial** Illysabelle Trajano	**Editor de Aquisição** José Rugeri j.rugeri@altabooks.com.br	**Vendas Atacado e Varejo** Daniele Fonseca Viviane Paiva comercial@altabooks.com.br	
Equipe Editorial	Bianca Teodoro	Ian Verçosa	Juliana de Oliveira	Renan Castro

Tradução Eveline Vieira Machado	**Copidesque** Edite Siegert	**Revisão Gramatical** Samantha Batista Alessandro Thomé	**Diagramação** Amanda Meirinho **Capa** Aurélio Corrêa	**Revisão Técnica** Carlos Bacci *Economista e empresário do setor de serviços*

Erratas e arquivos de apoio: No site da editora relatamos, com a devida correção, qualquer erro encontrado em nossos livros, bem como disponibilizamos arquivos de apoio se aplicáveis à obra em questão.

Acesse o site www.altabooks.com.br e procure pelo título do livro desejado para ter acesso às erratas, aos arquivos de apoio e/ou a outros conteúdos aplicáveis à obra.

Suporte Técnico: A obra é comercializada na forma em que está, sem direito a suporte técnico ou orientação pessoal/exclusiva ao leitor.

A editora não se responsabiliza pela manutenção, atualização e idioma dos sites referidos pelos autores nesta obra.

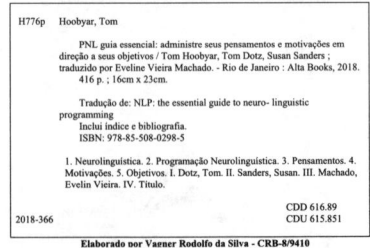

Dados Internacionais de Catalogação na Publicação (CIP) de acordo com ISBD

H776p Hoobyar, Tom
        PNL guia essencial: administre seus pensamentos e motivações em direção a seus objetivos / Tom Hoobyar, Tom Dotz, Susan Sanders ; traduzido por Eveline Vieira Machado. - Rio de Janeiro : Alta Books, 2018.
        416 p. ; 16cm x 23cm.

        Tradução de: NLP: the essential guide to neuro- linguistic programming
        Inclui índice e bibliografia.
        ISBN: 978-85-508-0298-5

        1. Neurolinguística. 2. Programação Neurolinguística. 3. Pensamentos. 4. Motivações. 5. Objetivos. I. Dotz, Tom. II. Sanders, Susan. III. Machado, Evelin Vieira. IV. Título.

2018-366   CDD 616.89
                                                    CDU 615.751

Elaborado por Vagner Rodolfo da Silva - CRB-8/9410

Rua Viúva Cláudio, 291 - Bairro Industrial do Jacaré
CEP: 20.970-031 - Rio de Janeiro (RJ)
Tels.: (21) 3278-8069 / 3278-8419
ALTA BOOKS www.altabooks.com.br — altabooks@altabooks.com.br
EDITORA   www.facebook.com/altabooks — www.instagram.com/altabooks

Sumário

Prova de Fogo: Minha Introdução Pessoal à PNL   xiii

Nota e Considerações dos Autores   xvii

Introdução   xix

O que É PNL?   xxii
Dois Princípios Importantes da PNL da Natureza Humana   xxv
O que É um "Usuário Avançado" de PNL?   xxvii

Seção Um: A Questão É Você

Capítulo Um: Entendendo Como Você Pensa   3

Uma Prova da PNL: Uma Experiência Imediata   4
➢ Atividade de Descoberta:
   Acessando Recursos Pessoais   5
Primeiro Você: Entendendo Como *Você* Funciona   7
"Ai" ou "Uau": Como Criamos Nossas Sensações   9
Piloto Automático: As Três Opções Favoritas da Mente   11
Uma Máquina Bem Lubrificada:
Corpo, Cérebro e Mente   14
Planetas Diferentes: Os Mundos Dentro de Nossa Mente   16
➢ Atividade de Descoberta:
   Descobrindo Seu Mundo Interior   17
Não É Apenas um Cabo Básico: "Modalidades Representacionais"   20

Notas Adesivas Mentais: O Poder das "Âncoras"   23
➢ Atividade de Descoberta:
Criando uma Âncora Pessoal   26
Âncoras em Ação: Âncoras Intencionais e Não Intencionais   28
E Daí? Como Você Pode Usar Essas Informações   29
Um Passeio Fácil: Como Este Livro É Estruturado   31

Capítulo Dois: Administrando Sua Mente   41

Aonde Você Quer Ir? Quadros de Resultados   41
➢ Atividade de Descoberta:
Criando um Resultado Bem Formado   48
Mentes Divididas: Congruência/Incongruência   51
➢ Atividade de Descoberta:
Reconhecendo a Incongruência   52
Você Está Dentro ou Fora? Estar Associado ou Desassociado   53
Distinções Sutis que Importam: Submodalidades   55
➢ Atividade de Descoberta:
Manipulando as Distinções Visuais   55
Como Será Seu Dia? Submodalidades e Seu Estado Emocional   59
Como Você Faz as Coisas que Faz: Compreendendo a Motivação   60
➢ Atividade de Descoberta:
Explorando as Raízes da Procrastinação   61
Aquele Bendito Relatório: Um Exemplo de Procrastinação   63
Dois para a Viagem: Pistas para Descobrir as Raízes da Procrastinação   63
➢ Atividade de Descoberta:
Reduzindo a Resistência Interna   66
Deprimido por Muito Tempo?
O Poder das Vozes Internas e o "Sinal Auditivo"   67
➢ Atividade de Descoberta:
Removendo as Pistas Auditivas Negativas   67
Emoções como Passageiros, Não Condutores:
Escolhendo e Mudando Seu Estado   70

Depressão: Pistas Auditivas que Mantêm a História 73
Modelando Sua Experiência: O Hábito de Ajustar as Submodalidades 74

**Capítulo Três: Vivendo em uma
"Zona de Envolvimento Total"** 81

Alto ou Baixo? Como as Expectativas Impactam o Desempenho 81
➤ Atividade de Descoberta: Explorando Suas Expectativas 82
Na Imaginação: O Poder do Treinamento Mental 83
Em Sincronia:
O Vínculo Entre Fisiologia e Energia 84
Remoção da Barreira:
"Integração do Movimento dos Olhos" 86
➤ Atividade de Descoberta: Diminuindo a Resistência ou Trauma 86
Não Só Pollyanna: Como a Energia, o Entusiasmo
e o Otimismo Agem como Condutores 89
➤ Atividade de Descoberta: Entendendo Sua Motivação 90
➤ Atividade de Descoberta: Aumentando Sua Confiança 95
Missão Crítica:
Dicas de Motivação do Treinamento de Fuzileiros 98
Confusão com os Intrusos: Como Silenciar as
Vozes Críticas Internas 102
Mais do que Manutenção:
Como Aumentar a Energia e a Produtividade 103
➤ Atividade de Descoberta: Reforçando Sua Âncora 105

Capítulo Quatro: Atualizando Seu Autoconceito 113

Primeiro o Colete Salva-vidas: Como Impedir e Reduzir o Estresse 113
Olhando no Espelho: Quem Você É Hoje e Como Ficou Assim 117
Pistas para as Crenças: A Estrutura Profunda da Linguagem e o
Metamodelo 118
Assim: Como Nossa Linguagem e Comportamento Revelam as
Preferências Individuais 120

O Você de Hoje e o Você Desejado: O Impacto do Autoconceito — 124

➢ Atividade de Descoberta:
  Identificando Algo de que Você Gosta Sobre Si Mesmo — 125

➢ Atividade de Descoberta:
  Adicionando Elementos a Seu Autoconceito — 130

Escavação Arqueológica:
Um Exemplo de
Trabalho de Autoconceito — 132

Efeitos Propagadores: Como Uma Mudança
Geralmente Cria Mais Mudança — 133

Seção Dois: Tudo é uma Questão de Relacionamento

Capítulo Cinco: Criando Conexões Confortáveis — 143

Sistemas Internos: Como Você Funciona
É Parecido com Como os Outros Funcionam — 143

De Dentro para Fora: Como Ajustar Seu Mundo
Interno para Ser a Melhor Companhia — 145

➢ Atividade de Descoberta:
  Identificando Maneiras de Ser uma Boa Companhia — 146

Atrito em Risco? Como as Três Partes do
Seu Cérebro Funcionam Juntas — 149

Processamento Instantâneo: O que Seus Filtros Processam *Primeiro* — 155

➢ Atividade de Descoberta:
  Identificando Como as *Outras* Pessoas São Boas Companhias — 156

Um Trabalho Interno: Como Ajudar Outras
Pessoas a Se Sentirem Seguras — 157

Não É Apenas Imitação: Como Espelhar e
Combinar Pode Ajudá-lo a Fazer Conexões — 158

Foco Nelas, Não em Você: Como Criar uma Sensação de Percepção — 161

Mais Escolha É Melhor: Como Ser Versátil o Ajuda a Se Conectar — 166

Visão Geral: Um Resumo de Alto Nível — 173

Sumário ix

**Capítulo Seis: Mais do que
"Ler a Mente" das Outras Pessoas**   181

Um Exemplo de US$500.000:
Comunicação nos Três Canais   182

Telegrafia Poderosa:
O que *Seu* Comportamento
Não Verbal Comunica   185

Sinais de Trânsito: Como os Comportamentos
Não Verbais de Outras Pessoas Orientam   185

➢ Atividade de Descoberta: Lembrando os Comportamentos
Não Verbais de uma Experiência Positiva   190

➢ Atividade de Descoberta: Identificando os Comportamentos
Não Verbais de uma Situação Desconfortável   191

Galáxias de Distância:
Por Que É Importante Entrar no Mundo do Outro   197

Grand Canyon: Como Esquecer
Detalhes Cria Lacunas na Compreensão   198

Aproximando e Afastando: Dicas para Entender
o Mundo de Outra Pessoa   200

Modo Detetive: Como as Perguntas Preenchem as
Lacunas e Facilitam a Compreensão   205

Jornadas Diferentes: Como as Crenças
Diferenciam Nossos Mundos Internos   209

➢ Atividade de Descoberta: Identificando Suas Crenças   210

➢ Atividade de Descoberta: Explorando uma Crença Pessoal   213

Desejos e Necessidades: Como Explorar as
Crenças Revela Motivações e Metarresultados   215

Além da Crença: Como a Linguagem Revela
Outras Preferências Pessoais   217

Uma Nova Abordagem: Como Aplicar Sua Compreensão do
Comportamento Não Verbal, Crenças e Preferências Pessoais nas
Interações com os Outros   225

➢ Atividade de Descoberta:
Explorando o Mundo Interno de Alguém   225

Capítulo Sete: Expressando-se com Facilidade 233

Crônica: Pontos Altos da Jornada Até Agora 233

Conexão Física: Como o Toque Melhora as Conexões e o Impacto 235

Máscara de Oxigênio Primeiro: Como Administrar
Seu Estado Interno Mantém o Foco nos Outros 237

Leis de Trânsito: Dicas Rápidas para Navegar
em um Território Inexplorado 240

Linguagem Local: Como Se Comunicar de
Acordo com as Preferências da *Outra Pessoa* 243

➢ Atividade de Descoberta:
   Usando Predicados dos Canais Preferidos 245

Uma Nova Visão: Como o Processo de Reestruturação
Expande as Possibilidades 250

Remoção da Supercola:
Como Afrouxar e "Desgrudar" as Crenças 254

É Mais ou Menos Assim: Como as Metáforas e
Histórias Apoiam as Mudanças 258

Um Livro e Sua Capa: Como a Aparência e o Ambiente
São Pistas para Outros Mundos 261

Relações Tóxicas: Como Pessoas Difíceis
Sobrecarregam Seus Recursos Pessoais 264

Conectando os Pontos: Ligando os Principais
Conceitos e Habilidades às Oportunidades 266

➢ Atividade de Descoberta:
   Aplicando Suas Descobertas Sobre o Mundo de Outra Pessoa 267

**Capítulo Oito: Colaborar e Resolver
Conflitos com Criatividade** 273

Um Exemplo Desconcertante 273

Indo na Mesma Direção: Colaboração Efetiva
Usando o Modelo do Resultado Bem Formado 275

Criatividade: Como a Imaginação Expande as Possibilidades 276

Conselho de Especialista: A Estratégia de Criatividade de Disney 278

Sumário

Inovação: Como Usar a Estratégia de Disney com Grupos	280
➤ Atividade de Descoberta: Aplicando a Atividade de Disney em Uma de Suas Oportunidades	283
Contra a Parede: Como o "Processo de Integração de Conflitos" Apoia uma Solução de Problemas Criativa	284
➤ Atividade de Descoberta: Identificando Um de Seus Conflitos	291
Batalhas Internas: Como Aplicar o "Processo de Integração de Conflitos" nos Conflitos Internos	292
➤ Atividade de Descoberta: Aplicando o "Processo de Integração de Conflitos" em Uma de Suas Oportunidades	296
➤ Atividade de Descoberta: Examinando Como Você Fica Bloqueado e Dificulta as Coisas	300
Estratégias Diferentes? O que a "Integração de Conflitos" e a Negociação Têm em Comum	300
Emoções Poderosas: Como Facilitar as Discussões com Pessoas que Estão Chateadas	305
Estratégia Inesperada: Uma Abordagem para Considerar Quando *Você Está* Chateado	308

Capítulo Nove: Mantendo o Impulso com a PNL — 317

Destaques da Jornada: O que Você Aprendeu — 317
Próximas Etapas: Opções para Maior Desenvolvimento — 319

Guia de 21 Dias: Os Próximos Passos para Criar a Pessoa que Você Deseja Ser — 321

Um Legado Duradouro — 359

Termos Comuns da PNL — 363

Referências — 373

Agradecimentos — 377

Índice — 379

Sobre os Autores — 385

PROVA DE FOGO: MINHA INTRODUÇÃO PESSOAL À PNL

Tracy Hoobyar

A PNL tem feito parte de minha vida desde a metade dos anos 1990. Meu pai começou a estudar a PNL para aprender mais sobre si mesmo e sobre as pessoas à sua volta. Como ele era filho de um pregador, qualquer coisa que aprendia, *todos* nós aprendíamos!

O tempo passou, e eu ouvia meu pai contar o que havia aprendido, e tudo parecia interessante, afinal, eram "coisas de papai". Eu estava ocupada com meu bebê e não tinha tempo para me preocupar demais com isso.

No início de 2002 as coisas mudaram drasticamente para mim. Com anorexia, minha filha de 11 anos foi internada no hospital Lucile Packard Children, na Universidade de Stanford. Seu coração foi afetado, e ela estava fraca. Seus ossos ficaram quebradiços, e tivemos um diagnóstico *muito* desolador. Após três semanas e um tratamento de mais de 60 mil dólares, eles queriam interná-la em um hospital psiquiátrico residencial fora do estado. Teríamos que visitá-la ocasionalmente. Fomos informados de que não havia opções — ela não sobreviveria se não seguíssemos as recomendações.

Contra os conselhos médicos, decidimos tirá-la do hospital. Como você pode imaginar, o médico não ficou surpreso. Ele convidou minha família inteira a descobrir outro tratamento no futuro e nos desejou sorte. Os serviços de ambulatório foram insatisfatórios. As orientações psicológicas não foram produtivas. Realmente começou a parecer que era tão ruim quanto nos foi dito.

Sem querer aceitar isso, conversei com meu pai sobre mudar o prognóstico. Após muitas horas, papai e eu desenvolvemos um plano para ajudar minha filha — para desafiar todas as regras e estatísticas — a melhorar. Nosso plano? Usar tudo o que ele sabia de PNL, tudo o que eu sabia sobre Psicologia e trabalhar com ela para ajudar na recuperação. Embora usássemos uma combinação de técnicas, as ferramentas mais eficientes e rápidas vieram do mundo da PNL.

Trabalhamos com minha filha para entender e *aceitar* a parte dela que estava lutando para controlar a restrição da ingestão de alimentos. Com ela, exploramos o que pensava e sentia. Nós "lidamos" com diferentes técnicas, até encontrar a que funcionava.

No início íamos ao médico três vezes por semana, então, duas vezes, depois, apenas uma vez. Ele monitorava minha filha quanto aos desafios típicos que crianças anoréxicas têm quando saem do hospital. Verificava seus órgãos vitais, fazia testes de urina e avaliava sua melhora.

Ela nunca foi hospitalizada de novo, ganhou peso gradualmente e superou seus "demônios" com o apoio da PNL e daqueles que a amavam. Os médicos pensaram que éramos loucos quando minha filha falava sobre como via a anorexia, como foi capaz de fazer mudanças em sua relação com a doença e com a comida lidando com o tamanho e a cor das imagens mentais — e outras coisas que pareciam igualmente estranhas para as pessoas com treinamento tradicional.

Não foi uma volta fácil, mas a viagem valeu a pena.

Hoje minha filha contabiliza mais de 10 anos em recuperação. Estou convencida de que sem a PNL nós a teríamos perdido. Com minha crença recém-descoberta no poder da PNL, papai e eu trabalhamos muito em aplicações práticas e reais. Descobrimos modos de ajudar crianças a lidar com histórias de abuso, pessoas idosas a lidar com uma dor crônica e executivos a lidar com os problemas cotidianos.

Nosso sonho sempre foi montar um programa para ajudar pessoas reais a lidar com problemas reais. Papai tinha um modo surpreendente de apresentar as informações. Ele usava histórias para ajudar as pessoas a entender o que ele queria que elas aprendessem. Sua compaixão genuína pelo outro e o desejo de auxiliar as pessoas a viver melhor guiavam-no em suas ações e seus textos.

O que você tem neste livro é a realização do sonho que compartilhamos. Ele passou horas incontáveis em treinamentos, lendo livros, trabalhando com especialistas, testando teorias e aplicando técnicas nos desafios diários. Ele pesquisou a PNL e suas aplicações mais detalhadamente do que a maioria das pessoas poderia imaginar.

O incrível é que você vai se beneficiar de *tudo* isso. Ele ajudou literalmente centenas de pessoas a superar seus desafios, e aqui ele compartilha as ferramentas usadas para tanto. Se a luta com a qual você se preocupa é o medo de falar em público, lidar com obstáculos maiores de mudanças de vida, viver com uma dor crônica ou algum outro problema, papai tem usado a PNL para impactar positivamente em casos como esses — e ele mostrará a você como fazer o mesmo.

Este livro lhe informará como usar a PNL para se tornar a pessoa que *você* deseja ser. Você aprenderá as habilidades e ferramentas para reduzir o estresse, gerenciar seus pensamentos e sentimentos, melhorar a comunicação com qualquer pessoa com quem convive e viver a vida que deseja.

Você ouvirá histórias que esclarecerão suas próprias histórias. Poderá, ainda, descobrir algo que não sabia sobre si mesmo. Aconteceu comigo. É o que posso dizer a você: a PNL oferece muitas ferramentas poderosas para mudar sua vida — ferramentas que também podem mudar a vida de pessoas à sua volta, caso estejam abertas a isso.

Este livro tem anos de informações e apresenta tudo em um formato amistoso e simples de ler e fácil de entender, aprender e implementar. Vez por outra se encontra um livro que realmente fala com você, que é simplesmente o "professor" certo no momento certo. Acho que o autor e palestrante Garrison Keillor disse isso de um modo melhor: "Um livro é um presente que você pode abrir sempre". Estou muito contente e orgulhosa por compartilhar este presente especial de meu pai com você.

Nota e Considerações dos Autores

Tom Hoobyar era um aprendiz ávido e explorador aventureiro que abraçou os mistérios e questionamentos da vida. Ele foi o criador de seis patentes, e grande parte de seus 45 anos em negócios o expôs a vários problemas em pequenas empresas, nas firmas Fortune 500, assim como em 12 startups que se tornaram número um em seus setores.

No período em que ele foi o CEO de uma empresa manufatureira no Vale do Silício, a Programação Neurolinguística (PNL) tornou-se uma ferramenta fundamental na melhoria de suas habilidades de liderança e no sucesso de sua empresa. Mais tarde, ele usou a PNL como a base de seus escritos e práticas de treinamento, permitindo-lhe tocar e mudar a vida de centenas de pessoas.

Quando compilava seus segredos de sucesso para este livro, Tom morreu devido a um câncer no pâncreas. Ele sonhava que sua mensagem ficaria por muito tempo depois dele e nos pediu para transformar suas notas as e transcrições de seus ensinamentos neste livro. Para respeitar a confidencialidade que ele prometeu aos clientes, mudamos os nomes e as situações das pessoas em suas histórias.

O grande e variado conhecimento de Tom, bem como sua rica experiência de vida lhe permitiram adotar uma perspectiva e abordagem especiais à PNL, tornando suas ideias e sua mensagem mais úteis fora da sala de treinamento ou sessão de orientação. Fizemos o melhor para preservar a facilidade e acessibilidade que ele deu à PNL para as outras pessoas.

Como Tom Hoobyar tinha um dom único de comunicar e fazer com que assuntos complexos fossem divertidos e fáceis de entender, este guia essencial é escrito no tempo presente — permitindo que você tenha uma conversa envolvente com ele que pode mudar *sua* vida.

Muitas pessoas contribuíram para tornar este livro possível. Com isto em mente, gostaríamos de agradecer especialmente a:

- Robert McDonald, cujo estilo de ensino preciso e sincero inspirou Tom Dotz a treinar com a NLP Comprehensive e fundar a NLP California, onde Tom Hoobyar e Susan Sanders foram igualmente inspirados com as possibilidades que a PNL torna reais.

- Steve e Connirae Andreas, por sua criatividade ao desenvolverem novos processos, seu espírito generoso ao ensinarem, e sua liderança na comunidade PNL. Sem eles, Tom Hoobyar e nós dois não teríamos nos conhecido e nem compartilhado nossas jornadas de aprendizado da PNL

- Equipe de Treinamento da NLP Comprehensive, por levar continuamente os conceitos, habilidades e processos da PNL para a vida de centenas de estudantes — em particular Charles Faulkner e Steve Andreas, que foram os editores-chefes no primeiro livro da NLP Comprehensive, *NLP: The New Technology of Achievement*.

- Adam Korn e Trish Daly, da HarperCollins, por abraçarem este projeto e conduzi-lo até a conclusão.

Introdução

O que Você Conseguirá com Este Livro

Há centenas de momentos decisivos em potencial na vida de cada pessoa — e este livro será um deles na *sua vida*. Como isso é possível?

Veja, você descobrirá COMO sua mente única, nunca replicada e especial *realmente* funciona. Você descobrirá como foi capaz de usar seu cérebro antes de poder dizer uma palavra. Melhor ainda, conseguirá "entrar" em seus próprios pensamentos e ajustá-los às suas necessidades atuais. Como a maioria de nossas crenças e valores foi criada quando éramos crianças, isso é bom. Alguns desses padrões podem beneficiar-se de uma pequena atualização, você não acha?

Neste livro você obterá processos específicos para atualizar esses velhos padrões e criar novos. Explorará soluções simples e sólidas para problemas, inclusive ansiedades, procrastinação e motivação. Aprenderá e praticará estratégias poderosas para obter resultados imediatos e duradouros em áreas como a autoconfiança.

Essas podem parecer grandes promessas, no entanto, as possibilidades *não* são exageradas. A base para isso é a PNL ou Programação Neurolinguística. É um nome curioso para uma função essencial da vida: entender e administrar sua própria mente. A PNL é famosa por suas correções rápidas para fobias, medos e ansiedades antigos — e muito mais.

Como muitas ideias ótimas, os conceitos da PNL foram adotados por muitos líderes em suas áreas — agora, várias décadas desde o início, os ecos da PNL aparecem em todos os tipos de livros, cursos de treinamento, instruções e discursos motivacionais. Conforme vai avançando neste livro e aprendendo mais sobre a PNL, você reconhecerá muitos lugares e pessoas que a adotaram como parte de seu trabalho.

Este guia essencial indica *várias* maneiras de criar e manter a motivação para fazê-lo continuar seguindo em direção a seus objetivos. Você também aprenderá dois processos muitíssimo importantes para selecionar e validar seus objetivos. Só isso já vale o preço do ingresso. Quando realmente souber o que deseja e que vale a pena ir atrás, encontrará todos os seus recursos internos alinhando-se. Descobrirá que atritos, distrações e hesitações desapareçam. E aprenderá o que a PNL chama de congruência interna e como isso lhe dá uma grande vantagem inicial.

Você descobrirá novos modos de se relacionar e entender as outras pessoas, os quais possibilitarão conseguir cooperação e dar orientação de um jeito mais fácil e satisfatório do que antes. E estou falando como uma pessoa que costumava ter problemas reais com timidez e falar em público.

Veja, sei a diferença que usar a PNL fez em minha própria vida. Usar seus conceitos e técnicas pode ter efeitos poderosos e duradouros. Treinei centenas de pessoas nos conceitos e técnicas da PNL — e vi pessoas fazerem mudanças notáveis em suas vidas.

Você terá também uma nova compreensão das *outras* pessoas por fazer uma ideia melhor sobre o que se passa dentro delas. Em grande parte, muitas pessoas não sabem como funcionam *por dentro*. Elas realmente são incapazes de dizer por que pensam ou agem de determinado modo. Você aprenderá sobre o funcionamento interno das outras pessoas simplesmente observando seus comportamentos e notando os sinais-chave certos.

Ter essa consciência também ajuda a ser um pouco mais acessível, um pouco mais "simpático" e um pouco mais suave ao se comunicar. Naturalmente, a recompensa aqui é o poder da influência. O conhecimento obtido sobre como as pessoas funcionam lhe dará um poder real de persuasão.

Suas relações melhorarão no geral porque você compreenderá mais e será mais compreendido. Essa combinação o tornará uma pessoa mais fácil de ter por perto. Francamente, isso vai torná-lo mais atraente.

Você notará uma melhora em seu desempenho no trabalho. O meu certamente melhorou. Eu me tornei um membro melhor da equipe. E mesmo quando eu era o chefe, fiquei muito mais acessível para meus funcionários. Você ficará mais saudável também, porque conseguirá administrar melhor suas motivações para se exercitar, comer bem e reduzir ou acabar com alguns hábitos ruins de saúde.

O resultado é que, lendo este livro e fazendo as atividades recomendadas, você desenvolverá habilidades para se tornar melhor em praticamente tudo o que faz, e terá ferramentas poderosas para conseguir superar o que acredita ser seu problema número um.

Em seu lugar, eu poderia pensar: "Por que devo confiar nessa pessoa e investir meu tempo explorando tais ideias?" Eis o motivo: em grande parte de minha carreira, ganhei a vida como inventor, engenheiro e empresário, e após o treinamento da PNL, também como consultor para pessoas que lidam com problemas de desempenho pessoal e profissional.

Sei o que comprovou ser o mais útil para mim nos últimos 15 anos e *é isso* que compartilharei com você. Este livro não é apenas uma enciclopédia de PNL. Pelo contrário, é um guia do usuário, interativo, que coloca o poder da PNL a seu alcance *agora*. Sou, acima de tudo, um usuário da PNL. É como toco a vida.

Deixe-me começar pela maneira como a PNL realmente chamou minha atenção. É a história de como, após 36 anos, descobri um modo de parar de fumar. Eu vinha tentando parar por 18 desses 36 anos. Nada funcionava. Tentei hipnose, colocar dinheiro em um pote sempre que fracassava e fumava, contar a todos os meus amigos e familiares que tinha parado, beber até dormir por um intervalo de seis meses sem fumar. Nada funcionava. Sempre que eu "parava", encontrava uma desculpa para recomeçar. Certa vez até usei a morte de meu pai como pretexto para, no caminho de casa, parar e comprar um maço de cigarros. "Emergência", dizia para mim mesmo. "Vou parar de novo quando passar por isso."

Sim, certo. E eu me sentia um idiota. Na época, eu era responsável por uma startup e era o único fumante na empresa. Sem consideração por nossos funcionários, eu havia declarado nossos escritórios como sendo uma zona sem fumo. Então eu ficava sozinho e em pé do lado de fora, fosse qual fosse o clima, tragando um cigarro rápido antes de encontrar minha equipe, malcheiroso como um cinzeiro e *sabendo* que estava comunicando minha fraqueza. Enfim, um dia, vi um processo de PNL em um livro. Achei que poderia experimentá-lo também.

Isso foi há mais de 20 anos, e não acendi um cigarro desde então. Alguns anos depois, quando a empresa era um lugar sólido e tive um pequeno tempo para respirar, comecei a fazer o treinamento de PNL. Uau!

Passei minha vida adulta inteira descobrindo processos e tecnologias, mas essa nova disciplina acabou com tais estratégias. Quando minhas perguntas sobre a natureza humana (e meus próprios funcionamentos internos) foram respondidas por mim, percebi que tinha falhado na tecnologia mais legal — a tecnologia do comportamento humano.

O que É PNL?

PNL é um estudo revolucionário do PROCESSO do pensamento humano. Em outras palavras, é o estudo do que realmente está acontecendo quando pensamos. Não quero dizer reações físicas ou eletroquímicas, mas o que notaríamos se víssemos a atividade do pensamento *passo a passo*.

O interessante sobre a mente é que, se abrirmos um cérebro, não conseguiremos encontrá-la. Não é possível encontrar um poema nem o gosto do chocolate, o sentimento de um primeiro beijo nem a música do baile de formatura. Tudo o que se encontrará é um monte de tecido nervoso. O tecido nervoso em seu cérebro age como um substrato. É quase como um computador. Ele age como seu disco rígido ou placa-mãe, e basicamente é configurado para armazenar vários bits de dados e montá-los, remontá-los, reorganizá-los e chamá-los sempre que você desejar.

A PNL é uma compreensão, não do cérebro, mas de como a *mente*, usando o cérebro, expressa-se em sua vida e cria o que você chama de sua experiência.

Exatamente agora, por exemplo, você está lendo estas palavras, mas elas, por si só, não são sua experiência. Sua experiência são as palavras misturadas com outra coisa que você está vendo à sua volta no momento, onde está sentado e como sente seu corpo. Parte de sua experiência agora é composta das coisas que você diz para si mesmo, como: "Céus, gostaria que ele falasse mais sobre isso", "Isso é interessante", "Não sei se isso é verdade o não" ou "Realmente valerá a pena gastar todo esse tempo?"

Os comentários feitos quando você prossegue, junto com suas sensações visuais e físicas quando lê, misturados com minhas palavras — tudo isso combinado se torna sua experiência. Agora, como seu cérebro faz tudo *isso*? Antes de responder, deixe-me dar um pouco de informação básica sobre a PNL.

A PNL teve início na Universidade da Califórnia, Santa Cruz, no começo dos anos 1970, e desenvolveu-se rapidamente a partir daí. Ela difere da Psicologia porque sua filosofia e suas técnicas são derivadas de uma forma especializada de estudar as pessoas chamada "Modelagem". Os pesquisadores da PNL entrevistaram e observaram pessoas fazendo muitas atividades — então compartilharam o enorme *corpus* de conhecimento acumulado sobre como as pessoas pensam quando se apaixonam, sofrem com uma perda pessoal, disparam uma arma, voam de avião, aprendem um idioma ou dormem. Milhares de pessoas foram estudadas ao longo dos anos, e muito foi aprendido sobre como pensamos e podemos ajustar nossos próprios processos de pensamento internos.

A PNL popularizou os estilos de aprendizagem "Visual, Auditivo e Cinestésico", além de muitas tecnologias novas utilizadas na Educação, Psicoterapia e Comunicação. É usada nas empresas para entrevistas, contratações, treinamento, gerenciamento e vendas. Os profissionais de entretenimento e de negócios, assim como atletas e técnicos de esportes amadores, profissionais e olímpicos usam o treinamento da PNL para melhorar o desempenho.

No início, estudei PNL porque queria ajudar a inventar produtos e ser um CEO melhor na empresa de alta tecnologia que tinha fundado, e consegui!

Todo dia eu gerenciava pessoas, fazia ligações e negociava com revendedores e clientes no mundo dos negócios. A PNL realmente influenciou minha visão sobre os funcionários. Mesmo que eu pudesse ver que alguns deles provavelmente poderiam resolver alguns problemas e ser mais felizes (sem mencionar ser funcionários melhores), eu não tinha licença para ser seu terapeuta, pois era o chefe deles.

Mesmo estando muito entusiasmado com as coisas que estava aprendendo sobre a natureza humana, realmente não podia falar muito sobre minhas descobertas. Com certeza, não podia perguntar às pessoas: "Quais imagens você está criando em sua cabeça agora?" ou "Você está ouvindo uma voz?" Não era seguro tentar isso, e certamente não teria sido muito eficiente.

Assim, decidi usar esse conhecimento crescente para meu próprio desenvolvimento pessoal e permitir que ele mudasse *minha* linguagem e *meus* gestos para obter resultados primeiro para mim. Então descobri como isso também me permitiu obter resultados com as outras pessoas. Veja, o engraçado foi que, quando mudei, as pessoas à minha volta mudaram também.

Realmente, o resultado foi mesmo notável — e é isso que quero compartilhar com você. Meu objetivo com este livro é que você aprenda os princípios operacionais da PNL, como você pensa e como as outras pessoas pensam. Você conseguirá administrar sua vida com mais facilidade e melhorará dramaticamente a comunicação com os outros.

O que eu não sabia na época é que haveria muitos benefícios adicionais ao usar as habilidades da PNL. Ela me ajudou a ser um marido, pai e avô melhor. Ajudou-me a ser mais feliz, mais fácil de conviver, um membro melhor da família e mais produtivo na profissão.

Desde que me aposentei do setor de fabricação, tenho trabalhado com clientes como consultor e treinador. A PNL me ajudou a compartilhar habilidades e experiência com milhares de pessoas em muitas caminhadas da vida e em muitas situações.

Sou profissional mestre em PNL e instrutor de treinamento. Tenho muitos outros certificados da PNL e treinamentos correlatos porque achei o campo muito fascinante. Em minha biblioteca pessoal há centenas de livros sobre o assunto. Também sou fundador do grupo de ex-alunos da PNL internacional, o NLP Café. Neste livro coloquei o melhor de tudo que aprendei com a PNL — que é um bocado! Você não precisa ser tão focado na PNL como eu para conseguir muitos benefícios com essas informações. Certamente encontrará uma compensação já na primeira hora.

Dois Princípios Importantes da PNL da Natureza Humana

Os pesquisadores da PNL estudaram originalmente terapeutas famosos por conseguirem resultados quase milagrosos com seus clientes. Um dos psicoterapeutas estudados inicialmente foi Fritz Perls, que desenvolveu a terapia gestalt "estar aqui agora". Ele era um perito em linguagem corporal e obter mudanças imediatas. Sua abordagem única era o oposto direto da Psicanálise, que requer anos de terapia e autoestudo para desenvolver uma compreensão de como alguém chegou a ser quem é.

A segunda terapeuta foi Virginia Satir, a brilhante desenvolvedora da terapia familiar. Em vez de trabalhar com apenas a pessoa na família que ficou perturbada ou tem problemas, lidava com a família *inteira*. Ela achava que cada pessoa e seu comportamento eram parte da dinâmica familiar. Achava que se tratasse apenas a pessoa, esta voltaria para a estrutura familiar e sofreria um retrocesso, assim, trabalhava com a família inteira.

A terceira pessoa estudada foi Milton Erickson, médico e primeiro desenvolvedor da hipnoterapia clínica. Um gênio, com uma abordagem completamente diferente da terapia de Perls e Satir, Erickson também produziu resultados que pareciam mágica. E o quarto sujeito do estudo inicial foi um homem chamado Moshe Feldenkrais, um praticante de medicina alternativa que fez um brilhante trabalho de cura com suas mãos.

Os princípios operacionais subjacentes da PNL, chamados "Pressuposições", refletem as crenças unificadas básicas desses indivíduos importantes que foram estudados para descobrir o que era mais eficaz — e elas se tornaram os princípios operacionais da PNL.

O interessante sobre esses líderes muito diferentes é que suas crenças profundas sobre a natureza humana eram muito parecidas. Duas das crenças que desejo enfatizar são importantes porque passam por tudo o que fazemos — e contradizem *muito* o que a maioria de nós aprende.

Não existe um inimigo interno.

Uma crença é: "Não há um inimigo interno". Não existe nenhum monstro interno. Você não está com defeito. Você realmente pode abandonar antigas crenças como essa.

Quando as pessoas fazem coisas que não são boas para elas, e não importa se estão roendo as unhas ou cometendo assassinatos em série, fazem isso porque alguma parte delas acha que é essencial. Uma parte delas acredita que é necessário para a sobrevivência, para seu bem-estar. Embora alguns comportamentos possam não ser equilibrados, saudáveis ou qualquer coisa que a maioria das pessoas toleraria, é importante entender que, na visão de mundo da pessoa, em *sua* mente, esse comportamento é absolutamente necessário.

POR TRÁS DE TODO COMPORTAMENTO HÁ UMA INTENÇÃO POSITIVA.

Suponha que você tem um problema: digamos que haja certa pessoa que você não consegue confrontar. Sempre que a vê, seus joelhos tremem e você começa a gaguejar. Talvez seja um colega de trabalho atraente, o chefe de alguém, sogra, esposa, ou talvez um de seus filhos. O ponto é que você não está com problemas e não há nada errado. O motivo para ter tal reação é que parte de sua mente acha que *não* confrontar a pessoa é essencial para sua sobrevivência.

Talvez o comportamento sirva para mantê-lo seguro. Talvez sirva para preservar sua dignidade ou amor-próprio. Talvez sirva para obter "justiça". Não importa o quanto possa parecer estranho ou inadequado, para essa pessoa há uma lógica interna que faz perfeito sentido. Parece um pouco maluco, não é? Por que essa "lógica" seria verdadeira? Bem, no exemplo anterior, se fizermos uma breve análise, poderemos descobrir que sua mente chegou àquela conclusão quando você tinha três ou quatro anos de idade.

Há muito tempo você pode ter tido uma experiência difícil com alguém que lembra (de algum modo) a pessoa em sua vida atual. Não precisa ser algo óbvio, pode ser a aparência, o tom de voz, o papel em sua vida ou apenas como seu inconsciente vê a pessoa em relação a você. Ao usar a PNL, olhamos *dentro* da mente para descobrir exatamente qual padrão está operando para produzir essa resposta, então podemos alterá-lo. Lendo este livro e colocando os princípios em prática, você conseguirá fazer isso também!

As duas coisas que eu gostaria que você tivesse em mente são que *não há um inimigo interno* e que *por trás de todo comportamento há uma intenção positiva*. Sua mente, assim como a mente de outra pessoa, opera da melhor maneira que consegue atualmente. Pode estar equivocada e pode precisar de ajustes simplesmente porque a maioria dos cérebros decide como operar quando as pessoas têm quatro ou cinco anos de idade.

Mas chega de PNL e de mim. Vamos falar sobre o que está por vir.

O que É um "Usuário Avançado" de PNL?

Há muitos motivos para as pessoas estudarem PNL. Algumas pessoas são muito curiosas sobre como a natureza humana opera. Outras querem descobrir como elas mesmas pensam. Os Usuários Avançados desejam usar a PNL no mundo real, onde esse conjunto de habilidades faz uma enorme diferença para eles.

Há uma diferença abissal entre "saber como" e "ser capaz". Meu objetivo é torná-lo capaz. Conheci muitos treinadores e profissionais de PNL que eram pioneiros e Usuários Avançados nesse campo. Também estudei os métodos ensinados aos negociadores de reféns, fuzileiros e soldados do Exército. Estudei outras habilidades que achei úteis na vida, como as habilidades de autogerenciamento de empresários, atores e terapeutas. Adaptei o melhor aqui para seu uso.

A PNL é mais importante hoje do que nunca. Eis o motivo: em nosso mundo de tecnologia sempre em evolução, estamos nos conectando *constantemente*: pessoas com quem trabalhamos, pessoas que amamos, pessoas que têm informações e/ou acesso a outras pessoas. Estamos tão ocupados respondendo que dificilmente temos tempo para pensar. Portanto, nas páginas a seguir irei guiá-lo em dezenas de "Atividades de Descoberta", nas quais conseguirá explorar seus padrões de pensamento pessoais e aprenderá como gerenciá-los e mudá-los, se quiser. Você também aprenderá maneiras inteiramente novas de lidar com as outras pessoas e entender como *elas* estão pensando e se sentindo.

Pronto? Curioso? Espero que sim — será divertido.

PNL

Guia Essencial

Seção Um: A Questão É Você

Capítulo Um: Entendendo Como Você Pensa

O que está acontecendo lá dentro?

A vida consiste naquilo em que o homem pensa todo dia.
— Ralph Waldo Emerson

Você sabe *o que* você pensa, certo? Todos nós sabemos. Você está pensando no que gosta ou não e no que deseja ou não. Provavelmente também pensa no que deseja querer *menos,* como se empanturrar de sorvete de chocolate, TV, surfar na web, fazer compras, beber ou trabalhar.

Na verdade, quando alguém fala sobre pensar, fala sobre *o que* está pensando. A pessoa não fala sobre *como* pensará esses pensamentos. O que você aprenderá com este livro é como formará seus pensamentos, o efeito que isso tem em você e nas outras pessoas, e como mudá-lo para ser mais adequado.

A compreensão que terá aqui é baseada em grande parte na Programação Neurolinguística, comumente chamada de PNL, que é baseada na teoria de que todo pensamento humano ocorre em imagens, sons, sensações, odores e/ou sabores: os cinco sentidos. Ninguém jamais desafiou efetivamente essa teoria me dando um exemplo de pensamento que *não seja* expresso com alguma combinação de palavras, imagens, odores, sabores ou sensações.

Você consegue? Tente ter um pensamento que *não* seja uma imagem, som, sensação, odor ou sabor. Isso simplesmente faz seu cérebro parar por um minuto, não faz?

Depois de ter um pensamento, você tem uma resposta. Talvez seja uma sensação divertida, seguida de um comentário como: "Esse cara é maluco" ou algum outro diálogo interno, imagem ou sensação.

Todos nós operamos assim, embora cada um seja diferente, de modo singular, nos padrões de pensamento exatos que criamos como resultado de nosso pensamento baseado em sensações. Todos nós moramos dentro de nossas mentes autocriadas. Nossa realidade exclusiva é resultado de nossa biologia individual *e* influência de nossa história pessoal e individual, em grande parte aleatória. Compreender que todos nós vivemos e operamos a partir de um modelo de realidade pessoal é o segredo para fazer nossas vidas nos servirem melhor.

Entendendo isso, você pode realmente compreender a si mesmo e às outras pessoas, como você e elas algumas vezes fazem coisas estranhas e outras agradáveis. É possível descobrir como dar a si mesmo o que deseja e menos do que não deseja.

O mais importante é que você descobrirá como avaliar o que realmente deseja e como saber o que é verdadeiramente certo para você. Neste livro serão apresentados os processos que poderão ser usados com facilidade imediatamente para se livrar do que não deseja e ter mais satisfação com o que deseja.

Uma imagem ou som interno pode realmente ser um recurso. Em vez de apenas falar que é verdade, vamos lidar com o conceito fazendo o processo juntos. Ter uma pequena experiência com esse conceito agora lhe dará uma compreensão de como este livro pode ser valioso. A abordagem que aprenderá será especialmente útil sempre que quiser ter uma noção maior de conforto e tranquilidade quando estiver fazendo algo que precisa fazer.

Uma Prova da PNL: Uma Experiência Imediata

Nesta primeira atividade, *Acessando Recursos Pessoais,* pedirei que você se lembre de um momento em que teve uma forte sensação de tranquilidade e fluxo em seu trabalho. Pense em uma lembrança vibrante, uma que gostará de reviver. Escolha um momento em que tudo parecia mover-se com facilidade e você realmente conseguiu fazer o que queria. Lembrando-se nitidamente desse momento, você estará explorando seus recursos pessoais e experiência passada. Aí então mostrarei como criar um gatilho de memória especial para que possa ter essa sensação de novo sempre que quiser ou precisar.

O que você poderia conseguir se pudesse acessar facilmente essa sensação de foco em seu trabalho, sem distrações, para que tudo fluísse com suavidade e quase sem esforço? Quais outras sensações positivas você gostaria de experimentar de novo se pudesse simplesmente transferi-las do momento em que de fato aconteceram em sua vida para onde realmente deseja que aconteçam de novo? O processo do "Círculo de Excelência" fará exatamente isso. Esse processo é adaptado do conhecido livro *NLP: The New Technology of Achievement*.

Atividade de Descoberta: Acessando Recursos Pessoais

Pronto? Deixe que outros pensamentos sobre o dia fiquem em segundo plano quando focar nesta atividade. Em primeiro lugar, é um contraste real com o modo como provavelmente você pensa na maior parte do tempo. Nessas Atividades de Descoberta, o único modo de ir rápido é ir devagar, para começar. Você desejará realmente di-mi-nu-ir a velocidade de seus pensamentos quando seguir as instruções, especialmente nas primeiras vezes. Isso facilitará e gerará mais sucesso para você quando executar os processos. Portanto, respire, relaxe, dê a si mesmo um tempo e usufrua.

Agora volte sua memória para o momento em seu trabalho em que você realmente experimentou uma sensação de excelência, de fluxo fácil, de realização. Reviva essa experiência — vendo o que viu, ouvindo o que ouviu, sentindo o que sentiu.

Quando tiver essa sensação de fluxo desenrolando-se dentro de você, imagine que há um círculo no chão, como um holofote, bem em frente a seus pés. Observe como é grande a ponto de, se entrasse nele agora, seus pés e você inteiro caberiam facilmente dentro dele. Qual cor tem o círculo de luz? Se quiser, poderá mudar a cor e fazer com que seja mais azul, dourado ou até mais brilhante.

Por um instante, ouça com atenção; existe som em seu círculo? Talvez haja um zumbido suave e estável que ecoa a energia poderosa do momento. Quem sabe há uma música ou o som de aplausos. O que você observa?

Quando lembra dessa experiência e imagina o círculo colorido e o som, de quais sensações você tem consciência? Talvez sinta um formigamento ou sua postura fique mais ereta. Talvez tenha uma sensação de confiança ou orgulho. Quais sentimentos você observa agora?

Assim que realmente reviver a sensação de excelência, a sensação de tranquilidade e fluxo *ao máximo,* entre no círculo, levando tudo o que vê, ouve e sente para *dentro* dele.

Logo você sairá desse círculo e deixará todas essas sensações *dentro* dele, sabendo que pode retornar a elas sempre que quiser. Essa é uma solicitação incomum, e você pode atendê-la. Faça isso agora, apenas saia do círculo, deixando todas essas imagens mentais, sons e sensações lá dentro.

Agora, em pé fora do círculo, pense em um momento no futuro quando desejará ter essa mesma sensação de excelência, o mesmo foco, tranquilidade e fluxo. Reserve um momento para ver, ouvir e sentir o que poderia acontecer nessa situação futura — o que acontece um pouco antes de você querer experimentar de novo as sensações de excelência. Talvez você veja sua mesa. Ou ouça uma voz apresentando-o como o orador em um evento. Talvez sinta-se entusiasmado com o que acontecerá. O que quer que aconteça com você, apenas observe agora.

Quando essas sugestões estiverem chegando em sua mente, volte para o círculo e reviva essas sensações de excelência, foco e fluxo fácil. Observe enquanto imagina essa situação *futura* desdobrando-se, como essas sensações de fluxo e confiança fácil estão totalmente disponíveis para você — que pode acessar facilmente essas mesmas sensações poderosas de excelência, foco e fluxo.

Agora, saia do círculo de novo, deixando as sensações poderosas *no* círculo. Assim que estiver fora do círculo, reserve um momento e pense sobre o evento futuro. Você lembrará automaticamente daquelas sensações de confiança e fluxo, da sensação de tranquilidade. Isso significa que você já se reorientou para esse evento futuro. Está se sentindo melhor com ele, e ele nem aconteceu completamente ainda. Quando o momento chegar, você responderá naturalmente com mais foco e confiança — terá a sensação de fluxo fácil.

Sempre que experimento uma nova abordagem, sei que é provável que na primeira vez ela não seja perfeita — simplesmente porque nunca a fiz antes. Você conhece o ditado: "Qualquer coisa que vale a pena fazer, vale a pena fazer mal para começar"? Isso é especialmente verdadeiro ao fazer mudanças pessoais. Se, após fazer a atividade, você tiver apenas um sucesso parcial, faça de novo, prestando mais atenção em cada etapa, porque a sequência e o *timing* são importantes.

Quando você aplica os conceitos e técnicas da PNL, está tomando a iniciativa. Está decidindo, por si mesmo, como deseja reagir aos eventos em sua vida. Nessa atividade, você pegou as sensações de facilidade, fluxo e confiança de uma experiência passada e anexou-as a uma situação futura na qual poderia sentir desconforto. Esse é um processo que você pode fazer para quantos eventos futuros diferentes desejar, com quantos tipos diferentes de sensações quiser.

Se você já experimentou um recurso, mesmo que tenha sido por apenas um segundo, isso significa que terá acesso a ele para sempre! Usando o "Círculo de Excelência", poderá escolher usar seus recursos de qualquer modo desejado — sempre que quiser. Em qualquer situação é possível escolher como você deseja se sentir e como deseja responder. Pode escolher viver sua vida deliberadamente, por escolha. Você realmente tem todos os recursos que poderia desejar ou precisar. Isso não é ótimo?

Primeiro Você: Entendendo Como *Você* Funciona

Após degustar essa pequena amostra da PNL, espero sinceramente que você esteja ansioso por mais. Então, vamos começar.

Todos os seres humanos têm a mesma conexão em seu sistema nervoso central. Como nascemos com a mesma conexão, aprendemos as mesmas coisas do mesmo modo. Podemos estar preocupados com coisas parecidas, *embora* não pensemos igual. Na verdade, cada um de nós pensa de modo um pouco diferente de outro ser humano que já viveu ou até viverá. Cada um de nós é tão único quanto um floco de neve ou uma impressão digital.

Neste capítulo você aprenderá como os seres humanos pensam e como descobrir *seus* processos de pensamento pessoais. E, o mais importante, começará a aprender a mudar seus processos de pensamento para obter mais do que deseja na vida. Quando for ler a primeira seção do livro, aprenderá a aplicar esse conhecimento em si mesmo. A segunda seção é dedicada a como usar essas compreensões e esses processos com outras pessoas.

Você pode estar se perguntando: "Por que devo me importar com meu modo de pensar?" Eis o motivo: a maioria de nós passa a vida se acostumando a pequenos desconfortos, assim como com os limites emocionais e mentais. Dizemos: "Nunca fui bom com números" ou "Simplesmente não tenho mãos boas para plantar". Esses pensamentos não são um problema, a menos que você tenha um motivo para querer ser bom com números ou jardinagem.

Mas, e se for mais sério?

Suponha que você não consiga lidar com os confrontos necessários com um colega de trabalho ou membro da família. Todos precisam conseguir definir e proteger nossos limites. É como criamos nossos sentimentos pessoais de segurança e fazemos com que as outras pessoas respeitem nossas escolhas.

E se você "simplesmente não consegue terminar nada a tempo"? Ou não consegue manter seu equilíbrio ao falar em público? Ou gostaria de mudar sua saúde parando com antigos hábitos e criando outros melhores? Ou algum outro comportamento que você gostaria de mudar, mas não teve sucesso ao tentar?

O ponto é que todos nós podemos estar mais próximos daquilo que *queremos* ser. Porém, a maioria de nós simplesmente desiste após algumas décadas de vida e aceita que "somos quem somos e não podemos mudar". Não é verdade!

Até bem pouco tempo atrás, as pessoas não tinham as ferramentas certas para promover a mudança pessoal.

Quando você descobre seus padrões de pensamento pessoais, pode "abrir o capô" de *seu* veículo e mudar os antigos hábitos indesejados. É possível escolher novos modos de se comportar em situações que o deixam desconfortável. Você descobrirá novas habilidades, e existir ficará mais fácil. Basicamente, você conseguirá se redesenhar. Muitos de meus clientes de treinamento fizeram exatamente isso. Eu fiz, e você pode, se quiser.

Pode-se mudar qualquer coisa que desejar. E se, mais tarde, decidir que a mudança não é desejável, poderá voltar para como era ou escolher um novo caminho. Portanto, venha comigo e deixe-me guiá-lo em uma exploração de seus processos de pensamento pessoais.

A maioria de nós experimenta as sensações como experimenta o clima: "Ah, terei um dia ruim... Ah, fulano me deixou irritado... Ah, não sei, estou de folga hoje... Não posso fazer". É como ficar na chuva sem guarda-chuva, não é? Você ou fica à mercê de qualquer coisa que apareça, ou tenta absorvê-la e ser um bom sujeito. Talvez diga a si mesmo: "Não seja chorão. Faça de qualquer jeito". Esse é o jeito difícil; é como tentar abrir uma porta usando o lado errado da chave.

Um modo mais fácil de fazer isso seria entender como essas sensações foram inicialmente criadas. Se quiser saber, contarei.

"Ai" ou "Uau": Como Criamos Nossas Sensações

Veja como as sensações são criadas. A primeira coisa que acontece é que você recebe algum estímulo externo. Por exemplo, quando você acordou esta manhã, a primeira coisa que sentiu foi seu comentário interior. Era só você, certo? Então, começou a enfrentar o mundo — uma cafeteira assobiando, uma criança chorando, um cachorro que precisa sair, o jornal na porta da frente, a TV ligada. Qualquer que seja seu mundo, você recebeu estímulos em seu cérebro.

Assim que entra em seu cérebro, uma informação sensorial é interpretada, e você atribui um significado a ela. Isso é realmente importante, porque acontece tão rápido que você nem se dá conta. O interessante é que *assim que* um significado é atribuído, você tem uma emoção. Você cria uma sensação sobre ele.

Você poderia pensar: "Será um dia ruim... Terá trânsito... Tem poluição... Odeio política... A economia está em baixa... Ficaremos sem café... Ninguém vai cuidar da droga do cachorro?" Parece familiar? Ou se você tiver sorte como eu de estar feliz e casado, poderá até ser: "Bom dia, amor. Qual é a agenda do dia?" O resultado? Há uma coisa ou outra acontecendo em sua mente.

Qualquer que seja o estímulo, você atribui um significado a ele, você tem uma emoção, e são *essas* emoções que geram sua reação. É como acontece com a maioria das pessoas. Quando você começa a entender que suas emoções vêm do significado que você confere a algum pensamento ou informação externa, pode voltar para esse pensamento, "esvaziá-lo" e mudá-lo. É onde a capacidade de diminuir a velocidade de seus pensamentos realmente permitirá pensar com mais eficiência e escolher respostas melhores.

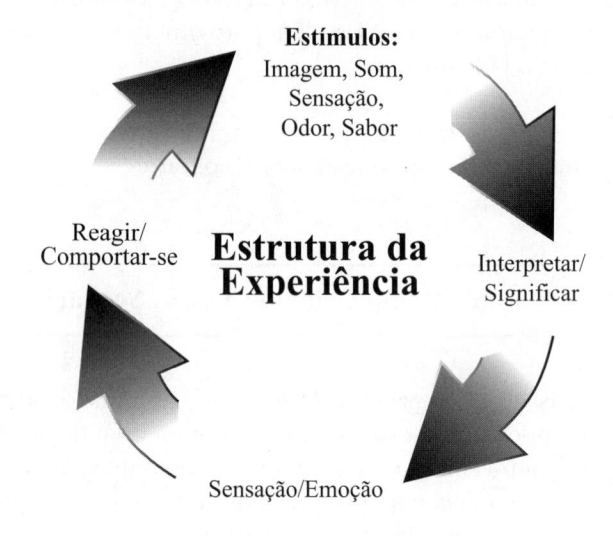

Estímulos:
Imagem, Som, Sensação, Odor, Sabor

Reagir/Comportar-se

Estrutura da Experiência

Interpretar/Significar

Sensação/Emoção

Então, do estímulo ao significado... do significado à emoção... da emoção à ação. O ciclo inteiro acontece rapidamente. E acontece milhões de vezes todos os dias, e quase sempre sem que estejamos conscientes dele.

Lembre-se de que a parte complicada é que geralmente temos consciência apenas do primeiro estímulo, depois, da emoção. O significado geralmente fica ao largo de nossa consciência.

Experimente as seguintes frases: "Eu me sinto ótimo quando estou com você." "Ele me deixou irritado." "Aquele cliente acabou com meu dia". Apesar de como essas emoções são declaradas, o autor real de nossas sensações NÃO é a outra pessoa. O autor *real* delas é o significado que demos a qualquer coisa que chamou nossa atenção.

Piloto Automático: As Três Opções Favoritas da Mente

Há outra coisa realmente importante que acontece na mente: ela faz certas coisas automaticamente — e sem nossa consciência. Ela generaliza, apaga e distorce as informações. Vamos explorar alguns exemplos.

GENERALIZAÇÃO

Generalização é observar como uma experiência é parecida com outras experiências. É um processo natural. Percebemos as pessoas, coisas e eventos observando os *aspectos* da experiência que são como as experiências *anteriores*. Há muitos tipos de portas, certo? Portas giratórias, automáticas, deslizantes, portas de tela, e a lista continua, não é? Mas todas são portas. Um restaurante elegante pode ter um ambiente mais bonito, um menu especializado, um serviço mais cuidadoso e preços mais altos do que um restaurante familiar, mas ambos têm comida, mesas e garçons — portanto, ambos são restaurantes. E, claro, certas pessoas nos lembram outras. As experiências nos lembram outras experiências. É como nosso cérebro generaliza. Experimentamos uma coisa ou habilidade nova conscientemente algumas vezes e, depois disso, delegamos. Fazemos isso o tempo todo.

Mesmo que a generalização seja útil e eficiente, também pode nos trazer problemas. Por exemplo, alguém que nos *lembra* um amigo pode ser uma pessoa muito diferente. Uma pimenta na comida pode parecer uma pimenta suave que você comeu antes, mas, na verdade, é muito picante. Algo que parece familiar, uma generalização, pode levar a conclusões incorretas e ações ineficientes.

As generalizações também podem contribuir com crenças limitantes. Por exemplo, todas as pessoas com olhos verdes são sexy ou as pessoas altas usando grandes botas são ameaçadoras. Tais generalizações submergem e tornam-se crenças. E essas crenças começam a governar sua vida. Na verdade, as crenças são tão fortes que, quando você tem uma, ela começa a alterar sua percepção. Agora todos esses estímulos externos recebidos têm que passar pelos filtros da crença. Sua mente realmente não obtém as informações brutas. Ela não consegue mais escolher.

Em vez de captar as ondas sonoras *reais* que entram, seu cérebro retém apenas o que ele *escuta*. E a audição, como a visão, ocorre no cérebro, não nos olhos ou ouvidos. Estes estão apenas canalizando as vibrações, basicamente ondas eletromagnéticas. São apenas dados brutos que entram, mas sua *mente* está filtrando esses dados brutos e dizendo: "É perigoso? É seguro? É interessante? É importante?"

Sua mente está filtrando sua experiência para permitir que você sobreviva, portanto, é algo bom. Só que você poderia querer um pouco mais de flexibilidade nessa área. É algo que você terá quando explorar as diferentes Atividades de Descoberta neste livro — porque quanto mais escolhas tiver, melhor será. Naturalmente, para criar, examinar e fazer escolhas diferentes, você precisa *usar* seu cérebro, significando não viver no piloto automático. Isso se torna um problema quando as crenças formadas quando você era criança (sabendo apenas o que sabia na época) *ainda* estão ditando suas escolhas. Essas antigas crenças basicamente escolheram seu trabalho, sua política, seu companheiro e seu almoço.

Ao explorar suas crenças e começar a modificá-las usando as abordagens neste livro, conseguirá ter mais opções disponíveis no futuro, e isso é algo muito bom. Mas estou divagando.

Exclusão

O que é exclusão? Exclusão é fazer desaparecer os aspectos de uma experiência. A exclusão é natural. Quando percebemos ou lembramos de alguém ou algo, geralmente omitimos as circunstâncias, outras pessoas etc. Isso é exclusão. Quando nos fixamos intensamente em algo e tudo mais desaparece, isso é exclusão. Quando não conseguimos lembrar de algo, isso é outra forma de exclusão. Quando usada com eficiência, a exclusão ajuda a remover a interferência, as distrações e minúcias da vida, e assim podemos concentrar-nos no que é importante.

Veja uma experiência de "exclusão" que você poderia ter agora. Provavelmente você está focado em ler estas palavras, pensando no que significam, questionando as ideias ou tomando notas. O que você está ignorando talvez seja a sensação de seu corpo sentado onde quer que esteja, em uma cadeira dura, sofá confortável ou assento no ônibus apertado. Você pode não estar prestando atenção ao seu corpo, ambiente ou à hora. Pode não estar prestando atenção no modo como seus pés estão no momento. Quando menciono isso, talvez você os note, mas não até eu mencionar.

Outro exemplo é quando você está procurando alguém em uma multidão — você está concentrado em coisas específicas e excluindo o cenário de fundo. Pode fazer uma varredura em um grupo de pessoas procurando apenas certa coisa — a cor de um suéter, o formato de um chapéu ou um cabelo loiro longo — tudo mais na imagem está em segundo plano, você excluiu os outros elementos.

Distorção

Distorção é mudar uma experiência do que ela é *realmente* para alguma forma modificada. (Vamos deixar de lado se você pode realmente *saber* o que alguma coisa é e explorar mais a distorção.) Distorção também é algo natural. Percebemos e lembramos de pessoas, coisas e eventos com base nos *aspectos* da experiência: o cachorro típico, amigo ideal, as piores férias etc. Isso é uma distorção. É uma pequena experiência, mas retiramos muitos detalhes e preenchemos o resto com a imaginação.

Quando percebemos determinada característica sobre alguém, boa ou ruim, e a aplicamos a *todos* os aspectos dessa pessoa, isso é distorção também. Com a distorção, quando percebemos alguém como uma pessoa com fala lenta, podemos distorcer as coisas e imaginamos que ela também é um pensador lento. Do mesmo modo, podemos concluir que alguém elegante é um pensador veloz. Quando você lembra o momento de um evento como representando o todo, isso é distorção. Quando conta a história dessa experiência e omite coisas e enaltece outras, isso é distorção. Fazemos isso com muita frequência.

Essas três ideias realmente não operam de forma independente — elas interagem. Por exemplo, a generalização requer exclusão e é uma forma de distorção. Não importa se você lembra dos termos, o importante é que você reconhece que há bilhões de pequenas informações inundando seu cérebro a cada segundo — para administrar tudo isso, seu incrível cérebro *automaticamente* generaliza, exclui e distorce as informações.

Uma Máquina Bem Lubrificada: Corpo, Cérebro e Mente

Cada um de nós é uma combinação de três partes diferentes: corpo, cérebro e mente. Todas elas trabalham em conjunto e influenciam-se mutuamente. Um problema em uma área afeta as outras. Para nossas finalidades agora, veja como considerar essas partes.

CORPO

O corpo é seu aparato físico: nervos, músculos e circulação. Seu corpo inclui o sistema endócrino e outros órgãos que estão ajustando constantemente a corrente sanguínea para torná-lo o mais eficaz possível. Já pulou uma refeição ou perdeu uma boa noite de sono e descobriu que não estava "muito bem" no dia seguinte? Você pode ter todas as informações necessárias para resolver um problema, e, mesmo assim, a solução simplesmente não aparece. O que está acontecendo é que seu corpo está produzindo toxinas de fadiga, sua taxa de glicose está baixa ou você está tendo uma reação à insulina, e essa química está afetando sua mente.

CÉREBRO

O cérebro é a coisa de 1,3 kg dentro de seu crânio. Esse órgão incrível é onde ocorre grande parte de sua consciência. O cérebro usa 25% da quantidade total de oxigênio que você respira. É composto de cerca de 100 bilhões de neurônios. Cada neurônio tem de uma a 10 mil conexões com outros neurônios. O cérebro de um ser humano é igual ao poder de computação inteiro de nosso planeta em 2007, ele pode realizar 100 trilhões de cálculos a cada segundo. O que se faz com todo esse poder de processamento? Uma quantidade de trabalho espantosa!

O cérebro lida com todas as informações sobre como seu corpo está funcionando e sentindo, *e* todas as informações sobre o mundo externo que são captadas por ele. Isso dá um total de dois milhões de bits de informações entrando por segundo! Entretanto, grande parte desses dados é tratada automaticamente. Em um nível consciente, ficamos a par de apenas uma minúscula fração das informações.

Se houver um mau funcionamento do cérebro, química ou fisicamente, isso afetará nossas sensações. As coisas parecem reais para cada um de nós de um modo que nenhuma outra pessoa possivelmente pode entender. E assim que nossa mente é envolvida em um pensamento negativo, o corpo é instigado a produzir substâncias químicas que podem aumentar o efeito negativo e nos fazer perder o controle. Os problemas físicos do cérebro podem ser resultado de uma doença ou lesão. Quimicamente, isso pode acontecer devido a martínis demais, drogas prescritas e até alguns alimentos.

MENTE

Quando alguém tem um medo repentino ou um acesso de raiva, isso dispara uma reação no corpo. A corrente sanguínea é inundada de hormônios e substâncias químicas. O coração acelera, e os olhos se estreitam. A frequência respiratória aumenta, e a pessoa fica pronta para lutar ou correr. Substâncias químicas como essas entram no cérebro e mudam o modo como ele funciona. Então as partes do cérebro dedicadas às funções mais elevadas, como o pensamento criativo, ficam inoperantes, e as outras partes mais básicas assumem o controle. Quando isso acontece, você se torna uma máquina de sobrevivência especializada. Voltando aos tempos quando estávamos correndo na grama alta e podíamos ser o almoço de algo maior e mais faminto que nós, esse era um bom design.

Esse design não é tão útil quando estamos indo para casa no trânsito e levamos uma fechada. Usar as funções mais elevadas de nosso cérebro pode ser ideal quando estamos dirigindo duas toneladas de aço na autoestrada. Esse design de sobrevivência também não será muito eficiente se estivermos em uma situação de trabalho e alguma observação inesperada disparar nosso instinto de "lutar ou correr". Quando isso acontece, perdemos a capacidade de pensar racionalmente e nos expressar com persuasão. De novo, é como interpretamos a situação com nossa mente que faz com que o cérebro volte ao nosso instinto de lutar ou correr.

Portanto, o corpo se conecta ao cérebro, e o cérebro, ao corpo. E sua mente, a parte que sente como "você" se parece, é um padrão de conexões nervosas em seu cérebro. Pode-se dizer que somos hóspedes de nosso corpo *e* cérebro.

Mas se alguém fosse abrir seu corpo ou cérebro, não encontraria uma imagem de sua casa nem o sabor do achocolatado ou o som de pássaros cantando. Tudo que você experimenta, tudo que pensa, você cria em sua *mente*.

Os bits de dados são armazenados no cérebro, em bilhões de neurônios, mas fazer as conexões e criar as experiências que compõem nossa vida requer "nós". O cérebro não é um disco rígido que pode operar sozinho. Ele precisa de nossa mente *consciente* para fazer tudo funcionar a fim de que possamos andar de bicicleta, fazer compras, desfrutar de uma refeição ou compor uma música.

Planetas Diferentes: Os Mundos Dentro de Nossa Mente

Aposto que você sabe o que é real, certo? Se estivéssemos em uma sala juntos, poderia supor que o mundo no qual você vive é o mesmo no qual eu vivo. Desculpe, amigo, não é bem assim.

Assim que nascemos, começamos a notar as coisas. No início, é o caos. Dá para imaginar todas as coisas vindo aos borbotões, todas as imagens, sons, cheiros, sabores e sensações no corpo. O que sua mente faz com tudo isso? Bem, ela desenvolve linguagens, cinco linguagens. O único modo de você poder pensar é usar imagens, sons, sensações, sabores e cheiros. Eles são a base da mente.

Agora talvez você precise acreditar em mim quanto ao fato de que o mundo que *você* vê e vive está realmente EM SUA CABEÇA. Está em *sua* cabeça, e não na de outra pessoa. Sua mente está criando o mundo no qual você vive. As relações que você tem, o modo como você se sente em relação às pessoas à sua volta e como se sente consigo mesmo são filtros, e quase todos esses filtros foram criados involuntariamente.

Como você escolheu pegar este livro, provavelmente já trabalhou muito em si mesmo. Trabalhou no conteúdo de seus pensamentos, no que pensa. Meu ponto é: o modo *como* você pensa pode afetar profundamente *o que* você pensa. Até agora você não tinha ferramentas para lidar com o modo como pensa e como isso o afeta. O processo no qual faremos uma imersão é lidar com o COMO, *não* com O QUÊ.

Seu cérebro tem visão, som, sensação, sabor e cheiro, mas você não os usa com a mesma intensidade. Em vez de falarmos mais sobre isso, vamos lidar com um exemplo seu para que você possa descobrir seu mundo pessoal. Neste livro farei algumas perguntas sobre as quais você provavelmente nunca pensou antes. Mesmo assim, sempre saberá a resposta, mesmo que nunca tenha ouvido a pergunta. Então, lá vai uma para começar.

**Atividade de Descoberta:
Descobrindo Seu Mundo Interior**

Pense nas roupas que você vestiu ontem. Quando pensa nelas, como as está vendo? Elas estão penduradas no armário ou você as vê em seu corpo como se estivesse olhando para um espelho? Talvez elas estejam colocadas na cama antes de vesti-las, ou estejam no piso do banheiro depois de tê-las tirado. Existem muitos modos de você ver as roupas de ontem.

Eis o que eu gostaria que você fizesse em seguida. Quando você as vir, observe como realmente as está vendo. Afinal, não é como se as roupas de ontem tivessem aparecido magicamente diante de você.

Em sua imaginação, você pode verdadeiramente ver as roupas de que se lembra ter vestido ontem? Olhe bem a imagem em si, como você as vê. Observe que você realmente fez uma imagem mental. É o modo de seu cérebro dizer: "Ah, sim. Ele disse as roupas de ontem; aqui estão elas".

Você entrou e recuperou automaticamente os dados. Seu cérebro construiu essa imagem para você. Provavelmente essa imagem em particular não foi preenchida do modo como a vê agora. Afinal, quando você viveu o dia ontem, registrou imagens incontáveis das experiências pelas quais passou. Contudo, você pode não ter tido consciência dessa imagem em particular até tê-la chamado em resposta à minha pergunta, então, observe isso.

Veja outro exemplo. Não importa onde você vive, provavelmente há uma porta da frente em sua casa, certo? Se é uma casa, apartamento, cômodo, tenda ou caverna, há algum modo de fechar a entrada. Convido-o a notar algo.

Quando mencionei a entrada de sua casa, você pensou nela, não pensou? E pode pensar nela agora, e, quando o fizer, notará que sabe exatamente como é sua aparência. Pode ver a cor e a forma da porta ou entrada da barraca, sabe qual lado tem a maçaneta e exatamente como abri-la.

Como você sabe disso? Você pode estar pensando: "Simplesmente sei, isso é tudo, eu moro no lugar!" É o seguinte: ser capaz de imaginar a porta da frente requer uma nova consciência de sua parte. Você tem que entrar em sua mente e diminuir a velocidade do processo de pensamento para poder vê-los em câmera lenta, como assistir a um filme quadro a quadro.

Pense na porta da frente de novo. Você vê uma imagem dela em sua mente, não vê? Verifique e verá que estou certo. Quando você pensa na porta da frente, pode vê-la. Você teria que vê-la para conseguir saber como é se lembrar dela.

Portanto, agora você vê a porta da frente. Vamos abri-la e entrar.

Existe algum som quando você abre a porta? Ouça por um momento e observe o som da porta abrindo. Talvez você ouça o trinco se soltando, a dobradiça rangendo, a porta raspando no chão ou algum outro som enquanto ela abre. Talvez você também tenha notado como a porta era pesada e como o trinco estava frio quando o tocou. Quais sensações físicas você notou?

De novo, é apenas a porta da frente. Mas você tem muitas informações sobre ela que são armazenadas e automatizadas. Você só nota as imagens, sons e sensações quando se acalma e tenta se lembrar deles.

Vamos explorar um exemplo muito diferente que mostrará mais sobre como sua mente funciona. Pedirei que você pense em algo em que, aposto, nunca pensou antes. Pense em estar na praia e em usar o cotovelo para rabiscar algo na areia. Se você for destro, pense em usar o cotovelo esquerdo. Se for canhoto, pense em usar o cotovelo direito. Ou seja, é um cotovelo sem habilidades especiais. Agora pense em desenhar a letra A na areia. Você pode se imaginar fazendo isso? Aposto que nunca fez isso antes, certamente não com o cotovelo oposto.

Veja o que é interessante. Para se imaginar fazendo isso, você precisa ver a letra A. Talvez você a tenha visto na areia, mas começou com a forma da letra A em sua mente. Você está fazendo isso e está sentado em algum lugar lendo este livro. Minha pergunta é: como é a letra A em sua mente?

Todos nós vimos a letra A impressa em muitos estilos e tamanhos diferentes. Nós a vimos tão grande quanto um quadro de avisos e tão pequena quanto as instruções em um vidro. Mas quando você pensa na letra A, o que vem à mente? Afinal, sua mente tem um modo de produzir a letra A para você.

Para escrever a letra A na areia, você precisou fazer mais do que se lembrar de algo que experimentou. Teve que se lembrar da letra A e de como escrevê-la, assim como a aparência da areia na praia. E você teve que construir uma experiência imaginária na qual combinou todos os elementos lembrados — inclusive como escrever com o cotovelo oposto! Sua mente pode fazer coisas surpreendentes.

Tudo bem, vamos deixar a praia e voltar para a porta. Lembre-se do som e da sensação quando você a abre.

Pense nas outras portas em sua vida e pense no som delas. Observe outras diferenças quando você entra em outros lugares.

Perceba não apenas os sons associados à porta, mas talvez o cheiro. Quando você pensa na porta de uma cafeteria ou padaria, a casa de um amigo quando o jantar está grelhando na churrasqueira, a porta do ginásio, a porta do hospital. Ou, quem sabe, você possa lembrar de um cheiro diferente.

Pense nos outros lugares que você pode visitar em sua mente. Deixe-a vagar até a antiga escola ou local de trabalho, ou outras casas e negócios. Pense nos parques e espaços abertos.

Quando você pensa nos lugares diferentes que pode visitar, consegue notar outras sensações conectadas a essas lembranças.

Talvez você precise subir alguns degraus até certo lugar ou empurrar uma porta com mais força. Ou talvez sua memória o leve a um acampamento... algum lugar molhado... ou frio.

Você pode notar que suas sensações emocionais são diferentes dependendo do lugar que pensa em visitar. Podem variar desde desagradáveis... até neutras... empolgantes... prazerosas, dependendo das experiências que você associa ao lugar no qual está pensando.

Eis o motivo para isso. Moramos dentro de nosso corpo, e o único modo de podermos saber o que está fora dele é com nossos sentidos. Vemos, ouvimos, sentimos, saboreamos e cheiramos o mundo, e essas informações vêm fluindo em nosso cérebro desde um pouco antes de nascermos.

Quando as informações entraram pela primeira vez em nossa consciência, não havia um modo de entender nada. Assim, deve ter sido tudo muito confuso por um tempo. Depois, então, nosso cérebro começou a reunir as sensações.

Como aprendemos cedo, nosso cérebro descobriu como classificar e arquivar essas informações. Ele decidiu o que ficava com o quê. Ele armazenou tudo o que você já pensou, sentiu, viu, ouviu, sonhou ou imaginou. Até agora, enquanto você lê isto e verifica as lembranças e ideias que sugeri, está obtendo antigas imagens, sons, sensações, sabores e cheiros de seu armazenamento pessoal.

Não É Apenas um Cabo Básico: "Modalidades Representacionais"

Quando seus pensamentos ocorrem, sua experiência de vida é *reapresentada* em sua mente em palavras, imagens, sabores, cheiros e sensações. (Tudo bem, geralmente apenas imagens, palavras e sensações.) Entender como isso funciona possibilita muitas coisas. Esses fenômenos são o que chamamos de — lá vem o jargão — "Modalidades Representacionais", ou "Modos Rep". *Trata-se de* um rótulo elegante para os cinco sentidos.

A maioria de nós tende a favorecer um modo rep em detrimento de outros. Alguns de nós favorecerão uma imagem. Algumas pessoas favorecem as vozes. Este sou eu: sou altamente auditivo. Pessoas como eu tendem a se lembrar de algo pelo som, em lugar da aparência. É melhor para mim me lembrar de um número de telefone ouvindo-o do que o vendo. Mas como agora ouço *e* vejo o número de telefone, é ainda mais fácil de lembrar. Outras pessoas se lembram com mais cinestesia, significando sensações físicas e emocionais.

O modo como nos comportamos e expressamos reflete esses tipos de pensamento. Para ter uma ideia, veja algumas generalizações amplas. Os pensadores auditivos tendem a ter vozes mais melodiosas e a falar muito. Os pensadores visuais, como minha esposa, Vikki, tendem a falar com mais rapidez. Os pensadores com cinestesia tendem a falar mais devagar.

Há uma diferença no modo como eles *processam* também. Os pensadores cinestésicos tendem a processar as coisas mais devagar e profundamente. Eles gostam de realmente sentir as coisas e ter uma boa compreensão da situação. Não entendem a ideia até terem percorrido todo o caminho e estarem satisfeitos com o fato de terem coberto completamente o território.

Uma pessoa auditiva realmente precisa ouvir o que você está dizendo. Essa pessoa tem seu próprio ritmo e tende a fazer sua própria música. As pessoas que preferem os modos visuais de pensamento são aquelas que veem sua visão, imaginam-se dirigindo o carro novo ou falam algo até que possam ver alguém olho no olho. As preferências do modo rep de alguém também são evidentes em sua linguagem (sobre o que você aprenderá mais em um capítulo posterior).

Os modos diferentes como nossa mente cria o pensamento, usando os cinco sentidos, tocam cada parte de nossa vida. Quanto mais você pensar sobre isso e mais tempo passar explorando esses conceitos, mais ficará claro que esses processos afetam *cada* parte de sua vida.

A maioria de nós cresceu sem pensar no MOTIVO de como pensamos. Portanto, a princípio, podemos ter problemas ao fazer isso. Algumas pessoas não conseguem visualizar muito porque são ligadas em sensações. Outras são visuais, como alguns artistas, que entendem as coisas rapidamente e logo passam para a próxima. Há um grande contraste entre esse tipo de pensamento e o pensamento cinestésico, que é mais lento e mais completo.

Todos os tipos são necessários, portanto, não seria útil para nós sermos um pouco mais equilibrados? Todos nós temos acesso a partes de nosso cérebro que simplesmente não usamos. Você faz o que faz porque é o que sempre fez. Uma das ótimas vantagens de aprender a PNL é que se terá muito mais opções e modos de pensar.

Ao focar-se neste livro, você faz mais do que apenas ler, não é verdade? Está adicionando NOVAS coisas às suas lembranças e imagens. E está adicionando seus comentários agora, enquanto lê isto.

Estou conversando com você, e você está conversando consigo mesmo. Pode estar dizendo: "Isso é interessante" ou balançando a cabeça discordando. Na verdade, você está fazendo isso exatamente agora!

E na próxima vez em que pensar na porta da frente ou em um dos outros lugares em que pode ter pensado durante esta última Atividade de Descoberta, também se lembrará de onde estava quando leu esta seção do livro. Lembrará o que disse para si mesmo e como se sentiu com o que estou contando.

Portanto, basicamente, em sua mente, seu cérebro criou um modelo inteiro de *seu* mundo, com cada ponto de vista que já viu, sentiu e imaginou. Quando você pensa em mundo, não pensa realmente no real, apenas *pensa* que faz isso.

Você está, de fato, pensando em *seu* "modelo de mundo" em seu cérebro, no modo como lembra dele particularmente.

E suas reações emocionais são determinadas por essa realidade pessoal interior, não pelo mundo externo. Todas as informações que vêm de fora são recebidas e misturadas com todas as informações que geramos em relação a elas.

A mente afeta o corpo, o corpo afeta a mente.

Quando temos uma sensação emocional, a química de nosso sangue muda e afeta ainda mais nosso cérebro. Indo e voltando... da mente para o corpo... e para a mente, tudo fazendo parte de mais lembranças armazenadas para uso futuro. Todas essas imagens e sensações são armazenadas por toda nossa vida, apenas aguardando que as chamemos para lembrar algo que já aprendemos ou misturar as informações de novas maneiras para criar algo novo e maravilhosamente possível para nós.

O que você acha que isso diz sobre suas lembranças? Você achou que se lembrava das coisas como aconteciam, como se as capturasse com um gravador de vídeo?

Na verdade, você armazena uma versão altamente *personalizada* de seu passado, o que pode realmente ter acontecido e O QUE VOCÊ PENSOU TER ACONTECIDO NO MOMENTO. Sempre que você revisita uma lembrança, vê o que realmente se destacou para você, o que o impressionou, e não se importa com o resto.

Em outras palavras, o primeiro plano da lembrança fica mais nítido com repetidas visitas. Por sua vez, o "segundo plano" fica mais embaçado e turvo sempre que você se lembra da parte importante e ignora o resto, o que muda ainda mais a lembrança.

Isso significa que NÃO há lembranças precisas e completas na mente humana. Basicamente, sua própria história pessoal é um destino móvel. Ele muda sempre que você chama uma lembrança.

A maioria das pessoas faz essas mudanças inconscientemente. Elas realmente acham que sua realidade é igual à de outra pessoa. É uma das principais razões para haver tantas discordâncias entre as pessoas sobre coisas que aconteceram, mesmo que ambas as partes tenham estado no mesmo evento.

As lembranças são altamente personalizadas, elas mudam a cada nova chamada.

Notas Adesivas Mentais: O Poder das "Âncoras"

Há outro modo de a mente funcionar — eu o chamo de notas adesivas mentais, embora o termo certo seja "Âncoras". Veja um exemplo rápido para ilustrar o efeito profundo de uma âncora. De fato, provavelmente é um dos principais motivos para eu estar casado hoje.

Quase 15 anos atrás, eu estava a caminho de minha livraria favorita. Tinha acabado de almoçar com uma grande amiga que é autora e instrutora de PNL. Durante o almoço, contei-lhe que estava me sentindo irritado com minha vida amorosa. Eu tinha namorado muitas mulheres, me sentia um pouco nervoso e muito cansado. Eu não estava chegando a lugar algum e tinha decidido mesmo que pararia. Ela disse: "Você assume compromissos rápido demais. Você não precisa cortar as relações, só precisa fazer um jejum de compromissos por um tempo".

Pensando no que ela havia dito, peguei o elevador para ir à livraria, e nele havia uma bela mulher, que sorriu para mim. Sorri de volta. Não significou nada — não havia nenhum "interesse". O elevador abriu, saímos, e eu me esqueci dela.

Entrei na livraria e estava circulando pelas estantes quando ouvi uma voz atrás de mim pedindo ajuda. O atendente disse: "Ah, vá até a outra ponta da loja e pergunte a alguém". E eu pensei: "Ah, cara, esta é minha livraria favorita e isso não ajuda muito". Então me virei para preservar a honra da livraria e descobri que a mulher que tinha feito a pergunta era a pessoa que tinha sorrido para mim no elevador. Quando perguntei-lhe o que estava procurando, ela me disse que tinha acabado de se formar na faculdade (ela aparentava uns 40 anos) e precisava de um livro específico porque tinha feito faculdade para se tornar Psicoterapeuta. Foi quando falei da PNL e começamos a conversar.

Ela esqueceu completamente o livro que procurava, e finalmente fiquei constrangido com o fato de que estávamos conversando em pé no corredor da livraria, então convidei-a para tomar um café. Eu precisava voltar ao escritório, mas pensei em usar uns poucos minutos para fazer um pequeno trabalho missionário em nome de meu adorado interesse em PNL. Fomos ao estabelecimento vizinho, bebemos uma xícara de café, conversamos sobre tudo: PNL... nossos filhos... ex-cônjuges (ela era viúva)... trabalho... interesses.

Foi muito agradável, e me lembro desse momento como se fosse ontem. Ela estava sentada à minha esquerda, e enquanto falava, riu com algo que tinha dito, inclinou-se e colocou gentilmente a mão em meu antebraço esquerdo. Ela disse: "E, Tom, isso foi muito engraçado!". E eu gostei dela. Eu não estava romantizando aquilo. Ela era jovem demais, bonita demais, loira demais, e não estava em meu radar. Mas ela era tão natural e agradável que eu simplesmente queria conversar mais. Então dei um jeito de conversar mais com ela. O resto é história.

Mas eis o ponto. Já se passaram 15 anos desse episódio. Nós nos casamos há 14 anos, e juro que ainda posso sentir sua mão em meu antebraço esquerdo bem onde ela a colocou no dia em que nos conhecemos. *Isso* é uma âncora, e muito poderosa.

Portanto, as âncoras — cinestésicas, auditivas, visuais, gustativas ou olfativas —, que são momentâneas e estão fora de nossa consciência, podem ficar conosco e nos influenciar por anos. Temos milhares delas por toda nossa vida. Quando começar a ter consciência do fenômeno das âncoras, você reunirá essas coisas em sua consciência e compreensão, e encontrará pequenas maneiras de trabalhar com elas para tornar sua vida mais conveniente ou mais rica — como fez quando criou um "Círculo de Excelência" antes neste capítulo.

Uma âncora é qualquer coisa que sua mente usa para lembrá-lo de algo. Como exemplo, provavelmente todos nós tivemos a experiência, em algum ponto, de sentir o cheiro de um perfume, charuto ou fumaça e sermos transportados instantaneamente para uma ocasião diferente em nossa vida.

Talvez o cheiro tenha lembrado um dos pais, professor, parente, ou a fumaça tenha lembrado um acampamento, churrasco ou desastre. Resultado: as coisas nos lembram outras coisas. A ideia interessante aqui é que esse fenômeno, chamado de âncora, pode ser usado de propósito.

Veja alguns outros exemplos que você poderia não imaginar quando falo sobre âncoras. Que tal as maçanetas? Uma maçaneta significa entrada e saída, portanto, é uma âncora. As observações são âncoras. As pessoas na publicidade sabem bem disso.

Algumas vezes, a âncora é simplesmente uma cor. Mas uma âncora poderosa poderia ser uma imagem, como uma bandeira ou um capacete. Poderia ser um slogan que pareceu ter sentido, mas não teria a menos que você soubesse o que estava sendo vendido. Tudo isso são âncoras.

Há uma frase à qual a maioria dos homens reage como uma âncora. Uma mulher diz: "Precisamos conversar". Isso é uma âncora. O que ela quer dizer é: "Tenho algo que quero que você ouça", mas o que dizemos para nós mesmos é: "Oh, não". As mulheres têm âncoras também. Como não sou mulher, não sei quais são com certeza, mas talvez uma seja quando um homem diz: "Vou chegar um pouco tarde do trabalho", "Farei isso amanhã", "Vou resolver isso um dia" ou "Não me chateie". São todos exemplos de âncoras.

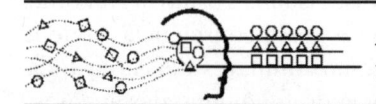

Atividade de Descoberta: Criando uma Âncora Pessoal

Quando você trabalhou com o "Círculo de Excelência", criou uma âncora *espacial* pessoal poderosa. Vamos experimentar outro tipo de âncora. Você criará uma âncora cinestésica, uma âncora de toque, que poderá usar em si mesmo, *para* si mesmo. Que tal uma âncora que oferece uma injeção de confiança, entusiasmo, otimismo e autoestima sempre que você precisar? Seria útil?

O bom dessa âncora em particular é que você pode fazer isso em qualquer lugar, sempre que precisar de um pouco de estímulo — estando sozinho ou no meio de uma reunião. Agora veja como ter o estímulo.

Use sua mão não dominante para essa atividade. (Se você for canhoto, use a mão direita, e se for destro, a mão esquerda.) Com a ponta do polegar, encontre o ponto que é a segunda articulação de seu dedo médio. Pratique tocar nele, porque será uma âncora que usaremos daqui a pouco.

Volte para um momento em que você realmente teve uma experiência com que se sentiu otimista e contente. Pode ser qualquer coisa.

Para um homem, pode ser o momento em que sua garota aceitou o convite para a festa de formatura. Para uma mulher, talvez seja quando o cara certo a convidou para sair. Talvez seja um jogo de soletrar ou uma competição de natação que você venceu. Talvez seja quando saiu para caminhar e foi envolvido pelo cheiro agradável da natureza e a sensação maravilhosa que teve.

Tudo bem, reserve um momento para voltar e encontrar uma lembrança, uma experiência específica, que lhe dê a sensação de ser otimista e confiante, e estar contente consigo mesmo. Pode ser até algo em um filme que você assistiu ou um livro que leu.

A próxima pergunta poderia ser: "Bem, o que faço com isso?" ou "Não consigo encontrar uma experiência assim". Vejamos um de cada vez. A resposta para "O que faço com isso?" é simplesmente entrar nessa experiência. Lembre-se da idade que tinha na época e entre nessa experiência, reviva-a e divirta-se.

Pare por um momento. Espere 30 segundos para realmente aproveitar a lembrança e, quando conseguir, olhe em volta e observe o que você estava vendo no momento. Observe o que estava vestindo, que sensações passavam por seu corpo naquele momento.

Quando você estiver no auge do sentimento bom, toque aquela articulação com o polegar. Apenas pressione uma vez. Só isso, mas não terminamos ainda.

Agora gostaria que você voltasse a essa lembrança e observasse aquela sensação.

Agora encontre outra lembrança na qual se sentiu igualmente bem ou ainda melhor. Percorra sua vida e encontre outra lembrança. Quando a tiver encontrado, entre e imagine a experiência.

Ao encontrar a lembrança pela primeira vez, pode ter visto a si mesmo como se estivesse em uma fotografia ou filme. Agora eu gostaria que você penetrasse em sua imaginação, realmente *sendo* você mesmo, e percorresse essa experiência. Quando estiver no auge da sensação boa, novamente toque com o polegar na segunda articulação do dedo médio.

Tenho uma pergunta. Como seria se essa sensação positiva fosse duas vezes mais forte? Apenas imagine o que sentiria em seu corpo se essa sensação boa fosse duas vezes mais forte e novamente toque com o polegar no dedo médio.

Uau! Agora imagine isso dobrado de novo e dobre quando você tocar com a ponta do polegar na articulação. Imagine isso. A sensação dobra de novo.

Tudo bem, pare de tocar na âncora por um minuto e recue. Se fez isso, provavelmente voltou a seu estado normal, qualquer que fosse ele quando iniciou o exercício.

Pense em seu número de telefone. Volte.

Agora eu gostaria que você tocasse com o polegar na articulação do dedo médio novamente e observasse qualquer sensação boa que surge. Fascinante, não é?

Acesse http://eg.nlpco.com/1-1 (conteúdo em inglês).

Âncoras em Ação: Âncoras Intencionais e Não Intencionais

Como mencionei, essa é uma âncora cinestésica (toque). Para reforçar essa âncora nos próximos dias, continue a percorrer suas experiências de vida, encontrando aquelas que lhe deram grande alegria e otimismo, e toque aquele local em especial sempre.

Dessa forma você "empilha" as âncoras. Ela informa ao seu corpo e inconsciente: "Ah, isso é algo que posso fazer para me sentir bem". E ele a reconhece porque é a sensação boa de antes. É a sensação boa do passado.

A eficácia dessa técnica requer que você faça duas coisas. Um, que você realmente use sua imaginação para reviver uma experiência específica. Dois, que ela seja específica. Não pode ser teórica. Não pode ser geral, tem que ser concreta.

Uma boa sensação recente que tive foi quando minha neta de quatro anos apareceu e disse "Eu te amo, vovô!", sem nenhum motivo aparente. Fiquei derretido e adicionei isso às milhares de outras experiências que tive nesses anos. Você pode fazer isso também.

Veja outra âncora a considerar. Se alguém está perto de você e coloca a mão em seu ombro, geralmente provoca uma sensação agradável. Alguns de nós podem se sentir invadidos por isso, dependendo da relação ou do momento, mas, para a maioria, é uma sensação boa. E você pode notar que os bons vendedores fazem isso com frequência.

Por exemplo, a Cornell School of Hotel Administration ensina como gerenciar um hotel. Eles fizeram uma pesquisa com garçonetes e descobriram que as que tocavam nas mãos e ombros de seus clientes (mesmo sem querer, mas que conseguiam ter um contato físico) ganhavam em média 25% mais gorjetas. Essa é a vantagem do que chamamos de uma âncora de toque.

Também há outros tipos de âncoras. Por exemplo, há certo tom de voz que as pessoas amadas têm que todos nós reconhecemos. São âncoras. Provavelmente há um tom de voz que nossos pais ou nossos professores usavam. Eram âncoras. Podem não ter sido positivas, mas definitivamente eram âncoras. Elas disparam uma lembrança atrelada a sensações.

Quando você participa de uma reunião como facilitador ou apresentando-se para um pequeno grupo, se fez treinamento em apresentações sabe que, se houver perguntas e respostas, deve ir para uma parte do palco e responder nesse local. Quando estiver dando informações, irá para outra parte do palco. Gradualmente, o público fica ciente de quando tem permissão para levantar a mão e interromper você e de quando não fazer isso. São as chamadas âncoras espaciais — como o "Círculo de Excelência" criado.

Voltaremos várias vezes para como você vê e ouve as coisas em sua mente, e ao assunto das âncoras. Este livro apresenta certos modos de como a mente funciona, oferece muita experiência pessoal sobre como *sua* mente funciona e a seguir mostra maneiras de usar essas informações, primeiro consigo mesmo, depois com outras pessoas.

E Daí? Como Você Pode Usar Essas Informações

Você pode estar pensando: "E daí?" Ou imaginando como pode usar essas informações. Veja alguns exemplos.

Se for perseguido por alguma lembrança sombria, ela poderá afetar seu comportamento ou limitar suas escolhas. Neste livro você aprenderá a mudar o modo como mantém uma experiência específica, se quiser. Ou suponha que você tenha um hábito que deseja mudar. Gerenciando o *processo* de seu pensamento, poderá aprender a mudar os antigos hábitos indesejados para novos, mais úteis. Pode haver outros comportamentos que você queira ajustar. Talvez seja tímido, adie as coisas ou esteja hesitando em explorar a vida de seus sonhos.

Nas primeiras Atividades de Descoberta, começamos a desenvolver uma compreensão de como, armazenando os elementos de nossos sentidos combinados com alguns comentários e imagens gerados internamente, realmente recriamos a realidade dentro de nossa mente. No restante deste livro veremos muitos modos de mudar as imagens, sons, sensações, sabores e cheiros em nossas lembranças para que tenhamos melhores resultados em nossa vida cotidiana.

Veja outra coisa que sempre me surpreende quando trabalho com os clientes. Você não se lembrará de quem você era quando começou a ler este livro — porque já começou a mudar —, mas seus amigos e família à sua volta se lembrarão. Na verdade, daqui a alguns meses, alguém fará um comentário sobre as mudanças que notou em você. A pessoa verá diferença entre como você é e como era. Notará, de um modo único e específico, que você está diferente — ou o efeito cumulativo de todas essas coisas que você está aprendendo e aplicando —, e é por isso que a primeira parte deste livro é sobre aplicar esses processos em si mesmo. Quando tiver experiências bem-sucedidas com essas diferentes técnicas e modos de pensar, elas serão *reais* para você.

Quando você integra essas estratégias no modo como pensa e nas escolhas que faz, elas se tornam um hábito. À medida que você fica mais consciente e mais especializado, começa a ver como elas atuam em você e nas outras pessoas também — o que é fascinante de um modo totalmente novo.

Como suas habilidades de PNL podem aumentar sua consciência e eficácia pessoal, você vai querer mantê-las à mão e afiadas. Afinal, como qualquer ferramenta, ela só funciona quando usada, não quando fica guardada em uma gaveta. Deixe-me contar uma história sobre meu amigo Tom Dotz. Mesmo estando imerso no campo da PNL por anos, administrando um grande instituto PNL nos EUA, ainda há momentos em que ele se esquece de usar suas habilidades de PNL.

Certo dia, eu estava visitando seu escritório no Colorado e estávamos quase saindo para almoçar. Como a maioria das pessoas, ele sentiu-se forçado a ver seu e-mail mais uma vez antes de sairmos. Quando o fez, de repente pareceu aborrecido. "Droga, é o fulano *de novo*. Estou chegando ao ponto de simplesmente odiar minha caixa de entrada."

Não consegui deixar de responder a tal afirmação limitadora de meu amigo, uma vez que não era um reflexo de como ele geralmente pensa e se comporta. E como Tom e eu tínhamos uma relação longa e agradável, apenas ri em voz alta. Então, com um grande sorriso de "Entendi!", eu disse: "Bem, Tom. É uma pena que você *não possa* fazer nada em relação a isso".

Minha escolha de palavras foi intencional. Veja, Tom tem uma inclinação para o que, na PNL, chamamos de "Contraexemplo" — significando que se você lhe der uma afirmativa absoluta, ele se sentirá quase obrigado a mostrar uma exceção — ou duas ou *mais*!

Então, quando eu disse de brincadeira "É uma pena que você não possa fazer nada em relação a isso", *sabia* que a mente dele começaria automaticamente a fornecer maneiras para ele *conseguir*. E conseguiu.

"Você está certo, Tom. Algumas vezes eu me esqueço de usar meus próprios recursos. Concordo totalmente em mudar isso. Algo que posso fazer facilmente é ancorar uma resposta *diferente* e mais positiva. Ou eu poderia..." e ele continuou a listar várias outras maneiras de mudar sua resposta para a caixa de entrada para uma que lhe servisse melhor.

O fato é que conhecimento é poder — mas apenas se você o utiliza. Afinal, âncoras positivas e negativas estão por todo lugar — o nome de alguém na caixa de entrada de seu e-mail, o tom de voz de uma pessoa, o modo como ela balança a cabeça ou rói as unhas pode estimular uma sensação em resposta. Quando você nota uma sensação que não deseja (ou deseja) e rastreia a causa, encontra um gatilho — poderia ser uma imagem, um som, toque ou até um sabor ou cheiro — que coloca a sensação em movimento. Então é possível fazer algo para tornar sua experiência melhor. Assim que você aprende a PNL, sempre tem o poder de fazer mudanças positivas. Só tem que se lembrar e usar a seleção de ferramentas incrível que tem à mão.

Um Passeio Fácil: Como Este Livro É Estruturado

Estruturei este recurso de um modo que o guie em sua primeira leitura *e* seja fácil consultar coisas específicas no futuro. Embora eu queira que você leia os capítulos em sequência, porque cada um se baseia no anterior, o Sumário (na frente) e o Índice (no final) ajudarão a pesquisar qualquer coisa que você queira rever, e o glossário fornece definições dos termos comuns da PNL.

O livro está dividido em duas seções. A primeira (capítulos 1 a 4) centra-se em *você* — como sua mente funciona e as mudanças que pode fazer para se sentir ainda mais confiante e cheio de energia. A segunda seção se concentra em suas interações com outras pessoas e em como isso pode ser mais fácil e gratificante.

A seção 2 *se baseia* na primeira e permite que você aplique o que aprendeu com outras pessoas, não apenas consigo mesmo. Isso não significa que você vai mudar ou "corrigir" a outra pessoa. (Afinal, não é aconselhável fazer isso sem a permissão dela.) Apenas significa que os mesmos conceitos da PNL que o ajudaram a entender como *você* "funciona" poderão ajudá-lo a entender as *outras* pessoas. Essa nova compreensão permite que você faça escolhas diferentes ao interagir com elas — felizmente de um modo mais alinhado com o resultado desejado.

Cada capítulo é como uma conversa na qual apresentarei os diferentes conceitos da PNL e compartilharei exemplos que mostram como essas ideias são importantes. As Atividades de Descoberta dão uma oportunidade para explorar esses conceitos quanto ao modo como eles se relacionam com *você* e as mudanças que gostaria de fazer. Após muitas dessas atividades, se desejar, você poderá acessar uma demonstração do processo ou obter facilmente mais informações.

No final de cada capítulo há um pequeno resumo das Principais Ideias, assim como um link URL, caso você esteja interessado em mais informações (conteúdo em inglês), bem como duas páginas em branco para você registrar seus pensamentos e listar as coisas em que gostaria de trabalhar no futuro com os conceitos aprendidos durante essa parte do livro.

No capítulo final incluí os destaques do livro e processos que você aprenderá. Para ajudar a determinar quais os próximos passos que deseja dar para aumentar seu conhecimento e habilidades de PNL, forneço um Guia de 21 Dias fácil. Meu objetivo é fazer com que seja fácil e divertido tornar-se um usuário PNL avançado, para que você possa construir uma vida ainda melhor.

Como mencionei na Introdução, a *PNL é mais importante hoje do que nunca,* porque, neste mundo de tecnologia sempre em evolução, estamos nos conectando *constantemente* — com pessoas com quem trabalhamos, pessoas que amamos e pessoas que têm informações e/ou acesso a outras. Estamos tão ocupados respondendo que dificilmente temos tempo para pensar.

Uma nota final para este capítulo: a PNL é uma tecnologia robusta e em evolução, portanto, nenhum livro abrange tudo. Este restringe-se aos principais conceitos e estratégias que servem a um formato autodidata. E também foca em *você*! Veja o motivo: como a PNL foi projetada inicial-

Capítulo Um: Entendendo Como Você Pensa 33

mente como uma terapia breve, muitos recursos disponíveis visam ajudar *outras* pessoas a fazerem as mudanças desejadas.

Todavia, após muitos anos trabalhando com mestres e estagiários de PNL, está claro para mim que a maioria das pessoas realmente deseja usar essas ferramentas poderosas para ajudar *a si mesmas*. Usar a PNL para se tornar melhor não é egoismo — como colocar primeiro sua máscara de oxigênio durante uma emergência no avião —, é puramente prático. Há dois motivos para isso. Em primeiro lugar, mudar a si mesmo *está* dentro de seu controle. Segundo, quando você muda qualquer variável em uma equação, os resultados mudam. Quando você mudar a si mesmo, notará como — sem uma palavra — as pessoas à sua volta mudarão em resposta. Esse é um fenômeno fascinante e provavelmente vai inspirá-lo a fazer mais mudanças!

Portanto, vire a página e vamos começar a explorar mais sobre como você pensa e as coisas incríveis que pode fazer quando escolhe "personalizar" seu pensamento.

Ideias Principais

- Nosso cérebro interpreta as informações sensoriais que temos e atribui um significado a elas. Assim que um significado é atribuído, leva junto uma emoção. Isso é inconsciente e rápido, de modo que temos o estímulo *e* a emoção. O resto está fora da consciência.

- Quando aprendemos, generalizamos. Como tivemos algumas experiências no passado que parecem semelhantes, generalizamos e automatizamos: é uma estratégia eficiente.

- A generalização também é como as crenças são formadas. Então, as crenças filtram todos os diferentes estímulos que chegam. A mente realmente não obtém as informações brutas, ela não escolhe mais.

- Exclusão é quando a mente ignora uma informação sensorial específica.

- Distorção é mudar uma experiência do que ela é *realmente* para alguma forma modificada dela.

- Cada um de nós é uma combinação de corpo, cérebro e mente.

- O mundo dentro da mente de alguém é baseado em cinco linguagens: visão, som, cheiro, sabor e sensação.

- O mundo que cada pessoa vê e vive é realmente o mundo *dentro* da cabeça dela.

- As pessoas geralmente preferem um sentido ou "modo rep" aos outros, portanto, elas são mais visuais... mais auditivas... ou mais cinestésicas.

- Aquilo de que as pessoas se lembram é um alvo móvel. Ele se muda sempre que alguém chama uma lembrança.

- Nossa mente pode lembrar o que experimentamos especificamente *e* combinar os elementos lembrados para criar novas experiências imaginadas e ideias — que são essenciais para a mudança e inovação.

- Usar conscientemente notas adesivas mentais (âncoras) é um modo poderoso de aumentar os "estados" mentais positivos e diminuir os negativos.

- Dos Pressupostos da PNL, este livro toca nos seguintes:

    > A experiência tem estrutura. *Ela consiste em impressões sensoriais. Algumas são geradas internamente e outras vêm do mundo externo. Essa mistura, mais os significados que adicionamos, compõem nossa experiência individual.*

    > As pessoas são como cartógrafos. *Fazemos representações internas ("mapas") das experiências pessoais. Os mapas das pessoas são compostos de imagens, sons, sensações, cheiros e sabores. São as "linguagens dos sentidos" que nosso cérebro usa para registrar nossas experiências.*

    > O mapa não é um território. *Cada um de nós cria um mapa pessoal. É nosso mundo, não O mundo.*

    > As pessoas respondem a seus mapas de realidade, não à realidade em si. *Todos os pensamentos — lembranças, recordações, imagens, devaneios, fantasias — podem ser chamado de mapas. É a eles que respondemos.*

Capítulo Um: Entendendo Como Você Pensa 35

> Se você mudar o mapa de alguém, seu estado emocional mudará. *Para todos nós, o mapa É a experiência. Os mapas são a origem das emoções e crenças. Nossas sensações mudam quando nossos mapas mudam.*

> Alguns mapas estão fora da consciência. *Não temos consciência de alguns mapas que criamos. Identificar esses mapas requer habilidades de linguagem e atividade sensorial. Eles estão no inconsciente.*

> Por trás de todo comportamento está uma intenção positiva. *Quando buscarmos o "resultado por trás do comportamento", encontraremos uma necessidade compartilhada universalmente, como amor, segurança, amor-próprio etc.*

> Não existe um inimigo interior. *Contudo, há "amigos interiores" desajeitados e equivocados com frequência, que têm intenções positivas para nós, mas tendem a repetir padrões de comportamento inadequados ou desatualizados.*

> Escolher é melhor do que não escolher nada. *Nenhuma escolha significa um comportamento escravizado ou robótico. Ter escolhas em qualquer situação nos dá liberdade para mudar e crescer. A escolha nos dá mais "botões para pressionar".*

> As pessoas sempre fazem as melhores escolhas disponíveis no momento. *Fazemos o melhor que podemos no momento e poderemos ser mais felizes e eficientes se tivermos mais escolhas disponíveis.*

> O elemento mais flexível de um sistema tem mais influência. *Quando temos mais escolhas, temos mais influência e mais maneiras de obter o resultado desejado.*

> O significado de qualquer comunicação é a resposta obtida. *A comunicação não é um ato isolado. Não importa quais são nossas intenções, a comunicação é definida pela reação obtida.*

> As pessoas trabalham perfeitamente para produzir os resultados que estão obtendo. *Se nossos resultados não são satisfatórios, podemos aprender a desenvolver mais escolhas para que possamos ter resultados diferentes.*

> Todo comportamento é útil em algum contexto. *Toda capacidade existe por algum motivo útil.*

> Qualquer pessoa pode fazer algo que alguém mais faz. *Como todos os sistemas nervosos dos seres humanos são parecidos (exceto no caso de limitações físicas ou mentais reais), podemos modelar e aprender as habilidades e atitudes uns dos outros. "Macaco vê, macaco faz."*

> Formar blocos: usar pequenos blocos para aprender coisas grandes. *As pessoas aprendem com facilidade dividindo assuntos grandes em pequenos blocos. Por exemplo, estes pressupostos são fáceis de aprender, se considerados aos poucos.*

> As pessoas já têm todos os recursos necessários. *Temos a experiência em nosso banco de memória ou somos capazes de imaginá-las com sucesso. Então podemos usá-la onde for necessário.*

> Não há fracasso, apenas feedback. *Estamos sempre produzindo um resultado. Se não for o que queremos, podemos usar o resultado indesejado como feedback para nos guiar ao experimentarmos outras opções.*

> A qualidade de nossa vida é determinada pela qualidade de nossas comunicações. *A forma como nos comunicamos com nós mesmos cria nossa experiência pessoal, e a forma de nos comunicamos com as outras pessoas determina como somos tratados em nossa vida.*

> Mente e corpo fazem parte do mesmo sistema e afetam-se mutuamente. *O que cada um de nós pensa afeta nossa fisiologia individual, assim como nossa saúde, e o que fazemos com nosso corpo afeta nossas sensações e pensamentos.*

> A comunicação é redundante. *As pessoas estão se comunicando simultaneamente em todos os três sistemas: visual, auditivo e cinestésico.*

> Uma mudança positiva vem de adicionar recursos. *A PNL ajuda a adicionar escolhas. Ela não exclui.*

> Se o que você está fazendo não estiver funcionando, tente outra coisa. *Se continuarmos experimentando, não teremos um sucesso garantido, mas podemos, com certeza, aumentar as chances. O único modo de falhar é parar de tentar!*

Para mais informações, acesse http://eg.nlpco.com/1-4 (conteúdo em inglês), ou use o código QR com seu celular.*

---

* N.E.: A editora Alta Books não se responsabiliza pela disponibilidade e/ou manutenção dos conteúdos online sugeridos pelo autor em seu site.

**Descobertas, Perguntas, Ideias e Coisas
nas quais Você Deseja Trabalhar**

Descobertas, Perguntas, Ideias e Coisas nas quais Você Deseja Trabalhar

Capítulo Dois: Administrando Sua Mente

Quem está dirigindo o ônibus?

> *O homem que tem o controle de sua mente é capaz de realizar seu potencial total.*
> — O Samaveda

Como poucos de nós entendemos como nosso cérebro e nossa mente funcionam, realmente não assumimos o controle. Não *sabemos* realmente quais imagens, sons, sensações, sabores e cheiros estão em nosso cérebro e nossa mente, quem dirá como essas informações estão nos impactando agora. Ou seja, o *cérebro* opera, em grande parte sozinho, fazendo seu trabalho para processar as informações e nos manter vivos. Por outro lado, a *mente* é capaz de focar além da sobrevivência. Ela nos dá a oportunidade de criar e escolher entre várias opções.

Neste capítulo exploraremos como nosso cérebro entende o mundo, como aprimorar esse processo e lidar com as coisas que causam uma reação emocional e nos colocam no curso desejado para que possamos navegar melhor em nossas jornadas pessoais.

Aonde Você Quer Ir? Quadros de Resultados

Imagine isto: alguém entra em um táxi, e o motorista pergunta: "Para onde?" O passageiro diz: "Não me leve ao aeroporto". Parece bobo, e é como muitos de nós navegamos em nossa vida. É difícil chegar aonde queremos ir quando não somos completamente claros ou coerentes quanto ao lugar. É fácil acabar em algum lugar em que não queremos estar e imaginar como chegamos lá, não é?

Portanto, primeiro precisamos saber o que queremos: precisamos de um "Resultado". O que é um resultado? É algo alcançável, adequado *e* mensurável que você deseja. É fácil confundir um desejo, que é uma influência social, com algo que é pessoal. Talvez você queira um jato particular, mas o que realmente deseja é apenas conseguir viajar com mais facilidade. Possuir e manter um jato é muito caro, e há muitas outras maneiras de viajar.

Um dos processos de PNL mais essenciais é o Quadro de Resultados, porque ele trata cuidadosa e completamente dos elementos que compõem um objetivo compensador que realmente atende a *você*. Leslie Cameron, um dos codesenvolvedores da PNL, explica assim:

> O Quadro de Resultados é um conjunto de perguntas que orientam seu pensamento para maximizar a possibilidade de você conseguir o que deseja e ser feliz com o que conseguiu. Realmente é uma orientação, um modo de perceber a experiência como um conjunto de opções. Em vez de abordar a questão da existência de um problema, ele organiza a experiência em torno do que é desejado e como é possível conseguir isso.
>
> Na PNL, há uma pressuposição contínua de que, se é possível para uma pessoa no mundo fazer algo, é possível para qualquer pessoa fazê-lo. É só uma questão de *como*.
>
> A orientação "como" do Quadro de Resultados possibilita transformar em informações valiosas os empecilhos e fracassos inevitáveis que você experimenta. Contanto que você tenha um determinado resultado constante e saiba que é possível atingir, um empecilho é apenas algo que acontece no caminho em direção ao seu resultado. As coisas que você faz e o levam em direção ao resultado permitem que saiba que está no caminho certo. Aquelas que são decepcionantes indicam apenas que o que você está fazendo para atingir seu resultado não é útil e que precisa mudar seu curso.

Assim que aprendi a usar o Resultado Bem Formado, me perguntei como pude viver sem ele. É tão simples e eficaz, que você pode aplicá-lo a qualquer coisa desejada. É especialmente útil quando você está planejando grandes mudanças, encontra-se bloqueado ou quando simplesmente deseja ajustar um objetivo que tem ou está buscando. Vamos rever as principais perguntas e condições de um Resultado Bem Formado e você terá uma oportunidade para aplicá-las, usando uma planilha simples, em um resultado desejado.

O Resultado Bem Formado envolve as seis perguntas a seguir, que exploraremos uma por vez, usando o objetivo, tomado como exemplo, de querer sentir-se mais persuasivo.

- O que você deseja especificamente?
- Como saberá quando conseguiu o que deseja?
- Sob quais circunstâncias, onde, quando e com quem você deseja ter esse resultado?
- O que ainda o impede de ter o resultado desejado?
- De quais recursos você precisará para ajudá-lo a criar o que deseja?
- Como chegará lá — e qual é o primeiro passo para começar a conseguir o resultado?

1. O QUE VOCÊ DESEJA ESPECIFICAMENTE?

W. Clement Stone disse: "Toda realização pessoal se inicia na mente do indivíduo. O primeiro passo é saber *exatamente* qual é seu problema, objetivo ou desejo." Usando o Resultado Bem Formado, um objetivo deve ser: declarado em termos positivos, escolhido por você *e* sob seu controle, descrito de um modo sensorial específico e ter um tamanho ou escopo gerenciável — que chamamos de "Tamanho do Bloco" na PNL. (Os termos comuns da PNL são descritos no glossário no final do livro.)

Aqui vamos nós. Imagine que você queira se sentir mais persuasivo. Lembre-se de que, caso seu objetivo seja se sentir mais persuasivo, você *não poderá* declarar isso como "Eu não quero me sentir impositivo" ou "Eu não quero parecer um sabe-tudo". Esses realmente não são os objetivos. São apenas uma declaração do que você *não* deseja. É vago demais para saber se você conseguiu. Também é muito difícil para o cérebro trabalhar com os negativos. Como você *não* pensa em um elefante roxo? Primeiro, você *tem que* pensar nele, e então tentar não pensar nele. Isso é um grande gasto de energia. Portanto, sempre que pensar "Eu não quero ser impositivo", primeiro tem que pensar em ser impositivo. O único modo de impedir esse pensamento é pensar em outra coisa. Portanto, por que não preferir apenas o que você *de fato* deseja diretamente?

E você tem que pensar: "Mesmo que possa haver fatores, como um chefe ou esposa críticos, clientes difíceis ou problemas com produtos que podem impactar minhas emoções, sentir-me mais persuasivo *está* em grande parte dentro do *meu* controle".

Para ajustar o que é sentir-se persuasivo, gostaria de descrever o que isso significa para mim em termos sensoriais específicos. Para tanto, pergunto a mim mesmo: "O que irei ver, ouvir ou sentir quando estou sentindo e sendo mais persuasivo? Ou o que as outras pessoas poderiam notar se eu estivesse sentindo-me persuasivo?" Em resposta, eu poderia dizer: "Quando estou me sentindo persuasivo, sinto que realmente estou sendo útil, que estou dando a alguém o que é preciso para tomar uma boa decisão. Vou respirar tranquilamente, pensar com clareza — acessar com facilidade as informações e materiais de que preciso e me expressarei de um modo dinâmico e útil".

Como me sentir persuasivo é um resultado amplo, posso querer limitá-lo. Por exemplo, posso querer limitar um pouco o foco para que meu objetivo seja: "Eu quero me sentir mais persuasivo em meu trabalho".

Em seguida, eu me perguntaria sobre o resultado do resultado (o "Metarresultado") para poder medir o que a *realização* de meu objetivo fará por mim. O essencial, e geralmente omitido, é que em qualquer resultado ou objetivo é improvável que você saiba como será satisfazê-lo até ter realmente experimentado. No caso de qualquer grande objetivo, você deseja descobrir ou criar oportunidades para ter uma amostra antes de investir o que podem ser anos de sua vida apenas para ficar desapontado. Por exemplo, antes de iniciar uma faculdade de Direito, um estágio ou trabalho administrativo em um escritório de advocacia seria uma boa ideia.

Para explorar meus metarresultados, eu me perguntaria: "O que a sensação mais persuasiva em meu trabalho fará por mim? Quando estou pensando claramente, acessando com facilidade as informações e matérias necessárias, e comunicando-me com eficácia, o que mais fará *isso* por mim que é ainda mais importante?" Quando penso nisso, eu poderia dizer: "Meus clientes responderão mais positivamente e farão mais pedidos. Se eles fizerem mais pedidos, eu terei mais comissão. Se eu tiver mais comissão, poderei comprar um carro melhor. E se eu puder comprar um carro melhor, me sentirei mais confortável ao fazer as longas viagens que minha esposa adora". Você entendeu — essa linha de pensamento sobre os resultados "Meta" (próximo nível) foi de conseguir mais pedidos para fazer longas viagens de carro!

2. COMO VOCÊ SABERÁ QUANDO CONSEGUIU?

Como agora refinei meu objetivo usando a primeira pergunta e perguntas secundárias, posso abordar a próxima mais facilmente, certo? Essa pergunta exige que eu crie uma evidência — assim saberei se consegui meu objetivo ou, pelo menos, estou fazendo progresso. Estabelecer uma evidência adequada e rápida me convida a considerar quando, ou com que frequência, desejo ter esse resultado. Como diz o ditado, um objetivo é um sonho com prazo marcado. Sem um comprometimento para tomar uma ação, pouco é conseguido.

Assim, quando eu me pergunto "Quando desejo me sentir mais persuasivo no trabalho?", posso ficar tentado a responder: "Imediatamente!" Uma abordagem mais realista é identificar um intervalo de tempo que me permita dar os passos necessários para alcançar meu objetivo — mas não deixe as coisas em um tipo de padrão de espera de "algum dia". Portanto, posso dizer: "Gostaria de me sentir mais persuasivo no trabalho no final do segundo trimestre porque terei que apresentar meus números de vendas na reunião de junho, e meus resultados refletirão minha sensação aumentada de persuasão". Isso me dá uma data-alvo *específica*. Para estabelecer uma evidência adicional, eu poderia determinar pontos de referência para meus pedidos atuais e valores em vendas.

3. ONDE, QUANDO E COM QUEM VOCÊ DESEJA ISSO?

O objetivo desta pergunta é determinar se o objetivo é "Ecológico". Para dar um exemplo bobo de um objetivo não ecológico, havia um homem na Indonésia que queria entrar para o *Guinness, Livro de Recordes Mundiais*. O recorde que ele escolheu era um que não tinha muita concorrência. Embora fizesse muito sentido, ele decidiu buscar o recorde pelo maior tempo enterrado vivo. Ele sobreviveu na primeira tentativa, mas não chegou no recorde. Infelizmente, não sobreviveu na segunda tentativa.

Naturalmente, você não faria nada tão extremo, todavia as pessoas buscam com frequência todos os tipos de objetivos, desde os pequenos (o par de sapatos ideal) até os que duram a vida toda (formar-se em Direito, casar), apenas para perceberem, ao chegar lá, que não valeu a pena o sacrifício.

É melhor considerar isso com antecedência? Como você assegura que não escolheu um objetivo que pode ter efeitos desastrosos? Veja como se faz isso: experimente, pode ser imaginando como seria conseguir seu objetivo. Se você não tiver informação suficiente para criar um filme mental, pode ser aconselhável identificar as oportunidades que o permitiriam experimentar.

Se, por exemplo, seu objetivo for tornar-se médico, poderia querer ser voluntário na Cruz Vermelha ou tentar trabalhar em um hospital antes de assumir um compromisso de 12 anos que um treinamento médico extensivo requer. E mais, se o objetivo que você está considerando for algo maior, como um objetivo de carreira, avaliar elementos como o rendimento potencial e custos são verificações básicas e ecológicas essenciais. Portanto, outro modo de explorar a ecologia é perguntar: "Como buscar e obter esse resultado poderia ser um problema para mim?" Veja, as verificações ecológicas existem para protegê-lo.

Outra pergunta baseada na ecologia é: "Como meu resultado desejado afetará minha vida? Como isso afetará minha saúde, amigos e família, finanças e trabalho?" Mesmo que os metarresultados propostos fossem atraentes para mim, não considerei como os efeitos propagadores em potencial de conseguir o que desejo poderiam afetar as pessoas que me são importantes. Por exemplo, sentir-me persuasivo poderia mudar meu comportamento e, consequentemente, algumas das amizades que aprecio atualmente no trabalho. Meus colegas de trabalho poderiam ficar mais competitivos comigo. Meu chefe poderia ficar contente, mas também poderia ficar intimidado. Se eu realmente sobressaísse e fosse promovido, poderia ser transferido, algo que não acho que minha esposa gostaria, porque nossos filhos estão todos perto. Você entendeu.

Minha cliente de 26 anos sonhava em ser fonoaudióloga e era a primeira mulher na família a fazer faculdade. Quando se formou, ficou surpresa por sua família não ter ficado muito entusiasmada. Na verdade, eles a trataram como se, de repente, ela pensasse que era boa demais para eles. Tal reação em potencial nunca tinha ocorrido antes com ela. Assim, se você tiver problemas para antecipar os efeitos propagadores, peça a opinião de pessoas que o conhecem, sua situação e também conhecem outras pessoas importantes para você. Não há nenhuma garantia nem ameaça de que o que você propõe realmente aconteça como consequência de obter seu resultado — mas é importante antecipar essas possibilidades.

4. O QUE AINDA O IMPEDE DE OBTER O RESULTADO DESEJADO?

A finalidade desta pergunta é dupla. Primeiro, ajuda a gerar uma lista de itens de ação. Segundo, pode mostrar o que você está pensando e sentindo.

Portanto, quando pergunto o que me impede de me sentir mais persuasivo, posso estar pensando: "Eu preciso de um roteiro melhor para posicionar nosso produto mais recente" ou "Preciso memorizar os últimos dados da pesquisa". Quaisquer respostas propostas simplesmente se tornam tarefas em minha lista de ações.

Porém, quando pergunto o que me impede de me sentir persuasivo, também posso me sentir frustrado e pensar: "Nessa economia, realmente é difícil agendar encontros com futuros clientes". Esse pensamento limitado me tolhe e não é completamente verdadeiro. Outros vendedores estão marcando encontros com futuros clientes. Desse modo, mesmo que possa ser desafiador, é possível agendar encontros e precisar experimentar abordagens diferentes. Afinal, *é* improvável que esses clientes em potencial não vejam *ninguém* novo, não é? Identificar o que é real e o que não é possibilita a criação de uma estratégia viável para conseguir um objetivo. Fazer perguntas como estas o ajuda a reconsiderar e refinar os objetivos que vêm produzindo sensações confusas.

5. DE QUAIS RECURSOS VOCÊ PRECISARÁ PARA AJUDAR A CRIAR O QUE DESEJA?

Há duas partes nesta etapa. Primeiro, quais recursos você *já* tem que contribuirão para obter seu resultado? Segundo, de quais recursos *adicionais* você precisará para obter o resultado? (Na PNL, "recursos" podem incluir conhecimento, tempo, experiência, dinheiro, contatos, suporte etc.)

Portanto, agora estou imaginando: "Quais recursos tenho *neste momento* que posso usar para me sentir mais persuasivo no trabalho?" Com reflexão, eu poderia notar que me sinto e sou mais persuasivo quando meus materiais de apresentação estão bem organizados e tenho um acesso fácil aos dados certos ou complementares. Posso lembrar de que me sinto mais persuasivo e útil quando conto histórias de sucesso sobre como essa solução funcionou para outros clientes. E posso decidir que, como tenho um histórico comprovado com eles, meus clientes atuais geralmente estão muito abertos às novas soluções que recomendo. Conversar com eles para descobrir quais são suas necessidades e desafios me ajuda a entender o que é importante para eles e como preciso compartilhar as informações, caso eu vá persuadi-los. Suponho que poderia até pedir recomendações a eles.

Então, de quais recursos *adicionais* você precisa para conseguir seu resultado? Quando tento isso em termos de meu objetivo, estou pensando que algum treinamento de vendas adicional sobre como marcar encontros poderia ser útil. Posso verificar o que é oferecido online ou em minha comunidade. Talvez meu chefe possa ser um recurso também. Eu poderia gravar minhas ligações telefônicas e ter um treinamento sobre o que poderia ter dito ou feito de modo diferente.

Algumas vezes, quando estamos nos sentindo bloqueados, é difícil pensar em quais recursos poderiam ser úteis. Verificar na internet e em grupos online, ou debater com colegas ou amigos poder ajudar a soltar nosso pensamento e abrir novas possibilidades.

6. COMO VOCÊ CHEGARÁ LÁ?

Sem ação, um objetivo é apenas uma ideia. Além de uma linha do tempo, um plano útil divide quem, o que, como, quando e onde em blocos gerenciáveis. Considerando que conversar com os clientes atuais me aproximará de meu objetivo, parte de meu plano incluiria uma lista de quais clientes contatar e compilar uma lista das principais perguntas a fazer. Meu plano poderia também incluir uma pesquisa na internet e ficar em rede em um cenário de encontros para eu poder aumentar minhas habilidades de vendas e não me sentir tão perturbado quando alguém ainda não está pronto para se encontrar comigo.

Embora os tamanhos dos blocos e da sequência sejam críticos para um plano bem-sucedido, ter *opções* sobre como realizar um objetivo também é essencial. Na PNL, operamos com a premissa de que quanto mais opções, melhor. Portanto, um plano cujo sucesso depende de apenas um modo de fazer algo pode ser uma receita para o desapontamento. O ideal é encarar o plano como apenas um roteiro. Você o utiliza para chegar aonde está indo, e ele inclui rotas alternativas.

Isso é uma visão geral do Resultado Bem Formado. Assim, agora pense em pelo menos três coisas que você deseja. Pode ser tão simples quanto "O que eu quero tirar deste livro é..." ou tão complexo quanto "Quero viajar mais". Liste esses "desejos" propostos nas páginas em branco no final deste capítulo.

Atividade de Descoberta: Criando um Resultado Bem Formado

Escolha um dos desejos que você acabou de identificar e utilize-o para aplicar o Resultado Bem Formado, respondendo as perguntas das duas páginas a seguir.

Registro dos Resultados Bem Formados

1. **O que você deseja especificamente?** *Descreva o resultado ou estado desejado de um modo sensorial positivo que tenha um tamanho de bloco adequado e também aborde O QUE MAIS ter ou conseguir seu resultado fará por você (Metarresultados).*

_____
_____
_____
_____
_____

2. **Como você saberá quando conseguiu o que deseja?** *Determine se a "evidência" na qual você está focado é adequada e oportuna (quando e com regularidade suficiente).*

_____
_____
_____
_____
_____

3. **Sob quais circunstâncias, onde, quando e com quem você deseja ter este resultado?** *Reflita sobre o(s) contexto(s) no(s) qual(is) deseja ter esse resultado e avalie a ecologia para que possa considerar como a realização do resultado pode afetar outras áreas, aspectos ou pessoas em sua vida.*

_____
_____
_____
_____
_____

4. O que ainda o impede de ter o resultado desejado? *Identifique e explore qualquer sensação, pensamento ou circunstância que pareça inibir o movimento em direção ao resultado.*

_____
_____
_____
_____
_____

5. De quais recursos você precisará para ajudá-lo a criar o que deseja? *Determine quais recursos você JÁ tem que o ajudarão (conhecimento, dinheiro, conexões etc.). Considere os recursos adicionais necessários para avançar.*

_____
_____
_____
_____
_____

6. Como chegará lá? *Identifique as etapas gerenciáveis para ajudar a conseguir seu resultado, considere várias opções para chegar aonde deseja ir e determine o PRIMEIRO passo que dará.*

_____
_____
_____
_____

Para mais informações, acesse: http://eg.nlpco.com/2-1 (conteúdo em inglês) ou use o código QR com seu celular.

Um dos usos mais valiosos do Resultado Bem Formado pode parecer inesperado. Atualizar seus objetivos e descartar aqueles que você percebe que não se enquadram é tão útil quanto criar aqueles que se enquadram. Talvez eles não tenham se enquadrado em um momento ou eram bons apenas para pensar. Agora, tendo passado pelo processo do resultado, o negócio é *tirá-los* de sua lista. Bom para você. Isso libera sua energia e tempo para os resultados que você percebe que realmente deseja, que valem a pena ter e que está pronto para buscar.

Mentes Divididas: Congruência/Incongruência

"Alguma vez você já sentiu que queria ir, mas sentiu que queria ficar?"

A letra de uma antiga música de Jimmy Durante é um ótimo exemplo de algo que todos nós experimentamos. É aquela sensação de conflito interno, como se uma parte de nós quisesse fazer uma coisa, e a outra, algo diferente. Ou pode parecer que não temos certeza sobre o que realmente queremos fazer. A PNL chama isso de "Incongruência": as ocasiões em que você se sente em conflito sobre um objetivo ou situação.

Você também pode se sentir incongruente sobre um conflito mais agradável, como quando parte de você deseja ir para a montanha e a outra quer ir para a praia. Mais importante é quando a incongruência revela um conflito em nossos valores. Imagine, por exemplo, que seu chefe disse que você precisa ser mais agressivo com certo cliente. Todavia, para você, ser agressivo significa ser impositivo, e ser impositivo viola seus valores e a noção de quem você é.

Também houve vezes em que você não teve dúvidas nem conflitos, e tudo pareceu seguir seu caminho. Isso é referido com frequência como "estar em total envolvimento" ou estar em um estado de fluxo. Na PNL, chamamos isso de ser "Congruente". Aprender a detectar quando você é congruente e quando não, é uma habilidade muito importante da vida. Quanto mais consciência você tiver de seus sinais pessoais de incongruência, mais rápido poderá identificar e resolver o conflito descoberto. Quanto mais rápido resolver qualquer incongruência, mais fáceis são as coisas para você e mais eficaz você é, porque não está dando voltas e resistindo ou debatendo inconscientemente um problema.

A incongruência é uma fonte de atrito real em nossa vida. Requer muita energia pessoal superar uma parte de você que realmente é oposta a certo curso de ação. Quanto mais você tentar ignorá-la, mais provável é que a parte relutante em você proteste ainda mais. E quando você luta consigo mesmo, tende a ser derrotado.

É bem mais eficaz e, a longo prazo, mais fácil desenvolver a capacidade de notar quando você é incongruente e resolver a questão. É uma das habilidades mais fáceis de aprender e a mais recompensadora. Uma das maiores fontes de estresse emocional e físico é quando sua mente está tentando desesperadamente anular o desejo justo de seu corpo de impedi-lo de fazer algo que viola sua integridade. O modo mais eficaz de turbinar sua vida é aprender a se mover em harmonia com seus valores.

Veja como: todos nós tivemos experiências de ser completamente congruentes sobre algo que queríamos. Apenas lembre-se de quando era criança e realmente quis aquele brinquedo especial de aniversário ou aquele picolé de cereja em uma tarde quente de verão. Em sua vida adulta, você teve muitas experiências de ser congruente sobre algo que queria. Pode ser tão simples quanto saber que desejou uma comida tailandesa ou quis ver aquele filme novo.

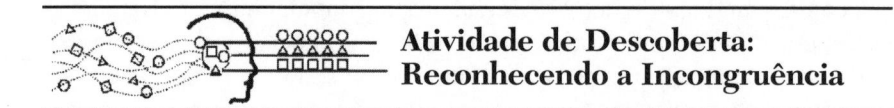

Atividade de Descoberta: Reconhecendo a Incongruência

Você teve muitas experiências recentes de ser congruente sobre algo que queria, certo? Portanto, basta pensar na primeira daquelas situações recentes que vêm à sua cabeça. Agora relembre muito especificamente o momento e lugar onde se sentiu assim. Lembre-se de quem, se havia alguém, estava à sua volta, onde você estava, o que viu, ouviu e sentiu. Recorde-se dessa experiência agora como se estivesse lá, observando com seus próprios olhos. O que você está vendo agora? O que está ouvindo? O que está sentindo?

Lembrar-se de tudo isso dá muito poder, não é? Agora escolha um aspecto dessa lembrança, uma imagem ou algo que ouviu ou sentiu — um aspecto que parece mais importante para você. É a sua mente. Assim, qualquer elemento que parecer mais importante para você servirá.

Agora deixe isso de lado e considere a experiência oposta. Pense em um momento em que você estava realmente inseguro, quando realmente se sentiu incerto sobre algo que deveria fazer. Geralmente é mais fácil encontrar um exemplo útil quando você pensa em algo que outra pessoa queria que fizesse e você realmente não queria.

Pense nessa experiência agora, com essa diferença. Lembre-se como se fosse a distância, como se você estivesse fora dela observando outra pessoa. Veja essa lembrança de fora e observe: qual é a primeira coisa que o permite saber que não era algo que queria fazer?

Agora pegue essa sensação, som ou imagem e amplie, torne-a mais alta, maior, mais brilhante ou mais forte. Você deseja assegurar que a reconhecerá sempre que aparecer. É seu sinal de aviso. Um sinal que o permitirá saber que precisa realmente prestar atenção no que está acontecendo. Sempre que vir esse sinal, será hora de parar a ação, dar um passo para trás e avaliar completamente a situação.

É por isso que achei que criar um Resultado Bem Formado congruente é uma ferramenta indispensável. Quando você cria o hábito de rever seus objetivos e sonhos através do Quadro de Resultados e Verificação da Congruência, é menos provável que se veja em situações nas quais estaria em conflito com outras pessoas — ou, o mais importante no momento, consigo mesmo.

Você Está Dentro ou Fora? Estar Associado ou Desassociado

Nas duas lembranças que você acabou de ter, é possível que tenha notado algo diferente sobre o impacto emocional. Se você seguiu as instruções, na primeira lembrança você estava "dentro" da experiência. A PNL chama isso de experiência "Associada". Na segunda lembrança, estava fora dela, observando a si mesmo, e isso é chamado de experiência "Desassociada".

A técnica de associar e desassociar é realmente útil por isso: quando associamos uma imagem ou experiência, real ou imaginária, ela se torna muito mais intensa para nós. Quando nos desassociamos de uma experiência, estamos nos assistindo nela e ainda temos grande parte das informações da imagem, mas não o impacto emocional.

A capacidade de lembrar de uma experiência de um modo desassociado permite que você a observe com mais imparcialidade. Lembre-se das duas experiências diferentes que teve. Na primeira, que era associada, você estava *dentro* de suas sensações. Na segunda, a experiência desassociada, suas sensações foram observadas de fora. Elas estavam "lá fora".

Se você tem uma lembrança que parece repulsiva, sugiro que sempre visite essa lembrança de forma desassociada. Não há motivos para ter as antigas sensações repulsivas de novo, nem mesmo uma vez. Você ainda pode acessar as informações apenas vendo o filme, caso queira. Se uma lembrança é realmente ruim ou traumática, há muitos modos poderosos de lidar com ela.

É fascinante para mim que algumas pessoas tendam a ver todas as coisas desagradáveis, preocupações reais ou imaginadas, como *associadas*. Assim, elas estão contribuindo muito para serem infelizes. Mesmo que não estejam fazendo isso de propósito, é um hábito ruim que faz com que entrem na imagem e *vivam* as partes repulsivas. E elas veem todas as coisas agradáveis *desassociadas*! Se algumas vezes você faz isso, pode mudar com facilidade. Você poderia começar a mudar imediatamente sua visão de vida observando todas as experiências que foram agradáveis e revisitando-as de um modo associado para que esteja realmente revivendo a experiência. Experimente: isso vai enriquecê-lo.

Como você é uma pessoa diferente do que era na época em que a lembrança foi criada e sabe mais hoje do que sabia então, será capaz de perceber e entender mais coisas sobre essa experiência passada. Veja o motivo: todos os dados que estavam disponíveis estão armazenados em seu cérebro, portanto, você pode olhar em volta agora e notar coisas que não notou antes. Esse é o mesmo fenômeno que torna a hipnose tão eficiente. Na hipnose, você pode ter acesso às informações que ignorou simplesmente porque estavam em segundo plano na época.

Você poderia optar por ver todas as lembranças desagradáveis, preocupações e até coisas sobre o futuro de forma desassociada. Por que revivê-las? Provavelmente foi bem ruim da primeira vez. É violência desnecessária fazer isso de novo. Não há razão para agir desse modo. Se seu cérebro lhe diz (ou lhe foi ensinado) "Bem, é como aprendemos", isso não é verdade. Você é muito inteligente. Pode aprender na primeira vez. Sabe do que gosta e do que não gosta, e sabe o que é bom e o que não é. Não há necessidade nem vantagem proveniente de *qualquer* punição contínua.

Distinções Sutis que Importam: Submodalidades

Associação e a desassociação são apenas um exemplo das distinções maiores que nossos sistemas sensoriais fazem. Na PNL, pensamos nos sentidos como "Modalidades", e as qualidades únicas e sutis *dentro* de cada modalidade são chamadas de "Submodalidades". Como essas distinções refletem e impactam o que sentimos, nós as chamamos de "moléculas de significado".

Assim como aprender a ver suas recordações de um modo desassociado pode mudar sua experiência dessa lembrança, descobrir como manipular as outras submodalidades de suas experiências pode mudar drasticamente como você se sente sobre algo *e* como integra isso no modo como pensará sobre as coisas no futuro.

Como explorar as submodalidades é interessante e divertido, muita coisa foi escrita sobre elas, e poderíamos passar muito tempo em cada uma facilmente — mas não faremos isso. Ao contrário, você terá a oportunidade de descobrir as submodalidades da visão. Mais tarde poderá aplicar essas mesmas etapas ao explorar as submodalidades de seus *outros* sentidos.

Atividade de Descoberta: Manipulando as Distinções Visuais

O processo de fazer essas descobertas pode não ser familiar, no entanto, você saberá as respostas para as perguntas que farei. Segundo minha experiência, você terá informações suficientes disponíveis para reconhecer as diferenças entre as generalidades sobre o comportamento humano e as particularidades que são muito específicas para você. Na verdade, você já fez, com sucesso, um ajuste na última atividade.

Vamos começar explorando um exemplo específico, no qual é possível comparar e contrastar algumas de suas imagens mentais selecionadas.

Agora quero que você imagine sua comida favorita, a comida que você mais gosta de comer no mundo, e só crie uma imagem dela. Quando estiver vendo a imagem, prenda-a em sua imaginação.

Guarde-a e, agora, veja a comida que você menos gosta e observe as diferenças entre as duas. Elas podem estar em posições diferentes em sua imaginação. Se você realmente vir as imagens, poderá achar que estão um pouco para a esquerda e um pouco para a direita, ou uma mais alta e outra mais baixa.

Olhe para as imagens e note as diferenças no brilho. Note também as diferenças na proximidade. Qual está mais perto? Observe se há alguma outra diferença nas imagens. Como exemplo, uma delas tem uma moldura em volta? É plana? Uma é colorida, e a outra, em preto e branco? Uma é menor do que a outra? Uma está parada, e a outra, em movimento?

A modalidade da visão é a ideal para lidar, porque a maioria das pessoas geralmente tem alguma consciência de suas imagens ou filmes mentais. Podemos acessá-las e consultá-las facilmente, e note que elas têm muitas distinções. Essas diferenças são importantes, como você perceberá. Você já conhece a associação e a desassociação, portanto, vamos tentar experimentar com essa submodalidade e outras novas.

Encontre uma recordação muito agradável em que você pode não ter pensado por algum tempo, algo de que realmente gostou. Volte como se estivesse tendo essa experiência agora, para que realmente esteja "nela". Quando olhar em volta, estará vendo o que viu no momento da experiência original. Você consegue ver o que viu antes.

Agora saia dela para que a veja como um filme com você mesmo na tela. Você pode se ver nesse filme, onde quer que esteja.

Quando você estava lembrando desse fato agradável pela primeira vez, não estava se vendo em um filme, você estava "lá", certo? Então, quando pedi para sair e se ver em um filme, foi uma nova imagem que seu cérebro simplesmente colocou lá. Não tenho ideia do ângulo da câmera escolhido nem da distância em que você estava, mas seu cérebro selecionou algo automaticamente.

Muitos de nós experimentamos as lembranças como se elas fossem filmes mentais. Quando você entra em seus filmes mentais e associa, descobre que pode mudar sua cabeça. Você pode ver tudo em volta. Quando você está associado, é como se realmente estivesse na imagem. Quando está desassociado, é como se visse de uma pequena distância. Vemos a maioria das informações que temos em nossa cabeça de modo desassociado.

Então vamos voltar para sua lembrança realmente agradável. Quando você estiver na imagem, volte e associe a lembrança para revivê-la, e quando o fizer, aumente o brilho e note qualquer mudança em suas emoções em relação a isso.

Agora, não aumente o brilho a ponto de ofuscá-lo. Ao aumentá-lo gradualmente, a maioria das pessoas notará que se sente mais atraída por essa experiência ou imagem, pois exerce mais impacto sobre elas.

Em seguida faça o seguinte: diminua o brilho muito lentamente. Deixe a imagem escurecer até ser difícil de vê-la e observe como isso muda suas sensações. Então aumente o brilho de novo. Leve a imagem de volta ao normal ou melhor que o normal (se quiser e se tiver sido uma boa experiência).

Há algumas exceções aqui. Por exemplo, se sua lembrança realmente agradável envolvia luz de velas, então aumentar o brilho poderá acabar com a sensação romântica. Do mesmo modo, se você teve um sentimento repulsivo sobre ter medo do escuro, escurecer a imagem não funcionará, porque você terá ainda mais medo do escuro, pois não consegue enxergar.

Portanto, há alguns lugares onde o brilho e a escuridão podem funcionar de maneira oposta à esperada, mas você descobrirá rapidamente quando for o caso e poderá reajustar o brilho para ter um efeito positivo. Agora que você experimentou o brilho e a associação, eu gostaria que lidasse com uma lembrança diferente do mesmo modo.

Pegue uma lembrança desagradável. Mas não se associe. Veja-a a uma distância de 1,5m a 3m em sua imaginação, como se fosse um filme, e note como sua sensação sobre ela muda ao fazer isso, quando a afasta um pouco e quando está fora dela.

Então escureça a imagem. Diminua o brilho lentamente na imagem e observe a mudança em seus sentimentos. São sensações novas, portanto, não espero que você esteja suspirando em êxtase nem tremendo de pavor. São experiências novas, e você precisa acostumar-se a elas. Seu cérebro vem fazendo isso por você a vida toda.

Agora vamos experimentar outra. A partir de seu grande álbum de lembranças agradáveis, escolha outra experiência realmente boa que teve na vida. Dessa vez, gostaria que visse a lembrança como um filme. Se você tiver uma dúzia de lembranças como essa, talvez escolha uma. O que eu gostaria que você fizesse com essa lembrança agradável é aumentar seu tamanho e notar como isso muda suas sensações em relação a ela. Observe como você pode ficar mais atraído por ela quando fica maior.

E se diminuir seu tamanho para que fique menor que as fotos de outra lembrança que você pode ter, notará que é menos notada e menos atraente. Ela chama menos sua atenção.

As submodalidades da visão são fascinantes. Além do brilho, da distância e do tamanho (com os quais lidamos), existem submodalidades que envolvem a cor. Você pode ativar o contraste para que tenha uma luz intensa e escura. Pode haver muitas tonalidades de cinza e tons pastéis, ou as cores podem ser intensas e vivas. Uma imagem também pode ser mudada de bidimensional para tridimensional. Pode ser clara como cristal ou imprecisa.

Uma imagem pode variar em alcance. Ela pode até aparecer com bordas ao redor. Em geral, você não nota essas distinções sutis.

Quando você pensa em uma avó, imediatamente surge alguma imagem em sua mente. Não sei qual é a imagem, mas se você estudá-la, notará se estiver em um contexto. Você vê a pessoa realmente fazendo algo? A imagem está se movendo? Está parada? E quando você vê a imagem, ela tem uma borda em volta? E a borda é uma moldura formal, do tipo que desaparece ou irregular?

Se desejar, acesse: http://eg.nlpco.com/2-4 (conteúdo em inglês) e veja algumas demonstraçõese/ou exemplos adicionais.

Faça anotações sobre seus experimentos de manipulação para que possa identificar quais distinções sutis fazem maior diferença em sua experiência.

Capítulo Dois: Administrando Sua Mente 59

Como Será Seu Dia? Submodalidades e Seu Estado Emocional

Considerando que você pode influenciar suas experiências do passado, presente e futuro lidando com suas submodalidades, imagine quanto mais prazer e fascinação sua vida poderia ter se amanhã você começasse a modelar *conscientemente* seu dia. Esse é um processo de autogestão que se pode usar para facilitar muito a vida todos os dias.

Eis um exemplo: quando acordo e estou ficando consciente, faço cinco perguntas a mim mesmo antes de colocar os pés no chão. Minha primeira pergunta é: "O que estou esperando do dia?" A segunda é: "A longo prazo, o que estou esperando?" Ter algo para esperar me dá, e à maioria das pessoas, uma sensação de direção e finalidade.

A terceira pergunta é: "Estou fazendo coisas que levam diretamente aos meus objetivos?" Se a resposta for não, então é uma área importante a explorar, porque não há motivos para alguém fazer coisas que não a levam a seus objetivos. Algumas pessoas que se encontram em um caminho improdutivo descobrem que seus objetivos são imprecisos ou não são atraentes.

Quando faço a terceira pergunta, imediatamente ouço as vozes que têm frequentado minha cabeça por décadas dizendo: "Bem, *tenho que* fazer isso. Tenho responsabilidades. Tenho compromissos". Certo, todos nós temos. Mas, verdade seja dita, quase todas essas responsabilidades e compromissos foram voluntários. O que você deve fazer todos os dias é administrar seu tempo e energia, porque é a melhor coisa que *você* pode fazer para dar suporte a seus objetivos.

A quarta pergunta é: "Estou sendo meu melhor amigo e incentivador agora?" Você é seu próprio torcedor ou maior crítico? Pesquisas mostraram que as pessoas que torcem por si mesmas geralmente se saem melhor. Elas ficam mais felizes e são fisicamente mais saudáveis do que as pessoas que se criticam constantemente.

A quinta e última pergunta é percorrer seus cinco sentidos e se perguntar: "Estou presente em meu corpo, aqui e agora, sentindo o que sinto, vendo o que vejo agora, ouvindo o que ouço e desfrutando o dom de estar vivo?" Pense nisso. Você está em sua cabeça? Está em seu peito? Tem consciência de seu corpo inteiro? Você o habita *integralmente*?

Se você não estiver em seu corpo, poderá experimentar os tipos de sensações negativas que refreiam alguns de nós ou todos nós algumas vezes. Vamos falar sobre quando não estamos em nosso corpo. Se estou preocupado ou ansioso, verifico para saber se estou em meu corpo e descubro que realmente não estou. Em geral, estou em minha cabeça, provavelmente apenas pensando sobre o futuro e ocupando algum espaço futuro que não é agradável. É como eu ensaio a preocupação, então a coisa inteligente a fazer é parar e voltar a estar em meu corpo agora.

Um modo de parar esse tipo de flutuação livre é esta técnica física muito simples que você pode exercer praticamente em qualquer lugar. Eu apenas respiro fundo várias vezes, miro meus olhos para cima, mudo minha fisiologia (se estou sentado, fico em pé; se estou em pé, sento ou me espreguiço), e de repente estou de volta em meu corpo e no presente.

Agora, quando eu vejo essa preocupação no futuro, desassocio-me dela. Asseguro que a imagem que estou vendo esteja longe de mim. Assim, ainda tenho as informações, mas posso tomar notas e determinar se preciso fazer alguma mudança ou tomar alguma medida. Essas "redefinições" física e mental me permitem lidar com a preocupação de modo construtivo, em vez de ser vítima da experiência.

O fenômeno e o impacto das submodalidades são muito poderosos, e as mudanças feitas com eles podem ser duradouras.

Como Você Faz as Coisas que Faz: Compreendendo a Motivação

Outro aspecto importante para entender como *você* funciona é descobrir como você é motivado. Um modo divertido de explorar isso, que também é um pouco inesperado, é *livrar-se* da procrastinação. No momento, você pode não ter esse problema, mas muitos de nós (especialmente os empresários) têm, porque sempre há mais tarefas em nossa lista do que parecemos conseguir terminar.

Quando alguém está bloqueado, geralmente reclama com um amigo ou chega no consultório do terapeuta dizendo: "Não consigo terminar nada. Não consigo calcular meus impostos no prazo. Meu chefe está reclamando comigo porque não entrego minhas despesas no prazo. Não sei o que há de errado comigo, doutor. Ajude-me. Você pode me corrigir?"

A essa altura, a pessoa geralmente está buscando ajuda já no final do processo. Afinal, quando ela fica ciente do problema, que é ficar bloqueada, muitas coisas aconteceram, certo? Vejamos como isso aconteceu.

A ideia é rebobinar o filme até *antes* de a pessoa ficar bloqueada. Afinal, ficar bloqueado também é um comportamento. Se uma pessoa *não* faz algo, isso também é uma atividade. (Rosa Parks[1] se recusa a mudar de lugar em um ônibus? Muito profunda essa atividade.) Ela tem que *pretender* fazer algo e, então, parar.

Antes desse comportamento, havia uma sensação. Havia uma sensação de motivação para *fazer* algo. Pode ser fazer algo ruim, como comer chocolate demais, fumar cigarro demais, ceder a demandas injustas, ou pode ser fazer algo bom, como um trabalho no prazo ou ser mais atencioso com um amigo.

Então, quando *você estiver* explorando a motivação e a procrastinação, volte no tempo até *antes* do comportamento e encontrará uma sensação. É realmente possível encontrar uma série de sensações que tremulam tão rapidamente que você não tem consciência delas até ficar bloqueado, e então fica ansioso por estar bloqueado. Portanto, vamos voltar até *antes* de você ficar bloqueado. Como *ficou* bloqueado?

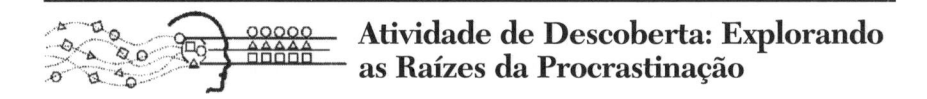

Atividade de Descoberta: Explorando as Raízes da Procrastinação

A partir de minha experiência pessoal e daquela das pessoas que treinei nestes anos, está claro que todos nós geralmente temos algum tipo de imagem em nossa mente do que queremos fazer, e então, infelizmente, aparece outra coisa. É uma imagem ou uma voz que diz: "Mas, não. Espere. Espere um pouco".

---

[1] Costureira negra norte-americana, símbolo dos direitos civis dos negros nos EUA, que ficou famosa por sua recusa frontal, em 1/12/1955, de ceder seu lugar no ônibus a um branco.

A experiência será diferente para todos nós, mas o que eu gostaria que você fizesse é descobrir o momento quando quis fazer algo e não o fez na hora. Você hesitou e adiou. Talvez finalmente o tenha feito, mas foi difícil. Talvez tenha adiado ou tenha feito isso superando uma enorme resistência interna. Observe a imagem de que você lembrou sobre essa experiência. Observe qualquer sensação que essa imagem cria.

Estou certo de que você não gosta dessa imagem e que gostaria de fazê-la sumir ou alterá-la, portanto, veja como fazer isso. Quando vir essa experiência, continue a voltar para o *antes*. Continue a voltar para trás até chegar a um lugar onde teve realmente a intenção de fazer o que quer que seja.

Agora, se era sua intenção fazer, se você queria fazer, se está claro e coerente sobre isso, então pode avançar e descobrir onde está o bloqueio. Digamos que essa tarefa seja algo que você sabia que precisava fazer, talvez *quis* fazer, mesmo que não fosse gostar, como tirar o lixo ou passar fio dental nos dentes. Afinal, fazemos muitas coisas de que não gostamos, mas sabemos que faremos porque precisamos fazer. Entretanto, essa tarefa em particular não foi feita. Talvez tivesse um prazo, e quando o prazo foi se aproximando, você ficou cada vez mais nervoso.

Então volte, e verá um ponto no qual seu cérebro produziu uma pista que dizia: "Não farei isso agora". O que você vê? Quais sensações essa imagem cria para você?

Essa imagem e as sensações que você tem darão uma ideia do que está por baixo de sua procrastinação. Quando estiver explorando, poderá encontrar algumas pistas que outras pessoas notam comumente. A mais inocente é uma distração. Ela age como um anestésico. "Ah, só farei isso por um segundo", então você descobre que algumas horas se passaram. São apenas desvios que o tiraram de seu destino.

Se foi algo que aconteceu com você, caso olhe com muita, mas muita atenção, descobrirá que havia uma imagem ou uma voz que sugeriu algo que o distraiu, como "Ah, sim, realmente preciso de algo salgado agora. Vou descer e fazer uma sopa" ou "Vou verificar a web. Há um site que preciso ver. Irei vê-lo agora", ou haverá alguém para quem você pretendia ligar. O importante é encontrar o momento em que você foi da intenção de fazer para fazer outra coisa e descobrir a sequência de imagens, sons e/ou sensações que experimentou.

Aquele Bendito Relatório: Um Exemplo de Procrastinação

Recentemente trabalhei com uma representante de vendas de 43 anos que sentia que a procrastinação estava se tornando um problema. Ela tinha que produzir um relatório e esperou até o último minuto — um pouco antes de termos marcado para conversar — para terminá-lo. Eu me identifiquei com seu dilema porque adiar a elaboração de um relatório é algo com o qual estou muito familiarizado. Fui especialista nisso quando administrei minha empresa. Em meu caso, adiava porque não gosto de trabalhar em casa. Não gostava quando estava na escola e não gosto agora. A imagem em minha mente era uma imagem do 8º ano, quando eu fazia cálculos de frações, que eu odiava. Eu não tinha muita escolha na época, mas tenho agora, assim, algumas vezes acabo procrastinando.

Quando perguntei à minha cliente o que aparecia quando ela pensava sobre adiar um relatório ou uma ligação telefônica, ela disse: "Se eu não tivesse um prazo para conversar com você, provavelmente não teria terminado ainda. Uma das coisas é que eu tinha que ter dinheiro para associar a ele, portanto, tive que assegurar que teria o dinheiro. É sempre estressante. Acho que é assim com você; é apenas esse detalhe chato que não gosto de fazer".

Aceitar sua explicação teria sido o caminho fácil, mas persistimos até ela perceber que via uma imagem de um assistente administrativo que costumava fazer os relatórios. Agora ela se sente frustrada e ressentida por não ter alguém para ajudá-la. Ela ficou espantada ao descobrir essa pista para sua procrastinação.

Dois para a Viagem: Pistas para Descobrir as Raízes da Procrastinação

Naturalmente, determinar uma solução é uma etapa separada, mas identificar a pista para o que está na raiz da procrastinação é a primeira coisa a fazer. Você deseja encontrar a imagem vinculada a esse comportamento, e nem sempre é fácil, porque a mente automatiza as tarefas. Costumamos fazer certas coisas por anos e nem as percebemos mais. Temos que ser pacientes e meticulosos para entender o que está *sob* um comportamento.

Veja duas dicas das quais se lembrar quando você estiver tentando identificar o que está na raiz de algo que está procrastinando.

Dica 1: *Diminua a velocidade, diminua bastante*

Quando trabalhar em um de seus problemas, o que eu gostaria que fizesse é estender o ponto no qual procrastina. Diminua a velocidade do filme mental e passe-o em câmera lenta. Vá do ponto no qual você *pretende* fazer algo, porque está em sua lista de tarefas, até o ponto no qual *adia*. No caso de minha cliente, o relatório estava sendo feito no último momento. Provavelmente, havia um momento anterior em que ela poderia tê-lo feito e teria sido mais fácil e muito mais conveniente para ela, certo?

Desse modo, quando estiver procurando essa imagem ou voz que o impede, coloque o filme em câmera lenta. Procure primeiro a imagem, então ouça: "Agora não. Não quero fazer isso agora". Não pense no pensamento, porque o pensamento vem *depois* da imagem. A imagem está sendo apresentada pelo inconsciente. Já lhe darei algumas maneiras de acabar com isso, mas primeiro gostaria de explorar por que é essencial olhar dentro de nós mesmos e encontrar as imagens e sons em nossa cabeça.

Você tem o direito de fazer essa exploração e ajuste. É seu cérebro. Não há motivos para não entrar nele e olhar em volta. É uma nova habilidade. Apenas tenha paciência e demore o tempo que precisar. Se você examinar algo em sua vida que vem adiando, provavelmente o motivo disso é que seu cérebro está tentando protegê-lo.

Ele pode estar tentando protegê-lo de algo que o chateou quando você tinha 5, 10 ou 15 anos de idade ou de algo recente que foi traumático. Veja: quando as pessoas estão fazendo isso, *não* é porque estão com defeito; é porque estão funcionando perfeitamente. Quando você adia algo, é perfeito. Você está fazendo algo muito bem. Você está indo tão bem que não consegue mudar por vontade própria. Isso é muito impressionante. Portanto, a solução é: "Tudo bem, não vamos mais lutar. Vamos estudar o processo e descobrir o ponto de retorno".

Imagine por um momento que você tivesse uma tarefa de trabalho administrativo que estivesse adiando. Tive clientes nessa situação que, assim que viram a imagem, perceberam: "Ah, é um desenho animado. Estou sentado à mesa e é como se essa pilha de papéis chegasse a três metros acima de minha cabeça. Isso é ridículo". Ou eles viam uma imagem como em um filme, mas ela estava diante deles, impressionante, mostrando todo o trabalho que tinham que fazer. Ou viam um pedaço de papel ou uma pilha de papéis toda bagunçada, com rabiscos e clipes no lugar errado, páginas rasgadas, e era realmente vergonhoso entregá-los a alguém porque tudo estava muito mal feito. Há muitos modos de fazer com que tenhamos medo de realizar algo, e nem mesmo temos consciência disso.

Dica 2: Reconheça a Confusão pelo que Ela Realmente É

Em seu processo de tentar descobrir a raiz de sua procrastinação, é possível haver momentos em que você se sente confuso. O que você precisa saber é que sentir-se confuso é um código. Em geral, confuso significa medo ou raiva. É código, ele está protegendo você. Ao sentir-se confuso com alguma coisa, se olhar à sua volta, descobrirá que há um sentimento subjacente que provavelmente é até menos agradável do que confuso.

Convido você, em sua cabeça, a começar a passar seu filme em câmera lenta. Defina os pontos de decisão, e eles *não* estão onde as sensações estão. Eles estão *antes* de elas surgirem. Lembre-se, a estrutura fica assim: você tem um pensamento, cria um significado a partir dele, então tem uma emoção e cria o comportamento.

Agora vamos nos preocupar em mudar o comportamento. É a extremidade errada da alavanca. Precisamos retroceder porque a coisa mais fácil de manipular é a imagem ou o *gatilho* em si, não há nenhuma sensação anexada. Não há nenhum risco. Quero lhe dar algumas imagens com que possa lidar agora e que poderiam facilitar as coisas sem cavar tão fundo.

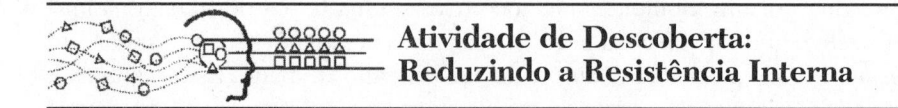

Atividade de Descoberta: Reduzindo a Resistência Interna

A procrastinação é uma forma de resistência. Veja outra estratégia eficiente que funciona bem com a resistência. É chamada de "Padrão do Chocolate Godiva" e realmente não tem relação com o chocolate Godiva (a menos que seja seu favorito). Veja como trabalhar com esse processo.

Quero que você crie duas imagens: a primeira é daquilo que você mais gosta de fazer. Não diria sexo, por envolver mais alguém, assim, faça com que seja algo que possa fazer sozinho — comer chocolate Godiva, estar em um barco pescando, jogar paciência no celular, algo que você realmente goste de fazer. Lembre-se de como era fazer isso e como será fazer de novo. Esteja realmente nessa imagem para sentir como é.

Assim que a vir, tire a imagem da frente. Então entre a imagem e você, coloque a imagem da tarefa que você vem adiando — apenas veja a tarefa desassociada. Em outras palavras, é apenas uma figura. É uma figura parada da tarefa, não importa como a representa — quer você se veja fazendo-a ou apenas a veja como uma pilha de papéis, uma garagem lotada, uma declaração do imposto a ser preenchida, uma caixa de areia do gato suja ou uma ligação telefônica que precisa ser feita — qualquer coisa. Apenas veja a tarefa em si.

Agora, bem no centro da imagem da tarefa, faça um pequeno furo para que possa ver a coisa favorita por trás dela. Note como a imagem fica brilhante. Você pode ver através dela. Abra um pouco o furo para que possa ver essa coisa realmente boa. Abra-o até ter a sensação da atividade realmente boa. Assim que tiver a sensação, segure-a e comece a fechar o furo. Se a sensação começar a desaparecer, abra-o de novo até o sentimento bom ficar forte.

Este é um processo de motivação simples, porém muito poderoso, que vale a pena praticar repetidamente para que você possa realizar mais facilmente qualquer coisa que deseja. Reveja o processo passo a passo quando estiver sozinho e puder entrar em contato com suas sensações sem ser interrompido.

Agora veja um resumo rápido do processo. A estratégia é baseada na imagem por trás da tarefa. A tarefa fica entre você e a coisa que deseja fazer. Você só abre uma pequena janela na tarefa para que possa ver através dela a coisa que *deseja* fazer, uma coisa que ama fazer. Essa janela se torna sua íris, que abre até você começar a ter a conexão emocional com a coisa que gosta de fazer, então você a fecha muito lentamente. O que acontecerá é que sua motivação o impelirá na direção dessa tarefa. Ela mudará sua relação com a tarefa. Com certeza.

Acesse: http://eg.nlpco.com/2-7 (conteúdo em inglês) e veja algumas demonstrações e/ou exemplos adicionais.

Como informei antes, trata-se de tecnologia, não de mágica. Consequentemente, você deve testá-las sem piedade. Realize esse processo, coloque-o de lado e se pergunte: "Como me sinto agora com a caixa de areia do gato suja, garagem lotada, relatório, ligação telefônica ou qualquer coisa. Eu me sinto melhor com isso? É mais provável que eu faça isso?" Se você não se sentir melhor, volte e repita o processo.

Deprimido por Muito Tempo? O Poder das Vozes Internas e o "Sinal Auditivo"

Com base em centenas de clientes com quem trabalhei pessoalmente, e milhares de clientes que meus treinadores descreveram, aprendemos que ansiedade, ciúme, medo e irritação (as emoções energizantes) são frequentemente orientadas *visualmente*. Todavia, quando nos sentimos deprimidos ou desencorajados, esses sentimentos pessimistas geralmente vêm de uma pista *auditiva*, uma voz em nossa cabeça. Veja um modo de perceber e lidar com isso.

Atividade de Descoberta: Removendo as Pistas Auditivas Negativas

Eu gostaria que você ouvisse uma voz interna, uma voz que talvez surja e o desencoraje de fazer algo, ou roube sua autoconfiança. Ela é completamente arbitrária e automática. Evoca artefatos do início de nossa vida que geralmente ultrapassamos, mas as vozes ainda ficam lá. Elas ficam ecoando porque nunca as desligamos.

Portanto, entre e observe qual voz você ouve. Eis aqui um exemplo fácil para encontrá-la. Pegue a sensação triste que você tem: desencorajamento, vergonha, tristeza ou até algum diálogo interno negativo, como: "Não posso fazer isso" ou "Nada de bom acontece comigo". Se ouvir com cuidado, poderá escutar a voz de outra pessoa conversando com você.

Observe de qual direção ela está vindo. Temos dois ouvidos porque os humanos são programados para localizar o som, portanto, ele chegará até você de cima e de trás, de um lado ou do outro. Você pode começar a pensar que está vindo de dentro de você. Mas, mesmo que você esteja conversando consigo mesmo, a voz está vindo de algum lugar, e é interessante observar de onde.

Quando temos um diálogo interno, é normal a voz vir diretamente até nós. (Daqui a pouco você aprenderá como mudar isso.) Se for a voz de outra pessoa — do pai, professor ou treinador (como foi no meu caso) —, então, em geral, está vindo de um lado ou do outro, e comumente de trás e de cima, porque essas vozes foram registradas quando você era pequeno.

Em muitos casos, o que você ouve é algo que foi ou tem sido repetido. Pode ser um comentário indelicado, do tipo "Você é preguiçoso". Pode ter sido repetido sempre ou dito apenas uma vez, mas chacoalhou em sua cabeça. Sempre que você precisar mudar uma voz que não está trabalhando a seu favor, siga estas etapas.

Primeiro, faça com que seu cérebro ouça a voz, e tão logo a ouça e o primeiro som comece, pressione o controle de volume para que desapareça rapidamente. Ela nem completa a primeira palavra. Você nem consegue entender a primeira palavra. Ela some completamente. É a Etapa 1.

A Etapa 2 é divertida. Você sabe como é: em um restaurante, aeroporto ou cinema, você já ergueu o rosto e olhou nos olhos de alguém enquanto caminhava e teve uma ideia sobre a pessoa. "Ela tem um bom senso de humor, o que é ótimo" ou "Eu não gostaria de irritar aquela pessoa". Seja como for, você tem alguma informação ou impressão daquela pessoa.

O que eu gostaria que você fizesse é criar uma imagem de si mesmo, a pessoa que está lendo este livro, apenas meio passo à frente deste momento. Faça com que essa pessoa, você no futuro, o encare. Quando olhar nos olhos dela, para esse "você", a única diferença é que você vê que essa pessoa não tem aquela voz. Você pode olhar para ela e saber disso. Agora note que ela está lhe dizendo alguma coisa.

Ela está dizendo: "Eu me sinto bem comigo mesmo" ou "Eu me sinto seguro". Você escolhe a frase, uma ou outra, e isso vem diretamente até você, mas não entra em sua cabeça. É como se ela soasse em volta de sua cabeça.

Sabe quando se passa o dedo molhado na borda de um copo de cristal e ele faz o som de um sino tocando? Bem, é como se um sino de cristal estivesse emborcado sobre sua cabeça, talvez no nível dos olhos. A borda está no nível dos olhos, e o sino está tocando sem parar em torno de sua cabeça. Ouça agora: "Eu me sinto seguro. Eu me sinto seguro. Eu me sinto seguro" ou "Eu me sinto bem comigo mesmo. Eu me sinto bem comigo mesmo. Eu me sinto bem comigo mesmo". Esse é você no futuro. É o você maravilhoso que não tem mais aquela voz negativa na cabeça. Essa é a Etapa 2.

A Etapa 3 é o som das ondas que lavam tudo. Ao prestar atenção agora, poderá escutá-lo como ondas batendo na areia, repetindo-se várias vezes. Assim que a voz começar, a primeira palavra repulsiva desaparece e se transforma em "Eu me sinto seguro. Eu me sinto seguro" ou "Eu me sinto bem comigo mesmo", e então o som das ondas e as etapas se repetem. Esse processo fácil e eficaz é chamado de "Troca Auditiva" e foi desenvolvido originalmente por Richard Bandler.

Como CEO de uma empresa manufatureira, aprendi que a frustração, a irritação e a ansiedade eram meus riscos ocupacionais. Eu sempre parecia sentir uma dessas emoções (que, como você pode imaginar, não é ideal para alguém com funcionários). Como era eu quem assinava os contracheques das pessoas, elas ficavam perturbadas quando eu ficava irritado ou era indelicado com elas ou com outras pessoas. Quando eu notava esses sentimentos ou comportamentos, pisava no freio e analisava o que estava acontecendo comigo mesmo. Se fosse uma imagem que indicava alguma emoção negativa, então eu mudava minha experiência lidando com minhas submodalidades visuais. Se estivesse ouvindo uma voz negativa ou crítica, usava o "Processo de Troca Auditiva".

Emoções como Passageiros, Não Condutores: Escolhendo e Mudando Seu Estado

As sensações realmente são apenas opções. Vi pessoas fazerem importantes mudanças ao tratar suas sensações como opções, em vez de coisas que têm que aguentar. Aprender e experimentar as informações neste livro influenciará de maneira relevante o modo como você se sente no dia a dia ou a cada momento. Cabe a você fazer as escolhas aqui. Quanta diferença fará depende de quanto tempo e energia colocará ao usar essas habilidades.

À medida que se fica cada vez mais sintonizado com o modo como se sente, torna-se mais fácil voltar à sensação e notar a imagem ou o som que disparou a emoção ou a sensação no corpo. Nos próximos dias, encorajo-o a notar as emoções que está tendo e explorar imediatamente o que está por trás delas. Pergunte a si mesmo: "Quando isso começou? O que eu estava pensando um pouco *antes* de ter começado?" Primeiro você descobrirá o pensamento do qual tem consciência, e então olhe por trás *disso*. "Havia alguma imagem lá ou algum som que iniciou a sensação? Eu estava fazendo um comentário para mim mesmo que me influenciou... mudou as coisas... e tirou a energia de algo... ou me deixou particularmente feliz?"

Provavelmente você descobrirá que está falando consigo mesmo o tempo todo, bem como haverá *outras* vozes. Não sei quanto a você, mas eu tinha um coral de vozes em minha cabeça, que estava cantando, observando e comentando espontaneamente as coisas, de algum modo, sobre tudo. Você também descobrirá que há muitas imagens piscando que você ignora em grande parte. Afinal, se prestarmos atenção demais nesses filmes em nossa cabeça, nunca faremos nada. Mas eles estão lá, de fato, o tempo inteiro. Quando ficar ciente deles, poderá fazer mudanças. A boa notícia é que, dada uma escolha melhor, seu cérebro *continuará* a selecionar a opção melhor.

Curiosidade: Um Estado Preferido

Assim que aprendi a PNL, eis o que fiz para lidar com minhas frustrações, irritações e ansiedades pessoais. Chamo isso de "Instalação de Desvio da Curiosidade". Fiz uma pesquisa sobre emoções e descobri que a emoção da curiosidade é realmente algo curioso. É uma emoção das mais neutras e envolventes e que lhe dá uma flexibilidade maior.

Todas as partes do corpo gostam da curiosidade. A curiosidade realmente ajuda a desenvolver as células T (que combatem as infecções)! Ela ajuda a desenvolver novas sinapses no cérebro para que o sistema imunológico fique mais forte. As pessoas funcionam melhor quando estão envolvidas e curiosas.

Quando você está curioso, muitas conversas internas de bloqueio e imagens desaparecem. Ao explorar a resposta para algo com curiosidade, é incrível como muita coisa negativa simplesmente desaparece e esse estado de reunião de informações abre as pessoas a novas possibilidades.

Veja o que costumava acontecer comigo quando estava administrando uma empresa manufatureira: quando frustrado, pensava no que estava me frustrando. Um revendedor não tinha enviado uma peça no prazo, então não poderíamos cumprir o prazo de fabricação e ficaríamos atrasados no envio. Ficaríamos com uma má reputação. Assim, eu começava tudo de novo. "Bem, o revendedor não enviou a peça a tempo, portanto, blá, blá, blá", e se formava um ciclo.

Quanto mais eu entrava no ciclo, mais ficava frustrado. Como se pode imaginar, eu fazia a mesma coisa ao me sentir irritado ou ansioso. "Suponha que isso dê errado. Então isso aconteceria e aquilo aconteceria. Depois, suponha que isso dê errado. Isso aconteceria e aquilo aconteceria." O mesmo bendito ciclo. Você entendeu.

Pensei que seria realmente bom para mim se, assim que eu tivesse consciência de que estava provocando um desses estados negativos, sem recursos e improdutivos, eu me lembrasse de que poderia ficar curioso.

Então pensaria imediatamente: "Seria realmente bom. Assim que eu começar a me sentir irritado, ficarei curioso sobre a causa da irritação".

Bem, isso me colocou em uma estrutura inteiramente diferente, porque, então, estava curioso sobre a causa da irritação, em vez de ficar bravo com ela. E eu queria saber o que causava aquela irritação. Era eu? O outro cara? Era algo que esqueci em algum lugar? Eu poderia ter feito melhor? Como poderia mudar? Como poderia fazer as pazes? O que a curiosidade fez foi colocar meu cérebro em um caminho completamente diferente.

Parece bom para você? Espero que sim. Como repercutiu em mim, estudei como a frustração, a irritação e a ansiedade funcionavam em mim. Comecei a notar exatamente como cada um desses sentimentos começava. Então vi o que acontecia *um pouco antes* disso.

Você pode ficar surpreso ao descobrir que *não* são as diferentes experiências que criam essas sensações familiares. Não é "Bem, foi *este* revendedor, foi *aquele* cara". Não, não, não. Não é isso. É realmente o que você disse para si mesmo ou a imagem que criou sobre isso. As emoções são acionadas por uma pista. A pista será igual mesmo que o estímulo seja completamente diferente, porque a *pista* o leva à emoção. Ela é muito bem treinada e acontece realmente rápido. É um flash, como um raio.

Como é um processo rápido e automático, algumas vezes é difícil descobrir o que nos está guiando. O único modo de fazer isso é diminuir a velocidade das coisas, respirar profundamente algumas vezes e passar o filme mental com a metade da velocidade, um quarto da velocidade ou 10% da velocidade, de modo muito lento, voltar até antes de ter tido a sensação e descobrir, um pouco *antes* de ter tido a sensação, o que aconteceu.

Você ficará surpreso e satisfeito. Descobrirá que houve uma imagem ou frase que serviu de gatilho para você, portanto, veja o que deseja fazer. Se for uma frase, assim que ela aparecer, pressione o controle de volume na máquina para que a voz desapareça rapidamente. Se for uma imagem, poderá usar uma Troca Visual. Para mais, acesse http://eg.nlpco.com/2-5 (conteúdo em inglês).

Em ambos os casos, eis o que você deseja ver: bem à sua frente está o maravilhoso você. É o você *sem* o problema. Esse você é perfeito.

Ele está vestido como você estava na época, mas este você é curioso. "Hum, quero saber o que iniciou isso. Isso é muito interessante." Esse você tem a curiosidade estampada no rosto. A expressão facial que *esse* você tem é de curiosidade sincera.

O que esse outro você diz é: "Puxa, quero saber o que iniciou isso". Então há o som de ondas interrompendo o antigo padrão ou, se realmente conseguir ver esse outro você, um flash branco poderá aparecer, como acontece quando o filme para no cinema. Você precisa de uma tela em branco. Precisa de uma interrupção antes de o ciclo iniciar de novo. Então experimente.

E, para resumir rapidamente, são três etapas: você encontra a pista da emoção, começa a destruir a pista e a substitui imediatamente por um futuro em que não tem esse problema e está curioso. Pratique esse processo e experimentará uma profunda mudança.

Depressão: Pistas Auditivas que Mantêm a História

Anteriormente, neste capítulo, mencionei que as sensações negativas geralmente estão vinculadas a uma pista auditiva. Antes de dar algumas pistas para lidar com a depressão, deixe-me começar dizendo que realmente mudei minha atitude quanto a isso. Convivi com pessoas acometidas de depressão clínica e sugeri que fossem ao médico e tomassem uma droga psicoativa, pois a depressão pode resultar de uma doença física. Se ela for duradoura, leve-a a sério, seja com você ou um amigo, e busque ajuda profissional. Antes de eu entender a depressão, costumava pensar: "Bem, basta aguentar". Agora que vejo como a depressão pode ser dolorosa e debilitante, sou muito mais solidário à dificuldade que é lutar contra ela.

No caso da depressão também é importante reestruturar sua finalidade. Quero dizer com isso que a depressão é ilógica. Para ficarmos depressivos, temos que ter um problema ou má notícia, e temos que torná-la pessoal (está acontecendo apenas conosco), predominante (acontece, não importa o que ocorra ou onde estejamos), e acontece para sempre (é permanente).

Chamamos essas condições de 3 Ps: pessoal, predominante e permanente. É assim que alguém tem depressão. A depressão acontece quando uma pessoa fica desestimulada e faz disso um hábito, que é um modo realmente doloroso de passar a vida.

Se você estiver se sentindo para baixo, que o mundo está contra você ou que nada se resolverá, entre em si mesmo e explore o que está acontecendo. Quando fizer isso, lembre-se de que *não* existe um inimigo interior. Mesmo que você esteja se sentindo mal e não saiba porque está assim, é inteligente supor que há um motivo positivo para isso. Algo dentro de você está tentando lhe fazer algum bem, mesmo que se sinta mal.

Ouça a voz interior. Se essa voz for um disco quebrado que está se repetindo sem parar, há duas coisas que você pode fazer. Uma é desassociar: pare de estar na imagem e saia dela para que possa se ver nela. Se for uma voz, deixe que ela converse com você do outro lado do cômodo. Torne a voz mais atraente ou lenta. Transforme-a na voz de uma criança bocejando. Talvez seja hora de ela tirar uma soneca.

Seu objetivo é descobrir o que está se passando em sua cabeça que produz a emoção e, então, interferir nessa sequência. Agora você pode experimentar diferentes mudanças em suas submodalidades até ter algum alívio na opressão, na escuridão, no silêncio pesado ou em qualquer informação armazenada que descobriu.

Modelando Sua Experiência: O Hábito de Ajustar as Submodalidades

Cobrimos muita coisa neste capítulo, mas você pode ler de novo ou revisar os principais pontos no final do capítulo. O que estamos fazendo aqui é explorar as imagens, sons e sensações em nosso próprio cérebro. Algumas vezes, descobri-los é a parte complicada. Mas assim que passar a descobri-los, começará a ver e ouvir com mais atenção. Notará a diferença no local, no tamanho, no brilho, na intensidade e em todos os aspectos das imagens, sons ou sensações.

Quando examinar essas diferentes representações e lidar com uma das qualidades, descobrirá que suas respostas e emoções mudarão. Como eu disse antes neste capítulo, as submodalidades são chamadas de "moléculas de significado", porque são elas que nos dão o significado. É um pouco estranho como você consegue significado de uma imagem que é clara ou apagada, mas parte de você diz: "Bem, é como gosto dela". É como seu cérebro marcou tudo!

Você pode melhorar ou reduzir o impacto de qualquer imagem, som ou sensação tem em sua experiência. Se, por exemplo, tiver uma emoção positiva, olhe para dentro e perceba: "Sim, acabei de ver meus filhos e eles estão brincando na piscina", "Estou em um churrasco em família", "Estou com amigos jogando cartas", ou qualquer coisa que seja boa, e faça com que seja brilhante. Veja se pode torná-la *ainda melhor*.

Se for ruim, então desassocie-se da imagem. Torne-a pequena, afaste-a de você e note como isso reduz seu estado negativo.

Nos próximos dias, entre em sua própria mente e preste atenção aos estados positivos e negativos experimentados. Explore o que se passa em sua cabeça quando você tem essas sensações. Observe as imagens, sons e sentimentos, e então use as ferramentas aprendidas neste capítulo para mudá-los. É divertido, e os resultados serão surpreendentes.

Pronto para aprender mais sobre viver na zona de envolvimento total? Então continue lendo.

Ideias Principais

- O *cérebro* opera bem sozinho, e seu foco é a sobrevivência. A *mente* é capaz de focar além da sobrevivência. Ela consegue a oportunidade de criar e escolher entre várias opções.

- O processo do Resultado Bem Formado é um conjunto de seis perguntas-chave bem simples que permitem aos usuários detalhar e avaliar um objetivo antes de se comprometerem com ele e adotarem um curso de ação.

- Sentir-se inseguro ou em conflito é um sinal interno chamado incongruência. Se o conflito é sobre algo desagradável ou algo que vai de encontro aos valores de alguém, a incongruência pode ser como um alarme de fumaça. Pode realmente não haver fogo, mas é prudente determinar o que a disparou.

- A estrutura da experiência é baseada em cinco sistemas descritivos chamados modalidades: imagens, sons, sensações, sabores e cheiros.

- Cada modalidade tem qualidades diferentes, distinções sutis que são chamadas de submodalidades. Por exemplo, algumas submodalidades da visão são: local, brilho e tamanho.

- As submodalidades impactam como alguém experimenta uma lembrança. Ao mudar uma submodalidade, uma pessoa pode alterar sua experiência, tornando-a mais positiva, neutra ou negativa.

- A associação à figura geralmente torna o impacto de ver a imagem mais intensa (de modo positivo ou negativo) para a pessoa. Recordar lembranças difíceis de um modo desassociado reduz a carga emocional e facilita obter informações relacionadas a essa situação.

- Sentir uma emoção é apenas uma *opção*.

- A maioria de nossas emoções, interpretações e reações é tão bem treinada que é automática, e a "causa" inicial está fora de nossa consciência. Para entender o que está acontecendo com você, diminua a velocidade do filme mental para que possa descobrir com mais facilidade a "pista" (imagem, som, sensação, sabor ou cheiro) que produziu um sentimento.

- Ao tentar descobrir uma "pista" específica, algumas pessoas podem descobrir que estão distraídas ou confusas. Em geral, essas reações são apenas desvios que o afastam do destino real.

- Para melhorar seu foco e produtividade, considere fazer a si mesmo as seguintes perguntas no início de cada dia.

    1. O que estou esperando para hoje?
    2. O que estou esperando a longo prazo?
    3. Estou fazendo coisas que me levam diretamente aos meus objetivos?
    4. Estou sendo meu melhor amigo e incentivador?
    5. Estou em meu corpo e desfrutando do dom de estar vivo?

- Alguém pode se sentir deprimido quando os três Ps estão em ação: pessoal, predominante e permanente. As pessoas deprimidas podem explorar as pistas auditivas afins e lidar com essas submodalidades.

Para mais informações, acesse: http://eg.nlpco.com/2-10 (conteúdo em inglês), ou use o código QR com seu celular.

**Descobertas, Perguntas, Ideias e Coisas
nas quais Você Deseja Trabalhar**

Descobertas, Perguntas, Ideias e Coisas nas quais Você Deseja Trabalhar

Descobertas, Perguntas, Ideias e Coisas nas quais Você Deseja Trabalhar

Capítulo Três: Vivendo em uma "Zona de Envolvimento Total"

Opa, meu freio está acionado?

> *Assim como seu carro funciona mais suavemente e requer menos energia para andar mais rápido e ir mais longe quando as rodas estão em perfeito alinhamento, você pode ter melhor desempenho quando seus pensamentos, sensações, emoções, objetivos e valores estão em equilíbrio.*
> — Brian Tracy

Algumas conversas, projetos, relações e dias parecem fáceis — e a maioria de nós prefere operar nessa zona ideal. Neste capítulo você aprenderá a melhorar sua energia, confiança, seu foco e sua produtividade. Descobrirá como remover os obstáculos de energia, aumentar sua habilidade para perseverar, ampliar seu entusiasmo e otimismo, e muito mais.

Alto ou Baixo? Como as Expectativas Impactam o Desempenho

As expectativas que temos modelam nossas experiências. Elas podem nos fazer sentir quando algo é moleza, um desafio que vale a pena ou um sonho impossível, certo?

Digamos, por exemplo, que você queira mudar de emprego. É possível dizer a si mesmo: "Eu poderia mudar de emprego facilmente porque nunca foi um problema fazer isso antes". Ou "Será interessante ver quais oportunidades atraentes existem e como posso usar minhas conexões para ajudar a encontrar o que estou procurando". Ou, ainda, você pode se sentir desencorajado antes mesmo de começar, porque levou oito meses para seu melhor amigo, um profissional talentoso em sua área, encontrar uma colocação decente. Observe como essas perspectivas e expectativas *muito* diferentes influenciariam o modo de explorar várias oportunidades de emprego.

Essa dinâmica está em ação em nossa vida o tempo todo. Todavia, com muita frequência, nossas expectativas estão fora de nossa consciência — e elas podem nem ser precisas! Mesmo assim, podem ser muito poderosas. Portanto, como podemos fazer com que as expectativas trabalhem em nosso favor? Vejamos um exemplo simples.

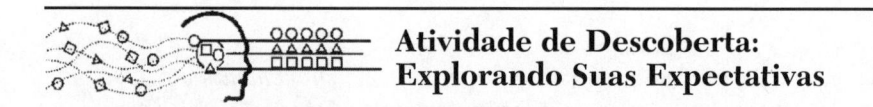

Atividade de Descoberta: Explorando Suas Expectativas

Esta atividade mostrará que suas expectativas são imaginárias. Fique em pé. Para este exercício, escolha uma área na qual você tenha espaço e privacidade para se mover livremente. (Se onde estiver lendo houver um público, vá para um local em que possa fazê-lo sozinho ou aguarde até mais tarde.)

Erga-se e fique com os pés parados — separados na largura dos ombros. Agora estenda seu braço direito para o lado do corpo e gire o torso gradualmente para a esquerda. Leve seu braço para a esquerda o máximo que conseguir. Usando a mão e o braço que agora cruzam seu corpo, aponte para o local mais distante em sua rotação — e observe onde é. Depois volte.

É um exercício muito simples, mas útil, porque ensina a seu corpo algo importante. Um antigo ditado maori [povo nativo da Nova Zelândia] diz que o conhecimento é apenas um rumor, a menos que esteja no músculo. Isso confirma a diferença entre ver e fazer.

Agora, ainda em pé — relaxado e respirando com facilidade —, *imagine* que pode simplesmente girar seu torso e braço bem mais para a esquerda, como fez um minuto atrás. Apenas imagine como seria se conseguisse relaxar seu torso e ombros para que seu braço direito fosse muito mais longe para a esquerda.

Em seguida, estenda seu braço direito — e balance-o lentamente para a esquerda. Apenas por diversão, descubra a distância a que consegue ir desta vez. Não dobre o cotovelo. Não trapaceie. Apenas observe que, como você se *imaginou* indo mais longe, provavelmente foi mais longe. Pode não ter sido 50%

mais longe, mas certamente foi mais longe do que conseguiu na primeira vez — mesmo que antes eu tenha pedido para que girasse o mais longe possível, e acredito que você quis fazer isso conscientemente.

Na Imaginação: O Poder do Treinamento Mental

O importante a concluir é que sempre que alguma coisa acontece primeiro na mente, é provável que você tenha um desempenho melhor — simplesmente porque já testou a realidade. Na verdade, os atletas de elite ensaiam visualmente seu desempenho como parte do treinamento e preparação. Para testar o poder desse fenômeno, o professor L. V. Clark, da Wayne State University, realizou um estudo nos anos 1960 para determinar os efeitos da visualização sobre o desempenho de lances livres dos jogadores de basquete.

No estudo, primeiro os atletas foram testados quanto à sua competência nos lances livres. Depois foram distribuídos aleatoriamente em três grupos experimentais. O primeiro grupo ia todos os dias para o ginásio e praticava os lances livres por uma hora. O segundo também ia para a quadra, mas em vez de praticar, deitavam e apenas visualizavam fazer lances livres bem-sucedidos. O terceiro grupo não fez nada. Na verdade, foram instruídos a esquecer o basquete com a seguinte informação: "Não toquem em uma bola de basquete — nem pensem nela!"

O que aconteceu foi interessante. Passados 30 dias, os três grupos foram testados de novo, para atualizar seu desempenho em lances livres. Os jogadores que não haviam praticado não mostraram nenhuma melhora no desempenho. Muitos deles, na verdade, mostraram um declínio. Aqueles que praticaram fisicamente uma hora todo dia tiveram um aumento de desempenho de 24%. E o grupo de visualização, que meramente se *imaginou* fazendo lances livres com sucesso, melhorou 23%!

Os pesquisadores concluíram que a visualização melhorou a coordenação motora *e* a motivação intrínseca. Resultado? É possível melhorar seu desempenho treinando mental e/ou fisicamente uma tarefa ou interação para expandir e aprimorar suas expectativas.

Em Sincronia: O Vínculo Entre Fisiologia e Energia

A primeira coisa que quero que você considere sobre energia é que a mente, o corpo e o cérebro trabalham juntos — estão em harmonia. Portanto, é importante usar o corpo de um modo *consciente*, porque ele afetará a mente. Vamos trabalhar para melhorar sua fisiologia agora, porque ela o ajudará a se sentir com mais energia e aproveitar o máximo do restante deste capítulo.

Dica nº 1: Respire

Se você endireitar a coluna, mesmo neste momento em que está lendo — endireite sua coluna, levante um pouco o queixo e respire profunda e lentamente —, acontecerão duas coisas: primeiro, o ritmo em seu cérebro começará a se intensificar. Você começará a relaxar, e, de modo bem estranho, também aumentará sua disposição. Este é um exemplo de fisiologia ativa.

Assim como a respiração consciente é uma técnica para melhorar a harmonia do cérebro e a fisiologia, há outros modos de minimizar o impacto dos obstáculos à energia. Além da respiração profunda, veja algumas coisas que você pode fazer facilmente que aumentarão seu nível de energia e o manterão vivendo na zona de envolvimento total.

Dica nº 2: Hidrate Seu Sistema e Cérebro

A segunda dica de melhoria da energia é beber muita água. Hoje, a maioria dos norte-americanos e europeus está desidratada. Antigamente, quando vivíamos em ambientes externos e nossa vida era mais natural, bebíamos água sempre que tínhamos oportunidade. Agora confundimos nosso corpo com café, chá e refrigerantes, que são todos diuréticos. Beber água pura hidrata o cérebro, e isso realmente aumenta a velocidade com a qual você transfere os impulsos nervosos. Também mantém sua energia em alta, facilita a digestão e melhora sua pele. Como exercício, é uma prática simples que compensará de imediato e a longo prazo.

Dica nº 3: Divida as Tarefas em Pequenas Partes

A terceira estratégia, baseada na Técnica Pomodoro, é fazer uma pausa física e mental. A cada 20 minutos, mude sua postura e saia do lugar. Se você trabalha sentado, levante. Se trabalha andando, sente. Faça uma pequena pausa a cada 20 minutos — e uma mais longa a cada duas horas. O efeito positivo na produtividade é tão evidente que muitas pessoas colocam um despertador para lembrar de mudar sua fisiologia — e evitar a tentação de "Ah, só mais 10 minutos...", que pode transformar-se facilmente em uma hora ou mais!

O histórico dessa técnica em aumentar a energia e a produtividade é tão bom que muitas empresas de consultoria de gestão a adotaram. Basicamente, tudo que se precisa é de um relógio, sua lista de tarefas e um cronograma de compromissos para dividir o trabalho em segmentos de 20 minutos com pausas intermediárias. Assim você trabalhará em blocos de 30 minutos. É mais fácil de controlar, certo?

Esse método aumenta a produtividade, assegurando que você faça uma pausa para se renovar. Comprometendo-se com tarefas segmentadas, mais curtas e focadas, você descobrirá que pode manter-se assim. Se você não aceitar o desafio de trabalhar muito por horas a fio — e focar *realmente* no curto prazo —, descobrirá que pode até ser mais produtivo.

Dica nº 4: Observe e Reduza a Resistência

No capítulo anterior você começou a explorar como a incongruência e a resistência o afetam. A resistência, e lidar com ela, podem fazer estragos em sua energia e realmente diminuem seu ritmo. É como dirigir com o freio de mão puxado. Você consome muito combustível e desgasta os pneus no caminho. Você não escolheria fazer isso conscientemente, escolheria? Contudo, com muita frequência, fazemos isso física, emocional e energeticamente.

Imagine por um momento que há uma tarefa a ser feita — e sempre que se pensa nela, sobrevém um cansaço. Isso costumava acontecer muito comigo. Deixei o ensino médio porque não conseguia fazer o dever de casa. Ironicamente, agora ganho a vida escrevendo — é realmente uma coisa que de fato gosto de fazer. Mas eis algo curioso: mesmo gostando do processo de escrever, não gosto de *pensar nele*. Quando penso em uma tarefa que requer que eu sente diante de um computador, parte de mim diz: "Não quero entrar. Não quero parar de jogar. Não quero entrar em casa ainda" — como um garotinho. Talvez algo assim aconteça internamente com você também.

Remoção da Barreira: "Integração do Movimento dos Olhos"

Quando ocorre uma queda de energia assim, é seu sistema dizendo que alguma parte de você não está completamente a favor de fazer a tarefa, fazer uma ligação, encontrar aquela pessoa, fazer exercícios ou qualquer coisa. Sua emoção em relação à tarefa em mãos pode ser como uma barreira que você não consegue descobrir como contornar. A "Integração do Movimento dos Olhos" é um modo não verbal rápido e fácil para lidar com esse tipo de desafio.

Veja como funciona: seu cérebro processa e armazena quantidades enormes de informação rapidamente, e ele faz isso dividindo e armazenando diferentes tipos de informação em lugares diferentes. Na verdade, ele "arquiva" as coisas em seis seções diferentes. No momento, só é importante saber que quando seus olhos percorrem essas seções diferentes, realmente está acessando as partes do cérebro nas quais várias lembranças e detalhes são armazenados. A versão fundamental do processo que você aprenderá é derivada do modelo de "Integração do Movimento dos Olhos", de Steve e Connirae Andreas.

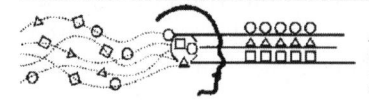

Atividade de Descoberta: Diminuindo a Resistência ou Trauma

Para começar, você precisará de uma caneta ou lápis com uma ponta que tenha uma cor diferente do resto — uma ponta com borracha também pode funcionar bem. Assim que tiver a caneta ou o lápis, mantenha-o à mão, porque precisará dele em um minuto.

Capítulo Três: Vivendo em uma "Zona de Envolvimento Total"

Agora pense em algo que precisa fazer mas que, quando se imagina fazendo, sente sua energia cair. Usando uma escala de 1 a 10, com 10 sendo realmente a maior resistência, em qual ponto da escala você se situa? Faça uma anotação mental disso.

Agora pegue o lápis e segure-o na frente do rosto, de 30 a 40cm distante dos olhos. Você pode ver facilmente a ponta, certo? Nesse momento, lembre-se da tarefa que precisa mas não deseja fazer. Poderia ser uma apresentação... pagar as contas... confrontar um amigo... exercitar-se ... qualquer coisa que você não esteja particularmente preparado para fazer. Imagine que pode simplesmente colocar essa sensação de resistência bem na ponta do lápis que está em sua frente.

Agora olhe para a ponta e mantenha a cabeça quieta. Daqui a pouco, usando o lápis, você desenhará no ar, bem devagar, um número 8 deitado de lado, algo que se pareça com isto:

∞

Prestes a fazer isso, mantenha quieta a cabeça e permita que *apenas os* olhos sigam a ponta do lápis.

Comece agora e mova a mão — desenhando lentamente o número 8 deitado de lado. Então, quando fizer a primeira volta à direita, mova a ponta em volta e para baixo. E quando estiver perto do meio, onde as linhas do centro se cruzariam, faça o movimento de curva para cima. Quando a ponta com essa sensação estiver na frente da ponta do seu nariz, suba e continue na volta à esquerda — circulando para fora e para baixo —, e volte para o meio para fazer a próxima volta à direita.

Quando fizer as próximas voltas, aumente gradualmente o número 8 e leve-o para mais baixo, para que as voltas feitas fiquem no limite do que seus olhos podem ver com conforto, e volte para o centro. Faça, pelo menos, cinco voltas completas com o número oito.

Uma vez completados, pelo menos, cinco números 8, pare e observe como se sente. Usando uma classificação de 1 a 10, de que maneira a sensação de resistência que você tem agora se compara com a que tinha no início? Quanto ela melhorou? Faça uma anotação mental disso.

Se a sensação não for muito incômoda, mas você gostaria que fosse ainda menor, coloque-a na ponta do lápis e faça mais cinco números 8. De novo, mantendo a cabeça parada, permita que seus olhos simplesmente sigam o movimento da ponta enquanto faz cada volta externa e para baixo... e suba até o meio. Assim que completar os números 8 adicionais, verifique e veja como a sensação incômoda foi reduzida.

Você deverá notar uma mudança imediata. Não é algo que leva dias, semanas ou meses para mudar. Como o cérebro se move com rapidez e, em geral, prefere o conforto, ele é rápido em adotar as coisas que são mais confortáveis e eficientes — e as mudanças são literalmente instantâneas!

Agora repita o processo, desta vez usando um círculo, em vez do número 8. É um tipo de verificação dupla ou versão de limpeza. Faça-o três ou quatro vezes, prestando atenção particular para saber se há qualquer ponto no círculo no qual seu movimento parece hesitar ou tropeçar. Se você notar algum tipo de hesitação assim, faça o padrão mais algumas vezes, até o movimento ser suave e simétrico no padrão inteiro.

Esse processo pode ser usado para reduzir uma resistência menor ou amenizar um trauma físico ou emocional. Embora seja possível fazer o processo com facilidade e de modo produtivo consigo mesmo, poderá querer usá-lo para ajudar outra pessoa. Se estiver conversando com um amigo que está se sentindo irritado ou tem medo de uma futura tarefa, poderá simplesmente dizer: "Vamos experimentar algo e ver se funciona". Basta seguir as mesmas etapas e ver qual tipo de mudança positiva é obtida.

Apenas lembre-se de que o segredo é mover-se lentamente. E assegure-se de que quando cruzar o centro, esteja sempre movendo-se para cima, *não* para baixo. Não mova mais rápido do que os olhos da outra pessoa podem acompanhar. Quando fizer isso e observar os olhos dela, provavelmente notará que eles estão seguindo a caneta suavemente, mas em algum ponto no padrão do número 8 os olhos podem pular. Eles podem saltar para o próximo ponto. É onde está a "pequena falha" da pessoa — onde ela guardou as informações com problemas. Seu objetivo é fazer isso e ajudá-la a suavizar esse ponto difícil — para que possa seguir as linhas do número 8 com suavidade, sem interrupção.

Eis a teoria. Movendo os olhos de uma pessoa em todas as seis seções de onde o cérebro armazena as informações, aquelas que forem problemáticas (que foram guardadas em um ponto e talvez estejam armazenadas de modo distorcido) são integradas, mantendo esse evento na mente. E quando seus olhos percorrerem todas as áreas do cérebro onde os dados podem estar armazenados, a pequena falha parecerá ser suavizada, reduzindo a carga emocional de qualquer coisa problemática. Essa técnica é usada com muito sucesso com pessoas que foram vítimas de crime ou abuso e veteranos com estresse pós-traumático.

Se desejar, acesse: http://eg.nlpco.com/3-4 (conteúdo em inglês) e veja algumas demonstrações e/ou exemplos adicionais.

Adquirir o hábito de notar e ajustar sua fisiologia e resistência interna permite maximizar sua energia física e emocional.

Não Só Pollyanna: Como a Energia, o Entusiasmo e o Otimismo Agem como Condutores

A energia, o entusiasmo e o otimismo são importantes condutores, eles influenciam como nos sentimos e são responsáveis por como realmente agimos.

À medida que você ficou mais hábil ao entrar em si mesmo, notou várias sensações... depois voltou a essas sensações para encontrar o que as disparava.... e perguntou a si mesmo: "O que disparou isso? Foi uma imagem, uma palavra ou tom... ?" Você aprendeu a diminuir a velocidade de seus filmes mentais pessoais e explorar o processo pelo qual passa.

Para ajudar a aplicar suas nova compreensão para melhorar seu otimismo e entusiasmo, convido-o a definir um barômetro interno que avaliará regularmente: "Qual é meu nível de otimismo hoje? Como estou me sentindo sobre isso? Estou entusiasmado? Tenho expectativas? Estou feliz? Sou grato?" Seja criativo e classifique-se de acordo com um tipo de escala para observar facilmente esses condutores positivos. Se quiser, também pode escolher lidar com suas submodalidades, como descrito no último capítulo, para sentir-se ainda mais entusiasmado.

Motivação em Ação

A motivação é um parente próximo do entusiasmo. Digamos que você tenha algo para fazer — como organizar sua contabilidade para calcular os impostos — e não sabe como *fazê-lo* sozinho. Normalmente, as pessoas se motivam de duas maneiras: criando ansiedade ou imaginando uma experiência positiva. São estratégias bem diferentes, não são?

Assim, se você for alguém que usa a ansiedade para agir, poderá imaginar não conseguir fazer tudo no prazo, não ser capaz de encontrar uma nota fiscal específica, ter um contador informando que perdeu a data de prorrogação ou receber uma carta de auditoria da Receita Federal. Todas essas imagens negativas produzem ansiedade e adrenalina. Porém, algumas pessoas ficam tão ansiosas que simplesmente congelam e não conseguem fazer nada.

Felizmente, existe uma alternativa simples ao estado negativo (ou até paralisado) e para manter uma expectativa positiva. Como você se motiva na maioria das vezes? Veja um modo de descobrir.

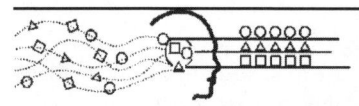

Atividade de Descoberta: Entendendo Sua Motivação

Pense por um momento. Considere como você levantou esta manhã. O que realmente o fez levantar? O que você disse para si mesmo ao acordar que o impediu de virar e voltar a dormir? O que disse para si mesmo, ou imaginou, para sair da cama e começar seu dia? Apenas olhe e veja o que é sugerido. Quais motivadores estavam em ação em você? Anote-os.

Sair da cama pode parecer um exemplo de motivação rotineiro. Contudo, é importante, porque cada um de nós tem que fazer isso todos os dias. Entender como você o faz pode dar uma ideia de como se motiva em outras situações.

Capítulo Três: Vivendo em uma "Zona de Envolvimento Total"

Em grande parte de minha vida, não fui uma pessoa muito madrugadora. Mas eu sempre esperava estar em algum lugar pela manhã. Então, eu ouvia o despertador, abria um olho e via que horas eram. Geralmente dizia para mim mesmo: "Ai, é melhor eu levantar. Não quero ficar preso no trânsito e acabar chegando tarde". Como você pode ver, eu usava imagens negativas para não desligar o despertador.

Por outro lado, uma cliente de 34 anos, que é artista, descreveu assim sua experiência de acordar: "Quando abro os olhos de manhã, primeiro procuro o cachorro. Quando ele me olha e nos conectamos visualmente, ele me dá energia para estender a mão e afagá-lo. Então, depois de alguns minutos, levanto e vou ao banheiro. Depois, estou de pé e acordada... tudo está bem... e estou pronta para começar meu dia. Quando vejo meu cachorro, essa conexão — o amor e afeto que ele tem por mim — me dá energia para fazer qualquer coisa quando acordo de manhã". Minha cliente, Ellie, começa com uma estratégia positiva de "ver e sentir".

Mesmo que eu ainda não seja uma pessoa madrugadora, mudei minha estratégia para levantar desde que aprendi a PNL. Quando adormeço, fico falando para mim mesmo algo que espero fazer no dia seguinte. Pode ser tomar o café da manhã com minha esposa, trabalhar com um cliente específico, fazer uma caminhada sem pressa — qualquer coisa, sempre há algo que se espera fazer.

Se você achar que atualmente está usando uma estratégia estressante para sair da cama, recomendo que não a abandone até ter algo que funcione *igualmente* bem. Geralmente é mais seguro começar a lidar com uma estratégia baseada em prazer para acordar nos finais de semana ou fazer projetos não essenciais. Assim, verá como é possível também criar um conjunto de sensações mais positivas para acordar e sair da cama nos dias úteis ou ficar pronto para lidar com projetos mais críticos. Para obter os melhores resultados com seus experimentos, use o que aprendeu sobre as submodalidades para melhorar suas sensações.

Normalmente, quando antecipam algo agradável, as pessoas que fazem isso de fato o fazem de modo associado. Elas realmente podem sentir-se *fazendo* aquilo. Portanto, quando levanto de manhã e sinto como é estar sentado na cozinha observando minha esposa fazer chá, fico contente e com uma energia agradável. Quando imagino dar uma caminhada, ver as árvores pelo caminho, encontrar os vizinhos que estão passeando com seus cachorros, faço isso de um modo associado para poder sentir o movimento dos meus pés, o sol no rosto, os pelos do cachorro na minha mão, e começo a me sentir energizado.

Infelizmente, algumas vezes as pessoas fazem isso ao contrário. Por exemplo, se elas têm algo desagradável planejado, como ir ao médico ou agente fiscal, fazem essas coisas associadas, e quando têm qualquer coisa agradável, fazem desassociadas. Parece doloroso, não é? E também desnecessário.

Veja o que recomendo: em vez de imaginar, de um modo *associado*, a contrariedade de que algo possivelmente dê errado, imagine (de novo, de um modo *associado*) a recompensa de um resultado potencialmente positivo. Pode-se, por exemplo, fazer isso de dois modos: focar em terminar *algo*, e mesmo que esse algo seja repulsivo ou chato, é possível ainda imaginar como se sentirá bem, ou imaginar como se sentirá bem consigo mesmo quando tiver feito progressos ou concluído a tarefa, certo?

Também é possível notar as pequenas subetapas envolvidas em terminar algo completamente e o prazer que existe em cada uma delas. Por mais estranho que pareça, como no caso de preparar as informações de impostos, pode haver satisfação em encontrar e organizar notas fiscais, extratos bancários... em chegar a um total preciso para um conjunto de despesas... preencher uma seção inteira da planilha de impostos. Você entendeu — em toda tarefa há muitas pequenas vitórias em potencial no caminho até a linha de chegada.

E quando estiver realizando uma tarefa difícil, imagine como seria bom terminá-la. Incentive-se enquanto a estiver fazendo. "Veja, estou no caminho. Não é tão ruim quanto pensei. Está realmente ficando muito fácil. Caramba, sou bom nisso." O diálogo interno positivo ajudará a aumentar sua energia, otimismo e entusiasmo, e o manterá seguindo adiante, porque você terá mais células cerebrais disponíveis. Portanto, experimente agir assim em qualquer projeto.

Um Exemplo: Como Gerar Energia

Até o momento exploramos como melhorar as condições para acessar a energia. Agora vamos falar sobre como você pode *gerar* energia. Tive um enorme sucesso pessoal com isso. Em toda minha vida fui lento para me levantar da cama (mesmo que tivesse muitas ocupações nas quais estava acordado por 24 a 36 horas ou tinha que levantar em diferentes horas da noite). Sempre gostei de começar lentamente meu dia — e algumas vezes não era possível.

Quando aprendi PNL, pensei: "Já que consigo criar essas imagens e fazer o que quero com elas, pergunto-me se poderia me energizar no caminho para o trabalho, de manhã".

Veja o que fiz: criei um processo que se inicia assim que saio de casa. Quando passo pela varanda, ouço o som de violinos começando a "Cavalgada das Valquírias" (que é uma composição poderosa e acelerada que abre o terceiro ato da terceira ópera Ring de Wagner e é usada em muitas trilhas sonoras de filmes, inclusive em *Apocalipse Now*).

Então, quando saio da garagem, entro no carro e começo a dirigir pela pequena rua do subúrbio, alto-falantes imaginários aparecem em cada lado do carro — eles têm cerca de 2,5m de altura e a capacidade de volume esperada em um concerto de rock.

A música começa em um crescendo — e por todo o caminho na rua, as trombetas da sinfonia estão em volume alto. De fato, posso sentir o carro vibrar quando as ondas sonoras o atingem. É uma experiência incrível. Geralmente, continuo assim nos três primeiros quilômetros da viagem, até sair do carro e entrar na cafeteria, onde bebo minha segunda xícara de café e estou pronto para o resto da viagem até o trabalho.

O incrível é que nas manhãs em que faço isso, quando entro na cafeteria, as cabeças se voltam para mim. É como se eu estivesse irradiando energia. Entender como sou motivado me permitiu criar esse processo interno que teve um profundo efeito em minha energia, entusiasmo e otimismo. Esse é outro uso das âncoras que você pode definir facilmente para si mesmo. Apenas escolha uma obra musical favorita e ancore-a em um lugar que você toca toda manhã. Pratique conscientemente por uma semana ou mais, e acabará fazendo isso automaticamente depois. Bom, não é?

Otimismo e Confiança em Harmonia

Helen Keller disse: "Otimismo é a fé que leva à realização. Nada pode ser feito sem esperança e confiança". Portanto, vamos focar na confiança por um momento.

Com minha experiência ao treinar outras pessoas, aprendi que a sensação de mais confiança parece ser um desejo universal. Antes de experimentarmos como fazer isso, quero deixar algo claro: a confiança *não* é baseada na verdade. A confiança é baseada na escolha — e estou contente por ser um beneficiário dessa descoberta.

Uma das coisas que costumavam me passar pela cabeça era "Bem, não é razoável ser confiante. Você é um fracasso. Você deixou a bola cair. Você fez isso e aquilo". Naturalmente, a parte da minha mente que estava dedicada a me manter hesitante apenas selecionava e criava as experiências nas quais fui pouco brilhante... eu realmente fracassei de algum modo, deixei a bola cair, não correspondi às minhas expectativas... não correspondi às minhas regras, nem correspondi às regras de outra pessoa. Parecia um absurdo sentir confiança diante desses exemplos.

Quando quiser sentir confiança, é melhor ser irracional. Isso é uma *escolha*, não um julgamento. Afinal, você não pode se julgar com imparcialidade — será favorável ou desfavorável demais. Nesse caso, é melhor errar no lado do favorável demais.

Há muito tempo, recém saído de um fracasso esmagador, eu estava prestes a lograr um sucesso. Um dia, a mulher com quem eu estava namorando me disse, muito preocupada: "Sabe, acabei de almoçar com sua ex-esposa. Ela falou que você diz que essas falhas são sempre apenas pequenos defeitos, que você sempre os explica assim". Minha namorada ficou preocupada com isso ser um problema.

Eu respondi: "Não, está absolutamente certo. Todos os empresários precisam ser neuróticos o bastante para ignorar suas falhas e usá-las como feedback. Você se vale das informações para fazer melhor na próxima vez, mas não pode internalizá-las".

Então, o que eu fiz foi ensaiar, consciente e inconscientemente, meus triunfos. Recomendo fazer isso a fim de lembrar suas vitórias e as muitas maneiras como foi se aperfeiçoando. Literalmente, anote-as — as pequenas e as grandes vitórias.

Tenho uma lista com cerca de 30 coisas que fiz que fizeram me sentir bem. Não se trata de nada sensacional. Por exemplo, comprei para meu irmãozinho uma bicicleta com o dinheiro que ganhei com minha entrega de jornais. Na verdade, comprei bicicletas para nós dois — e isso me fez sentir muito bem. Outra vez, quando eu era pequeno, lembrei dos versos da Bíblia de outro cara na igreja. Falei os meus e os dele também, porque ele tinha medo de falar em público e não conseguia lembrá-los. Sua lista pode ser qualquer coisa que o faz se sentir bem, mas anote os exemplos. Meu amigo chama isso de seus "grandes sucessos".

Nas ocasiões em que estou atravessando um período difícil na vida, leio de propósito essa lista de vitórias *toda* manhã. Isso me ajuda a lembrar que fiz várias coisas certas na vida. De novo, não é preciso incluir apenas as grandes realizações — como ganhar um Prêmio Nobel —, só as coisas que você fez que o fizeram sentir-se bem consigo mesmo — qualquer coisa que reflita seu sistema de valores e lhe dê um motivo para sentir orgulho de si mesmo.

Considero ajustar minha confiança como um tipo de higiene mental. Algumas vezes, quando minha gengiva dói, fico mais atento à escovação do que o habitual. É assim aqui. Quando você está se sentindo um pouco triste ou precisa ter confiança, é útil revisitar a lista.

Então, qual a relação da lista de "grandes sucessos" com a PNL? *Veja*: se você apenas ler a lista como um sonâmbulo ou como se estivesse vendo um artigo de revista, o impacto não será grande. Leia cada uma das experiências da lista de um modo *associado* — entre rapidamente em cada experiência e recorde-se dela. Esteja "dentro" do filme e revisite de novo o quanto se sentiu maravilhoso. Lembrar seus "grandes sucessos" assim realmente mudará a neurologia e a química de seu sangue.

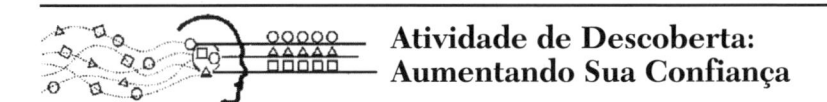

Atividade de Descoberta: Aumentando Sua Confiança

Vamos experimentar uma técnica para aumentar deliberadamente sua confiança. Essa atividade mudará sua mente e suas imagens de referência. Primeiro, há algumas coisas sérias a considerar sempre que você se deparar com o problema da confiança. Muitas pessoas perguntam: "Você pode me dar mais confiança? Só quero mais confiança o tempo todo".

É como desejar uma felicidade eterna e uma alegria permanente. É uma ideia boba, e se você *tivesse* isso, provavelmente *lamentaria* logo. Qualquer coisa permanente *elimina* a escolha, e sem escolha, simplesmente somos robôs, certo? Se, por exemplo, você automatizou a confiança para que a tivesse o tempo *inteiro*, poderia se meter em problemas muito facilmente. Imagine ser tão confiante a ponto de andar sem cuidado por uma viela escura no lado perigoso da cidade. Acha que seria uma ótima experiência? Com certeza poderia abrir um buraco em sua felicidade permanente.

Há uma história imaginária (espero) sobre um homem em um daqueles seminários "seja tudo o que puder ser" que o deixou tão cheio de confiança que ele tentou nadar no Canal de Molokai, no Havaí — e nunca mais foi visto. Naturalmente, é possível desfrutar de uma sensação sólida de confiança em situações nas quais você sabe que tem o que precisa para apresentar bom desempenho. É um lugar apropriado para usar esse processo e acelerar sua confiança para ela ser realmente forte.

Dito isso, há uma confiança que você pode ter em todas as situações. Independentemente do contexto e de já ter estado nele antes, há uma habilidade que você tem em todo lugar. É sua capacidade de *aprender*. Você pode aprender com toda e *qualquer* situação, com todo evento que toca sua vida. No mínimo, sua aprendizagem poderá ser "Estou certo de que não quero fazer isso de novo", certo? E isso *é* aprender.

Pode ser que você só precisasse de uma última repetição. É uma atitude realista ter uma forte sensação de confiança em sua habilidade de aprender em qualquer situação enfrentada. Isso gera uma atitude positiva que criará e sustentará sua energia. Você conseguirá aproveitar quaisquer comentários e descobertas feitos e usará essas informações para ser ainda melhor na próxima oportunidade.

Portanto, pense em uma situação na qual você tem total confiança em suas habilidades, qualquer situação em que tenha certeza de que sabe como administrar seja o que for que surja pela frente. Pode ser qualquer coisa: preparar o café da manhã, trocar um pneu, ensinar um grupo de pessoas, algo que você sabe que pode fazer. Agora vejamos de novo as submodalidades. Observe o que surge quando pensa nessa situação. Você faz algo? Vê uma imagem? Ouve alguma coisa? O quê?

Sugiro que entre nessa situação em sua mente e com a qual fique associado. É importante por dois motivos: primeiro, você obterá mais informa-

Capítulo Três: Vivendo em uma "Zona de Envolvimento Total" 97

ções. É provável que, agora, consiga ouvir o que está acontecendo e até ouvir seu diálogo interno. Observe isso.

Quando você está, de fato, nessa situação, como se sente fisicamente? Reserve um momento e anote os detalhes para que possa usá-los como um modelo para fazer mudanças positivas. Observe onde reside essa sensação em seu corpo. Como é a sensação? É quente? De formigamento? Ela se move? Faz seus músculos se retesarem? Você respira mais profundamente?

O que você deseja desenvolver aqui é uma lista de sensações específicas que tem quando está em uma experiência associada de se sentir confiante.

Assim que especificar isso, é importante mudar seu foco de atenção. Então, só por um momento, pense no seu CEP ao contrário, todos os números na ordem inversa.

Agora pense em uma situação com a qual precise lidar, mas está um pouco em dúvida sobre si mesmo. Você está em dúvida se lidará com ela e se gostaria de lidar.

Entre nessa situação e observe as diferenças. Observe qualquer imagem (tamanho, cor, distância etc.), sons (volume, tom, local etc.) e sensações (calor, formigamento, movimento etc.). Como essas imagens, sons e sensações são diferentes da experiência de confiança que você reviu há pouco tempo? Note onde, em seu corpo, estão as sensações de não confiança.

Agora comece a mudar essas sensações. Comece substituindo-as pelas qualidades da especificação de confiança. Mude as qualidades da imagem na qual está para que combinem com as qualidades da imagem de quando você tinha confiança. Mude o que estava ouvindo em sua mente, qual era o diálogo interno, para algum tipo de conversa interior de quando tinha confiança, e mude as sensações do corpo também.

Se estou me sentindo confiante, noto que tenho mais energia mental e estou de fato pensando mais claramente do que quando estou muito retraído ou inseguro. Esse é um processo que você pode praticar com facilidade. Recomendo fazer todos os dias por, pelo menos, uma semana ou duas, caso realmente queira ter a habilidade de conseguir um estado de espírito mais confiante.

Missão Crítica: Dicas de Motivação do Treinamento de Fuzileiros

Outro modo de ter confiança é desenvolver um conhecimento interior de que você pode fazer quase qualquer coisa. Os fuzileiros navais norte-americanos [conhecidos lá por SEALs], como você provavelmente ouviu falar, têm o treinamento militar mais difícil do mundo — e muitas pessoas vão para aquele país para conhecê-lo. Esse treinamento foi originalmente modelado segundo os métodos dos Serviços Especiais da Força Aérea Britânica. Mas as exigências dos fuzileiros são ainda maiores, porque eles exercem muitas atividades dentro d'água — onde estar constantemente com frio e molhado é um desincentivo enorme para avançar.

Deixe-me dar, primeiro, um pouco de informação — e então exploraremos como *você* pode aproveitar o treinamento dos fuzileiros. O primeiro treinamento pelo qual eles passam é apenas um processo de classificação de seis semanas que conclui com algo chamado semana infernal, na qual têm quatro horas de sono em um período de 60 horas e passam muito tempo com frio e molhados.

Nessa fase do treinamento, a Marinha descobriu que os candidatos de maior QI e, claro, em ótimas condições físicas, foram selecionados. Eles foram capazes de fazer todas as atividades que o trabalho exigia. Mas o que a Marinha observou foi que, nesse período de seis semanas, 76% dos candidatos cuidadosamente selecionados abandonaram o programa.

Essa taxa de evasão representa uma perda enorme, não apenas em termos de investimentos em recrutamento e treinamento, mas também em termos da disponibilidade e capacidade dessa divisão de mostrar resultados quando chamada. Como esses problemas se tornaram uma preocupação real, alguns anos atrás eles contrataram Eric Potterat, que se tornou o psicólogo principal do comando para os fuzileiros da Marinha norte-americana. Ele foi instruído a rever o treinamento de resistência e descobrir o que a Marinha poderia fazer para aumentar as habilidades desses candidatos e forçá-los a fazer coisas que, em tese, poderiam realizar fisicamente, mas que os fizeram desistir.

Potterat propôs o que chamava de Big 4 e treinou os candidatos a fuzileiros intensamente nesses quatro hábitos. Como resultado, a graduação dos candidatos aumentou em 50%! Essa melhoria foi particularmente impressionante porque a Marinha estava *começando* com um grupo de candidatos excepcionais e estudando-os para descobrir o que fazia a diferença entre abandonar e continuar. Na PNL, chamamos isso de "a diferença que faz a diferença".

Resumindo, veja os quatro hábitos críticos que podem significar a diferença entre a vida e a morte — e uma missão bem-sucedida e fracassada. Embora sejam apresentados em sequência, podem ser usados simultaneamente.

Hábito 1: Foco no Agora

O primeiro hábito envolve um tipo especial de pensamento de estabelecimento de metas. Há muitos modos de estabelecer metas. Você pode tê-los aprendido na escola ou no trabalho, mas isso é diferente. É um estabelecimento de metas de curto prazo.

A principal maneira de combater o estresse quando você faz algo muito difícil é limitar o foco. Limite-o para um futuro imediato. Os fuzileiros focam apenas em chegar ao fim de uma corrida de 32km. Eles não pensam *em nada* depois disso. Eles *não* pensam na próxima refeição. Não pensam na inspeção que vem depois. Não pensam em nenhum outro teste.

Esse primeiro hábito me lembra o conselho que recebi quando estava passeando de bicicleta: "Não olhe para o topo da montanha" quando estiver subindo. Apenas pedale, e pedale de novo (e de novo e de novo), para que cada rotação o leve mais longe.

Portanto, uma das coisas em que os fuzileiros foram treinados foi em apenas fazer o trabalho logo diante deles e concentrar-se nisso. Esse é o Hábito 1.

Hábito 2: Imagine Como Se Sentirá Bem

Este está relacionado a reencenar os sucessos do passado. E, como você sabe, quando você percorre uma lista de vitórias de um modo associado, quando tiver concluído 20 ou 30 sucessos, estará muito familiarizado com essa sensação do corpo que diz: "Estou satisfeito comigo mesmo. Estou no controle. Estou fazendo isso. Está funcionando".

Então, com essa sensação de sucesso, *imagine* como seria fazer com sucesso o que está fazendo agora. O truque é transferir essas sensações maravilhosas. Nesta etapa, você está realmente utilizando *suas* submodalidades mais positivas. Transfira essas sensações positivas para qualquer tarefa que esteja fazendo e diga a si mesmo como é boa a sensação de progredir — como é bom estar quase no final — como é bom estar concluindo a tarefa.

Divida a tarefa em partes menores para que cada pequena etapa seja boa e o faça avançar — como cada volta do pedal em minha bicicleta foi boa. Sempre que terminar um pequeno conjunto de tarefas em um projeto, marque-o na lista; isso é bom. Portanto, torne um hábito observar isso.

É possível repetir o processo muitas vezes. Isso fornecerá a seu cérebro experiências de sucesso *extras*, o que aprofundará mais as sensações e facilitará acessá-las quando precisar.

Hábito 3: Quando Tudo Mais Falhar, Respire Fundo

Geralmente há um momento no processo em que se fica desencorajado, desmotivado ou fisicamente esgotado, quando há um tipo de colapso interno e uma reação de pânico. "Ah, não posso fazer isso! Não posso. Não consigo aguentar! Não consigo aguentar! Está escorregando... está escorregando... já era! Ah, não!"

É quando duas pequenas partes de seu cérebro, mais ou menos do tamanho de um par de unhas dos polegares, assumem o controle de sua vida. Como deve lembrar, essa parte do cérebro é chamada de amígdala. Ela determina quando você está seguro e quando não está. Assim, quando sente que está fracassando, a amígdala decide se tudo vai de mal a pior, e então é provável que você tenha algum tipo de reação de pânico.

Você vence essa reação primitiva inundando seu sangue com oxigênio. algo que realmente muda a química do sangue — e quando muda, acalma a amígdala. Então, veja um tipo especial de respiração que os fuzileiros aprendem — e você pode experimentar agora.

Inspire profundamente contando até seis. Segure contando até dois. Então, expire contando até seis — esvaziando completamente os pulmões. Faça isso três vezes, apenas três vezes a qualquer momento durante o dia. Faça essas três respirações profundas, contando até seis, segure contando até dois, expire contando até seis.

Quando fizer esse tipo de respiração, descobrirá várias coisas acontecendo. Você reduz a pressão sanguínea, inunda seu cérebro com oxigênio e aumenta a capacidade de pensar e reagir com ponderação — em vez de sentir pânico ou outra emoção. Ser capaz de respirar com facilidade e pensar possibilita o uso de outros hábitos!

Hábito 4: Anime-se

Este hábito está relacionado com algo sobre o qual falamos no último capítulo — ouvir vozes desencorajadoras ou críticas em nossa cabeça. O que é ensinado aos fuzileiros é criar sua própria seção de incentivo — ser seu coro de encorajamento pessoal.

Eles têm sua própria voz dizendo mentalmente: "Você consegue! É fácil. Esqueça o erro. Concentre-se no próximo tiro e em melhorar". Eles se incentivam constantemente *enquanto* fazem algo — em vez de dizer: "É horrível. É cansativo. Fico pensando se meu tornozelo vai aguentar. Estou com uma bolha. Minha mochila está solta e mexendo".

Em vez de listar problemas, eles listam tudo o que sentem de bom. Já disse, não se trata de ser razoável, mas, sim, bem-sucedido. Essa metodologia está funcionando para pessoas que estão nas situações mais desafiadoras que os seres humanos podem inventar. Esse é o Hábito 4.

Experimente essas etapas da próxima vez em que sentir ansiedade com um futuro evento ou sentir algum tipo de pavor momentâneo. A respiração com contagem seis-dois-seis ajudará a recuperar o equilíbrio e permitirá que você coloque o foco na tarefa em mãos, explore os sucessos do passado e incentive a si mesmo.

Confusão com os Intrusos: Como Silenciar as Vozes Críticas Internas

No Capítulo 2 falamos sobre as vozes em nossa cabeça, as nossas e a de outras pessoas que são ou *foram* importantes para nós. Há pouco tempo, mencionei a vantagem de ter uma seção de incentivo — com sua própria voz — que você pode ter com acesso imediato para encorajar-se sempre que precisar.

Mas algumas vezes temos vozes negativas também. E os intrusos em sua mente? "Ah, é tudo um monte de bobagens. Realmente não funciona. É apenas um monte de besteira para se sentir bem. Não posso fazer isso. Não mudará a realidade. A realidade é que estou fracassando. Você não pode fazer isso. Não é bom o bastante" ou qualquer coisa que sejam as vozes negativas.

Tive uma que me acompanhou por anos. Era uma vozinha que dizia: "Fracassou de novo. Viva." Eu não percebi até meus 15 anos que era a voz do treinador Marshall, o professor de educação física, então responsável pela equipe de atletismo do ensino médio. Em certa época fui um corredor realmente bom, então comecei a fumar — o que definitivamente impactou meu desempenho.

O treinador Marshall, vendo que meus tempos de corrida começaram a cair, gritou comigo quando eu estava fumando perto da pista. "Fracassou de novo. Viva." Aquela voz entrou porque eu realmente admirava o cara e fiquei muito envergonhado com meu comportamento. A voz do treinador Marshall entrou em minha mente e ouvidos e ficou lá — por anos.

Depois de um tempo, minha mente começou a aplicar a voz do antigo treinador Marshall em tudo. Sempre que eu esquecia uma nota de agradecimento, sempre que era pouco agradável, sempre que estava atrasado para algum lugar, sempre que deixava a bola cair, eu ouvia o comentário. Era como se pudesse realmente ouvi-lo.

Bem, esses tipos de comentários podem se tornar proféticos. Eles *podem* convencê-lo de que você é simplesmente ruim, que nunca conseguirá. Como eles reduzem suas expectativas sobre si mesmo, arruínam seu desempenho. Por isso é muito importante interromper essas vozes críticas. Elas não vão ajudá-lo. Ponto.

Essas vozes tiram a diversão da vida e drenam a energia de nosso envolvimento, de nossas ações e de nosso desejo de sucesso.

Quando isso acontecer, veja o que você pode fazer: primeiro, monte uma armadilha para ela. Observe. Seja um público atento de seu próprio diálogo interno e ouça qualquer negativa, qualquer autossabotagem. Quando ouvir uma voz negativa, apague-a e mude-a imediatamente.

Assim que a notar, terá opções. Deixe a voz crítica dizer o que está dizendo e, enquanto estiver falando, mude gradualmente seu tom, seja ele qual for, para algo realmente agradável — ou divertido. Mude o tom que diz: "Você não vale a pena. Você não tem o que é preciso". Mude o tom para algo sexy ou uma voz que pareça como a de um personagem de desenho animado — tornando-a mais rápida e mais alta até parecer mais com a de Tico ou Teco.

Em qualquer caso, a voz crítica vai parar. Observe como mudar o tom modifica suas sensações sobre o que está fazendo e sobre si mesmo. É uma correção rápida. O modo a longo prazo é a "Troca Auditiva", que você praticou no último capítulo.

Mais do que Manutenção: Como Aumentar a Energia e a Produtividade

Até agora neste capítulo você aprendeu sobre a importância das expectativas e do treinamento mental, o vínculo entre a fisiologia e a energia, os modos de ajustar seu foco no momento, como reduzir o impacto da resistência e das vozes internas negativas, assim como a importância do entusiasmo e da confiança. Quando integrar esses conceitos e técnicas ao modo como pensa e opera todo dia, conseguirá manter mais facilmente sua energia positiva. No entanto, como você a *aumenta*?

Franz Kafka disse: "Produtividade é ser capaz de fazer coisas que você nunca conseguiu fazer antes". Portanto, veja algumas dicas adicionais para ajudá-lo a maximizar seu foco e produtividade.

Dica nº 1: Encene Estados Mentais Positivos

Energia, motivação, entusiasmo e otimismo se alimentam uns dos outros. Afinal, é mais fácil sentir-se otimista quando você confia que o resultado será positivo. Cada um de nós pode escolher o entusiasmo e o otimismo praticando certos estados mentais. Para começar a mudar a química do sangue, treine regularmente as intervenções físicas que geram energia, exploradas no começo deste capítulo. Essa energia neurológica melhorará os processos mentais que geram sua motivação.

Como mencionei, eu costumava me motivar abaixando minha cabeça e batendo nela. Descobri que "se eu bater minha cabeça na parede, a parede cairá ou eu morrerei, e se morrer, não terei mais o problema, portanto, de qualquer modo...". Na época, parecia ser um bom modo de resolver o problema. Mas, pensando bem, tenho consciência de que eu estava operando a partir de um conjunto limitado de opções.

Agora parece mais fácil me motivar dizendo: "Quando eu iniciar, a parede começará a se dissolver, porque assim que começo, imediatamente aprenderei mais sobre minha energia, habilidades e tarefa — facilito imediatamente o processo porque estou dando o primeiro passo". Basicamente, quando minha motivação entra em ação, meu otimismo diz: "Começarei, e será mais fácil do que pensei, e farei melhor do que pensei. E, adivinhe? Da próxima vez, farei melhor do que isso, e da quinquagésima vez farei *ainda* melhor do que nessa próxima vez". Então tenho uma expectativa positiva.

Por causa do modo como experimento o tempo, tenho uma expectativa de que, no presente momento, estou no meio da minha linha do tempo pessoal. Então farei o melhor que posso hoje, e *isso,* combinado com a experiência de agir — notando que poderia ter feito melhor ou como poderia ter sido ainda mais agradável —, me deixará ainda melhor da próxima vez.

Após rever como uma experiência recente ou antiga aconteceu, veja as submodalidades da situação. Assim que recriar e ajustar essas submodalidades, será colocado em um estado de espírito mais construtivo. Todas as peças se encaixam.

Dica nº 2: Atualize e Reviva os Grandes Sucessos

Quando melhorar suas habilidades de PNL e autoconsciência, terá muito mais sucessos. Adicione isso à sua lista de grandes êxitos. Para melhorar seu desempenho profissional, atlético ou interpessoal atual, *antes* de começar, acesse os momentos e sensações anteriores de sucesso e como se sentiu, ancore isso em seu ponto de desempenho, naquela articulação do dedo (que você trabalhou no Capítulo 1). Então agora você tem energia, autossatisfação, orgulho e os ancora continuamente.

Dica nº 3: Reforce Sua Âncora Positiva

A âncora cinestésica criada no Capítulo 1 algumas vezes é chamada de âncora deslizante. Simplesmente deslizar seu polegar naquele ponto do dedo médio — tal como aumentar o volume na TV — aumentará as sensações positivas. Vamos experimentar isso agora e ver o quanto você ficará mais energizado.

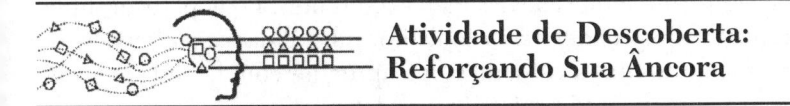

Atividade de Descoberta: Reforçando Sua Âncora

Exatamente agora, volte para um momento em que se sentiu cheio de energia. Talvez tenha sido quando conseguiu um encontro com um futuro cliente importante que vinha buscando. Talvez tenha sido quando acabou de malhar e usufruiu da sensação de animação, cansaço e esgotamento. Ou talvez tenha voltado de um concerto e sentiu-se estimulado pela música. O que quer que seja que realmente o deixe sentindo-se "animado" — mergulhe nessa experiência e sensação — respire — talvez até a intensifique um pouco para aproveitá-la melhor. E quando a tiver, toque naquele ponto e ancore a energia no mesmo lugar onde ancorou sua autoaprovação e confiança.

Veja algo interessante: ao tocar o ponto, deslize um pouco a ponta do polegar nele, e sempre que o fizer, a energia dobrará. Essa sensação pode realmente dobrar. Você pode imaginar que o modo de fazer isso é tocando no ponto com a sensação e dizer: "Uau, como seria se a sensação fosse ainda duas vezes mais forte quando deslizo o polegar no meu dedo?", e ela fica duas vezes mais forte. Uau!

Depois volte e diga: "Como seria se fosse mais forte ainda?", e você leva isso até um nível realmente agradável. Não a deixe passar do limite, e duvido que você passe. Apenas leve-a até um nível agradável.

Quando escrevo ou converso, geralmente percebo que estou tocando distraidamente nesse ponto, na segunda articulação do dedo médio. Como uso essa âncora com muita frequência, é como se meu sistema *soubesse* *do* que preciso — e não tenho que lembrar disso conscientemente. Depois de muita prática, isso muito provavelmente acontecerá de modo automático com você também.

Dica nº 4: Comemore as Pequenas "Vitórias"

Algumas vezes, quando trabalho com clientes, descubro que eles ficaram sobrecarregados com muitas dessas ideias diferentes. Pode parecer difícil (ou até impossível) aprender esses conceitos e habilidades da PNL — ou *qualquer* coisa nova. Mas a verdade é que aprender com facilidade é algo que o cérebro humano está projetado para fazer.

Apesar desse fato, algumas vezes dizemos para nós mesmos: "Ah, eu nunca conseguiria aprender idiomas", "Não sou bom com números", "Não consigo dançar". Passei anos pensando que era idiota porque tinha saído da escola quando fracassei em álgebra. Eu simplesmente não conseguia tolerar álgebra. Bem, não conseguia tolerar álgebra porque estava em um estado de toxidade de hormônios e outras coisas estavam acontecendo em minha vida, mas coloquei toda a culpa na álgebra.

Então, com 30 anos, voltei para o colégio e fiz todas as aulas de álgebra — assim como álgebra booliana e trigonometria —, só para acabar com aquela antiga crença. Por que achei que poderia fazer aquilo? Porque acreditei que podia *aprender*. A menos que você tenha algum tipo de disfunção real, é possível aprender qualquer coisa.

Lembre-se, tudo o que você faz bem hoje era impossível ou pelo menos foi mal feito na primeira vez em que tentou. Sempre que observo meu neto de 1 ano enquanto está comendo, noto como ele alterna entre colocar a colher na boca... na bochecha... no nariz... ou jogar coisas no chão. Observo como ele está aprendendo.

Isso me lembra de que sempre que tentamos algo novo, somos todos como meu neto. Durante nossa vida, dominamos muitas coisas novas — portanto, devemos nos sentir confortáveis com o processo, certo? Certamente! Contudo, nossas expectativas geralmente não estão em sincronia com esse "saber".

Assim, convido-o a relaxar e diminuir a pressão sobre si mesmo em termos de suas expectativas sobre a rapidez com a qual pode fazer ou ser bom em algo. E quando estiver fazendo isso, *aumente* suas expectativas sobre o quanto será fácil e divertido conseguir — porque o processo pode ser conhecido. Fazendo esse ajuste de predisposição e usando as distinções da submodalidade, você verá suas habilidades reais mudando ainda mais rapidamente. E comemorar as pequenas "vitórias" contribuirá com o momento que você está criando.

Não há limite para como você usa sua imaginação. Como somos indivíduos exclusivos, cabe a cada um de nós descobrir sozinho o que funciona melhor. Encontrar modos de otimizar a experiência nos ajuda a tornar a vida mais doce. Assim, lide com as diferentes ideias que você explorou neste capítulo para entender o que o move para frente e faz com que se sinta ainda mais energizado, confiante e entusiasmado.

Em seguida, você irá além da "autoestima" e aprenderá como pode remodelar por inteiro seu autoconceito

Ideias Principais

- As expectativas que temos modelam nossa experiência. As pessoas podem limitar ou expandir o que é possível para elas mudando suas expectativas.

- O treinamento mental, como a visualização, permite que uma pessoa aumente seu desempenho real.

- Nossos níveis de energia estão vinculados à nossa fisiologia. Alguém pode melhorar o quanto seu cérebro, corpo e mente funcionam juntos mudando sua posição corporal, respirando profundamente, bebendo bastante água para ficar bem hidratado e dividindo as grandes tarefas em partes menores, nas quais a pessoa foca por 20 minutos e faz uma pausa. (Para obter mais detalhes sobre a Técnica Pomodoro, visite http://www.pomodorotechnique.com— conteúdo em inglês.)

- A "Integração do Movimento dos Olhos" pode ajudar a reduzir a resistência em fazer algumas tarefas específicas que parecem drenar a energia só de olhar.

- A estratégia de alguém para sair da cama é um exemplo de estratégia de motivação que funciona para a pessoa. Assim que alguém identifica uma estratégia de motivação que funciona bem, pode aplicar essas ideias e submodalidades para se motivar em outras situações.

- Energia, entusiasmo e confiança trabalham juntos para modelar a motivação e criar um impulso.

- O treinamento dos fuzileiros navais norte-americanos usa quatro práticas principais para reforçar confiança, produtividade e tenacidade.

- As vozes críticas podem ser internalizadas e ficar ativas por anos. Essas intimidações podem ser silenciadas com uma correção rápida, como fazer a voz parecer como se fosse de um personagem de desenho animado ou usar o processo da "Troca Auditiva", descrito no Capítulo 2.

- Alguém pode aumentar as áreas da competência atual treinando estados mentais positivos, revivendo seus grandes sucessos, lidando com as submodalidades, reforçando as âncoras positivas existentes e comemorando as pequenas "vitórias".

Para mais informações, acesse: http://eg.nlpco.com/3-10 (conteúdo em inglês), ou use o código QR com seu celular.

Descobertas, Perguntas, Ideias e Coisas nas quais Você Deseja Trabalhar

_____
_____
_____
_____
_____
_____
_____
_____
_____
_____
_____
_____
_____
_____
_____
_____
_____

**Descobertas, Perguntas, Ideias e Coisas
nas quais Você Deseja Trabalhar**

Capítulo Quatro: Atualizando Seu Autoconceito

Como as coisas ficaram assim?

Nunca é tarde demais para ser o que você poderia ter sido.
— George Eliot

Se você tem 25, 45 ou 65 anos, não é tarde demais para fazer as mudanças em si que gostaria de fazer. Para entender como isso é possível, neste capítulo vamos olhar para nós mesmos — como somos criados, quem achamos que somos e como ficamos assim. E exploraremos opções para mudar isso. Pronto?

Primeiro o Colete Salva-vidas: Como Impedir e Reduzir o Estresse

Antes de falarmos sobre a automudança, que é realmente um tipo de trabalho profundo, temos que estar em boas condições. Ao preparar-se para lidar com seu inconsciente e fazer esse tipo de mudança, é importante saber como administrar suas reações de estresse e praticar sua redução.

No Capítulo 2 você aprendeu a explorar e ajustar o que deseja, assim como reconhecer e resolver os conflitos internos para que seja coerente sobre qualquer coisa que faz. Essas novas habilidades o ajudarão a melhorar e reduzir muito o atrito e o estresse em sua vida. Contudo, não importa o quanto você faz para melhorar suas escolhas na vida, algumas vão além do que você deseja. E ainda existirão sinais de perigo, grosserias e tempo ruim. Certa quantidade de estresse é uma resposta perfeitamente natural.

O problema com o estresse é que ele gera algumas substâncias químicas muito desagradáveis em seu cérebro — e essas substâncias podem causar danos em longo prazo. Elas também diminuem seu desempenho — no trabalho, em casa e praticamente em todas as áreas da vida. Absorvem partes de sua neurologia que seriam mais bem utilizadas pensando de modo criativo. Para ajudá-lo a ficar no controle de sua resposta aos fatores de estresse, é importante ter um protocolo de emergência *e* uma prática diária. Vamos explorar um de cada vez.

190: Administração do Pânico

Existe algo chamado de reação de pânico — a reação "lutar ou correr" (ou congelar), na qual tocamos bem no início do livro. Como você pode lembrar do último capítulo, a amígdala determina se você se sente seguro ou não. É uma parte muito primitiva do cérebro que pode disparar uma cascata de reações e hormônios em sua corrente sanguínea. Ela interrompe o pensamento crítico e ponderado, e com isso toda sua energia pode ser dedicada a lutar ou correr. Assim que tudo isso se inicia, é muito parecido com um estouro de boiada.

Em vez de ser atropelado por esse tumulto, você pode utilizar as quatro práticas aprendidas no Capítulo 3, aquelas que os fuzileiros norte-americanos usam. Eis um rápido lembrete: (1) esteja apenas no momento *exato*, não pense na *próxima* coisa; (2) divida a tarefa/atividade em pequenas etapas gerenciáveis e comemore seu progresso; (3) em um momento de desencorajamento, faça a respiração seis-dois-seis para oxigenar seu cérebro; (4) crie uma seção de estímulo (com sua própria voz) que dê coragem e incentivo.

Deixando o Ar Sair: Prevenindo o Estresse

O estresse também se acumula com o tempo. É um pouco parecido com encher um balão. Se houver ar demais, ele explodirá. Assim, é importante monitorar seu nível de estresse. Depois, de modo regular e proativo, deixe um pouco de ar sair do balão. Um modo poderoso de aumentar seu nível de resistência ao estresse é uma prática diária de meditação. Há muita pesquisa dos anos 1970 que enumera os benefícios fisiológicos, neurológicos, emocionais e psicológicos da meditação.

Grande parte dessa pesquisa é de Herbert Benson, da Universidade de Harvard, que escreveu o livro *The Relaxation Response*. Ele descobriu que uma prática diária de meditação — até 15 minutos apenas uma vez ao dia — cria vantagens de longo prazo na saúde das pessoas, senso de realidade e até habilidade manual. A pressão sanguínea diminui, o ritmo de relaxamento alfa no cérebro se aprofunda, e os dois lados do cérebro entram em sincronia. Existem diversas vantagens para a saúde em longo prazo. Melhor, elas começam após duas semanas de meditação regular.

Na verdade, quando comecei a meditar, notei uma mudança dentro de uma semana. Eu me senti mais relaxado e me movimentava com um pouco mais de facilidade no mundo. Na segunda semana, meus amigos notaram e comentaram as mudanças vistas.

A meditação também é uma ótima maneira de diminuir a velocidade de seu cérebro para que possa observar seus pensamentos — de onde eles vêm, como se formam, o que acontece com você quando os nota. É uma maneira muito valiosa de facilitar o uso da PNL também.

Se você ainda não tem uma forma de meditação que funciona, veja um processo fácil e básico de usar que requer apenas que você se afaste 20 minutos do mundo. Comece escolhendo um lugar calmo que lhe pareça reconfortante, onde possa relaxar sem interrupção. Então programe um alarme para 20 minutos, para que sua consciência não fique distraída imaginando a hora. Você pode simplesmente esquecer e descansar sabendo que o alarme soará quando o tempo programado acabar.

Veja como fazer: eu me sento, respiro fundo algumas vezes e relaxo meu corpo — começando nos pés, subindo pelas panturrilhas, coxas, quadris, baixo ventre, peito. Verifico se minha respiração está fácil e regular. Sinto meus braços relaxarem nos braços da cadeira ou em meu colo e finalmente relaxo os músculos do pescoço e rosto. Estou apenas prestando atenção em meu corpo e permitindo que meu inconsciente saiba que pretendo relaxar. Essa parte do processo leva cerca de dois minutos.

Quando faço isso, noto que minha respiração fica mais profunda e mais regular, permito apenas que minha respiração continue e tento não pensar em nada específico. Minha experiência é a de que pensamentos aleatórios tendem a aparecer. Em geral, observo que meu cérebro deseja envolver-se de novo com qualquer coisa da qual me desliguei. Assim que relaxo, começo a me lembrar de coisas que esqueci de fazer ou quis fazer.

O segredo aqui, em termos de não ficar preso nesse diálogo interno, é apenas permitir que os pensamentos sigam sozinhos.

Se eu notar que estou ficando envolvido no bate-papo interno — "Desliguei o gás? Por que não peguei aquilo na loja ontem? Agora faltam mais 5km..." —,começo a repetir a palavra *"um"* para mim mesmo suavemente. A palavra *um* sugere unidade. Na verdade, é a palavra usada na pesquisa da resposta de relaxamento em Harvard. Esse som com uma sílaba funciona bem para mim — é fácil de fazer e não tem muito significado. Realmente parece muito com *"om"*, que é a palavra em sânscrito que muitos meditadores usam.

As únicas coisas nas quais você *precisa* prestar atenção são: que seu corpo permaneça relaxado, sua respiração permaneça constante e profunda, e o som em sua cabeça, que você está fazendo deliberadamente, seja apenas o som da palavra *um* — "um, um, um, um", exatamente assim.

Pare por um momento e experimente agora. Respire profundamente e deixe qualquer tensão em seu corpo desaparecer. Diga "um, um, um" em sua mente e deixe seus pensamentos conscientes desaparecerem. Se ainda não fez isso, experimente agora por alguns minutos.

Aposto que se tentar por cinco minutos hoje, amanhã e no dia seguinte, terá uma semana diferente na semana seguinte. Poderá até escolher continuar a meditar e torná-la uma prática diária.

Descobri que quando paro por um momento para relaxar assim, sinto-me renovado quando volto para minhas outras atividades — e sou mais capaz. Muitos eventos diários que normalmente me chateavam ou paralisavam já não fazem mais isso. Sinto como se fosse "café pequeno" ou "Sabe, posso ver vários modos diferentes de lidar com isso".

No começo, para mim, a meditação tinha todas as características de ser uma *disciplina* — em vez de relaxamento. Algumas vezes acabava pensando: "Isto é uma recompensa? É como um castigo, uma punição". Mas persisti, e, com o tempo, é incrível como a meditação se tornou algo pelo qual anseio. Como algumas pessoas realmente se esforçam para ficar paradas e sentadas, elas desfrutam dos benefícios que a meditação oferece fazendo algo como qi gong, ioga, corrida ou dança.

Quando você medita ou segue uma disciplina que lhe permite relaxar, isso alivia o estresse, e seu sistema imunológico melhora. Estudos mostram que as taxas de câncer caem, as doenças cardíacas diminuem, a qualidade de vida melhora — e não custa nada! Utilizar uma prática diária preventiva e um protocolo de emergência para administrar o estresse possibilita a criação de um ambiente interno que o permite ser mais feliz e melhor.

Olhando no Espelho: Quem Você É Hoje e Como Ficou Assim

Antes de explorar as mudanças adicionais que você pode querer fazer, considerar quem você é agora e como ficou assim pode ajudar.

Perguntar quem você é poderá lhe sugerir muitos modos diferentes de responder. Poderia me contar em que trabalha, quais funções desempena em sua vida — como companheiro, pai, amigo, irmão —, quais são seus objetivos — praticamente qualquer coisa que tenha relação com quem você é agora. O você de hoje é um produto de todas suas experiências — os dons com os quais nasceu, as coisas que aprendeu em casa, na escola, no trabalho, nas relações, em sua comunidade e viagens, certo?

É como se cada um de nós fosse uma cebola com muitas camadas. Nossa camada externa é o que as outras pessoas mais veem — nossa aparência, onde moramos e como nos comportamos. Quando as camadas são retiradas, aprendemos mais sobre nosso eu essencial. Embaixo da casca fina da cebola, encontraríamos nossas capacidades, crenças, valores e, talvez, até a espiritualidade.

Você pode se parecer com um de seus irmãos ou um de seus pais, e pode ser semelhante de muitas maneiras. Contudo, você é único. Como você processa as informações, em que acredita e o que valoriza guiam suas decisões e ações. Nos capítulos anteriores você descobriu como as submodalidades e suas estratégias de motivação afetam sua experiência. E aprendeu como pode lidar com essas duas coisas para melhorar sua experiência. Agora vamos expandir sua compreensão de como você funciona explorando *brevemente* as crenças, o Metamodelo, os predicados e os metaprogramas. Tudo bem, sei que é um jargão assustador, mas não saia correndo. Fique um pouco comigo, prometo que você achará realmente interessante.

Pistas para as Crenças: A Estrutura Profunda da Linguagem e o Metamodelo

No Capítulo 1 aprendemos um pouco sobre como nossa mente usa um atalho linguístico para nos permitir entender nosso mundo. Há vários outros modos específicos de filtrar nossas experiências para tornar nosso mundo único possível. Isso é chamado de "Metamodelo".

Muitos filtros do Metamodelo são úteis. Por exemplo, as generalizações evitam que você tenha que aprender como amarrar os sapatos sempre que os calça. Um pouco disso é bom, porém, em excesso pode ser bem limitante. Veja o motivo.

Muitas de nossas generalizações são inconscientes, e é especialmente assim no caso das crenças. Muitas das "regras" que criamos para nós mesmos vêm de um tempo anterior em nossa vida. Algumas, na verdade, vêm de outra pessoa e não são realmente *nossas* escolhas.

Muitas das generalizações que assumem a forma de crenças foram formadas quando éramos muito jovens, e outro grupo grande foi formado na adolescência. As crenças formadas na primeira infância geralmente são resultado de aprender, com nossos pais e nosso ambiente, como sobreviver no mundo. É algo muito útil. Só que agora que somos adultos, *podemos* fazer escolhas melhores para nós mesmos, porque aprendemos muito desde que tínhamos cinco anos de idade.

Do mesmo modo, na adolescência, no ensino médio, formamos muitas outras crenças. Muitas delas foram baseadas na imensa sabedoria de nossos amigos de 14, 15 e até 18 anos. Não sei quanto a você, mas me lembro de que quando tinha 17 anos, fiquei surpreso com o pouco que meu pai sabia. Porém, o que realmente me surpreendeu foi o quanto ele aprendeu em apenas cinco anos depois disso!

DICAS PARA OBSERVAR E IDENTIFICAR CRENÇAS

Para observar suas crenças e descobrir como elas se instalaram, observe alguns sinais de aviso importantes e ouça a si mesmo. Um sinal fácil de

Capítulo Quatro: Atualizando Seu Autoconceito 119

notar é quando você acaba pensando: "Realmente *tenho* que fazer (isso)", "É algo que realmente *deve* ser feito", "Preciso mesmo cuidar disso agora". Termos como *ter, dever, precisar, poder* e *ser possível* são conhecidos como palavras de necessidade. E implicam nisso: que há uma necessidade absoluta da afirmação que contém a palavra. Pode ser realmente útil perguntar a si mesmo: "Quem diz?" ou "De acordo com quem?" Então, ouça uma resposta. Você pode ficar surpreso ao descobrir quanto de sua vida está sendo administrada pela incrível sabedoria dos 15 anos ou de uma tia Célia meio doida.

Tal fenômeno não está limitado a palavras. Também é possível que esteja vinculado a imagens que são disparadas por um evento ou uma hora do dia. Tenho um amigo que costumava imaginar por que ele sempre lavava o carro todo sábado de manhã, precisando ou não. Depois de prestar atenção por um tempo, percebeu que quando levantava e ia pegar o jornal, se a data informasse "sábado", uma imagem passava em sua mente, mais rápido do que conseguia ver. Era uma imagem de seu pai levantando e lavando o carro todo sábado de manhã. Era algo de que ele se lembrava de quando era muito pequeno. Aquele menino queria ser exatamente como seu pai e não conseguia saber o que era importante e o que não era. Essa sequência de eventos, ver que a data era sábado, a imagem de seu pai passando por sua cabeça e a sensação de afeto e respeito por ele, disparavam sua motivação. Sem consciência, isso resultava no que era quase uma obsessão por lavar o carro todo sábado de manhã.

Bem, era bom ter um carro limpo. Sua esposa gostava, mas provavelmente teria sido muito melhor se ele tivesse uma escolha e conseguisse fazer outra coisa no sábado, como levar a esposa para tomar café da manhã.

Outras palavras de aviso que você reconhecerá são as generalizações em excesso. São palavras como *tudo, sempre, todo* e *nunca*. Ouça isso quando estiver conversando e até quando estiver falando consigo mesmo. Você também as ouvirá quando outras pessoas falarem.

Quando estiver pensando ou dizendo algo como "Ah, eu nunca conseguirei X" ou "Isso sempre acontece comigo", será útil ver de onde veio a generalização. Isso realmente acontece o tempo *todo? Em todo lugar? Em toda* situação com *todos*? Cutucar a generalização em excesso com gentileza geralmente lhe dará exemplos contrários delas. O contraste e as comparações dos contraexemplos podem ajudá-lo a se abrir para considerar mais maneiras de lidar com essas situações. Afinal, se você aceitar que nunca conseguirá X, estará certo. É como disse Henry Ford: "Se você acha que pode ou acha que não pode — você está certo".

Os exemplos que você acabou de ver mostram diferentes violações do Metamodelo. Para mais informações, acesse: http://eg.nlpco.com/4-1 (conteúdo em inglês).

Você terá a oportunidade de explorar as crenças com mais detalhes na Seção 2. Agora comece notando como suas crenças o estão influenciando — limitando-o ou lhe dando poder. Posicione sua antena interna para observar em que você está pensando e, sem julgar esses pensamentos, decida se é o que deseja pensar. Se não, encontre um pensamento preferido para focar, um que seja melhor.

Assim: Como Nossa Linguagem e Comportamento Revelam as Preferências Individuais

Além das crenças, cada um de nós usa "Metaprogramas" para dirigir nossa vida.

Manual Rápido do Metaprograma

Joseph O'Connor e John Seymour, instrutores e autores de vários recursos de PNL, descrevem os Metaprogramas como:

> filtros perceptivos através dos quais habitualmente controlamos nossas ações [...] padrões que usamos para determinar quais informações passam. Por exemplo, pense em uma garrafa cheia de água. Agora imagine beber metade dela. A garrafa está quase cheia ou quase vazia? Ambos, claro; é uma questão de ponto de vista. Algumas pessoas notam o que é positivo em uma situação, o que realmente existe, outras notam o que está faltando. Os dois modos são úteis, e cada pessoa vai preferir uma visão ou outra.

Capítulo Quatro: Atualizando Seu Autoconceito

Metaprogramas são sistemáticos e habituais, e normalmente não questionamos se eles nos servem razoavelmente bem [...] Metaprogramas são importantes nas principais áreas da motivação e tomada de decisão.

Como os Metaprogramas filtram a experiência e transmitimos nossa experiência com a linguagem, certos padrões da linguagem são típicos de certos Metaprogramas... Por exemplo, um Metaprograma é sobre ação. A pessoa *proativa* inicia, participa e dá prosseguimento. Ela não espera que outras pessoas iniciem a ação. Uma pessoa proativa tenderá a usar frases completas, por exemplo: "Vou encontrar o diretor-executivo". Uma pessoa *reativa* espera que outras pessoas iniciem uma ação ou aguarda um tempo antes de agir. Ela pode levar muito tempo para decidir ou nunca agir de fato. Uma pessoa reativa tenderá a usar verbos passivos, sentenças incompletas e frases de qualificação, por exemplo: "Há a possibilidade de conseguir uma reunião com o diretor-executivo?"

Observe a diferença: novamente, nenhum está errado nem certo — apenas diferente. Qual é mais parecido com você? Vejamos mais alguns exemplos.

O Metaprograma chamado opções/procedimentos é fácil de notar na linguagem *e* no comportamento. Pense nisso por um momento. Você é alguém que gosta de ter um modo comprovado e estabelecido de fazer as coisas ou que está sempre fazendo as coisas de modo um pouco diferente? Se você gosta de um "modo certo", provavelmente é orientado para procedimentos. Se você se sente limitado ao ter que fazer algo do mesmo modo sempre, é orientado para opções. Nenhum é melhor, apenas indicam sua preferência pessoal.

Veja outro experimento. Imagine que esteja se arrumando para fazer a declaração do imposto de renda. Você está motivado a fazer isso até 30 de abril, porque ficará contente por fechar a contabilidade do ano e talvez até ter um reembolso? Ou é mais provável que o faça no prazo porque está preocupado com a possibilidade de receber uma multa se perder o prazo de entrega? Se seu padrão de pensamento é mais parecido com a primeira situação, sua estratégia de motivação é "em direção a", porque está indo em direção a um resultado positivo. Se sua estratégia é mais parecida com a segunda situação, você é mais orientado a "longe de", porque está se afastando de uma consequência potencialmente negativa.

Lembre-se de que os Metaprogramas são uma estrutura de pensamento. Cada pessoa opera mais como uma sequência contínua, em vez de "ou/ou". Onde você ou outra pessoa fica na sequência contínua geralmente depende do contexto, do que acontece. Afinal, a maioria de nós é diferente em nossa vida pessoal em relação à nossa vida profissional — ou quando estamos relaxados, em vez de operando sob pressão.

Entre os mais de 40 Metaprogramas reconhecidos, é útil conhecer estes:

Metaprograma	Responde à Pergunta
Opções/Procedimentos	É mais importante para você fazer algo do "modo certo" do que ter alternativas para fazê-lo?
Em direção a/Longe de	Você fica mais motivado indo em direção a algo que tem um resultado potencialmente positivo ou ficando longe de uma consequência potencialmente negativa?
Proativo/Reativo	É mais provável que você tome a iniciativa de agir ou espera que outra pessoa faça isso — ou que outra coisa aconteça?
Interno/Externo	Quando avalia algo, é mais provável você usar um padrão pessoal interno ou pedir a opinião de outra pessoa?
Geral/Específico	Você normalmente lida com a "visão de conjunto" ou com os detalhes?
Convergência/Divergência	Quando faz comparações, nota como as coisas são parecidas ou onde há diferenças/discrepâncias?

Não é fundamental que identifique quais combinam com você. Porém, ajudará ter consciência dos padrões de pensamento com os quais trabalha para filtrar sua experiência. Quando diminuir a velocidade de seus pensamentos e começar a notar mais sobre como você opera, ficará mais em sintonia com como se motiva e toma decisões.

Para mais informações, acesse: http://eg.nlpco.com/4-4 (conteúdo em inglês), ou use o código QR com seu celular.

CANAIS DE REPRESENTAÇÃO PREFERIDOS: PREDICADOS

Pelo fato de usarmos a linguagem para comunicar nossos pensamentos, a escolha das palavras revelará nossos padrões de pensamento e preferências. Um "Predicado", por exemplo, reflete o sistema representacional usado. No Capítulo 1, você aprendeu sobre as modalidades representacionais. Relembrando: todos nós operamos em três canais — visual, auditivo ou cinestésico —, e cada um de nós tem um modo preferido inconsciente de processar. Por exemplo, sou altamente auditivo, portanto, quando estou aprendendo algo, prefiro ouvir um CD ou ter uma pessoa me contando o que preciso saber. Alguém que é visual pode preferir ler um manual ou ver ilustrações passo a passo.

Como sou altamente auditivo, minha linguagem também refletirá isso. É muito provável que eu diga: "Isso parece bom para mim... Ouço você alto e claro..." ou "Isso soa verdadeiro na minha experiência". Essas palavras sensoriais são chamadas de "Predicados". Novamente, não é importante que você lembre a terminologia, apenas que comece a ouvir a linguagem usada e observe quais são *suas* preferências.

A finalidade desta pequena introdução às crenças, ao Metamodelo, a Metaprogramas e preferências representacionais é ajudá-lo a entender que como você se tornou quem é hoje não foi algo aleatório, não é um mistério. Há uma estrutura para como você entende a informação, toma decisões, se motiva e se comunica. E quando descobrir sua estrutura única, poderá fazer mudanças com mais facilidade.

No restante do capítulo você terá oportunidades de se ver através de alguns filtros da PNL, *então* fará escolhas para reforçar as qualidades de que gosta — ou reduzir as características de que não gosta muito. Você pode realmente mudar seu autoconceito.

O Você de Hoje e o Você Desejado: O Impacto do Autoconceito

Começo com uma história: após concluir um seminário de PNL com Steve Andreas, um professor e inovador brilhante, lembro-me de me sentar no avião e anotar em minha agenda todas as características que usaria em mim mesmo. Bem, como você pode imaginar, fui desviado pelas urgências da vida e nunca fiz isso. Foi apenas pouco tempo depois, quando tive uma crise de identidade e autoconceito, que comecei a fazer as mudanças.

Para mim, a crise veio com a aposentadoria, mas pode acontecer com qualquer pessoa que passa por uma mudança de vida importante. Tal mudança pode ser positiva ou negativa — graduação, casamento, nascimento, nova carreira ou perda do emprego, todas são transições na vida que podem provocar um autoexame real. Embora eu adorasse ter um tempo livre e o alívio repentino da responsabilidade que veio com a aposentadoria, de repente não tive certeza do que deveria fazer... quem eu era... ou o que poderia fazer.

Deve ter sido muito cansativo para minha esposa até eu perceber que precisava ver quem eu achava que era e descobrir quem queria ser na próxima fase da minha vida. Então, veja como você pode fazer isso — *sem* ter uma crise!

O primeiro passo é descobrir como você constrói seu autoconceito. Quando fizer isso, verá que há uma estrutura composta de submodalidades e generalizações, e todas as coisas sobre as quais falamos. Então, veja como cada um pode descobrir isso.

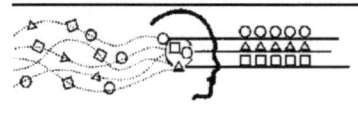

Atividade de Descoberta: Identificando Algo de que Você Gosta Sobre Si Mesmo

Consulte a si mesmo e escolha algo que saiba ser verdadeiro e de que você goste. Algo que aprecie em si mesmo e que saiba ser genuíno. Espere um momento. Não é preciso pensar demais — apenas encontre algo que você sabe ser assim e anote.

Agora veja uma coisa interessante nesse processo. Primeiro, quando pensa em algo que sabe ser verdadeiro sobre si mesmo e pode dizer: "Adoro jardinagem", "Tenho um bom senso de humor", "Sou realmente generoso", "Sou muito exigente sobre manter meu carro limpo", "Sou muito verdadeiro", "Sou um ótimo contador de histórias", "Tenho um jeito especial com animais", ou o que quer que seja. Quando diz isso, imediatamente há um tipo de representação sobre essa qualidade ou comportamento, não há? Então observe. É aqui que você observa.

Os detalhes são importantes aqui — então observe, é um símbolo? É uma imagem positiva de você fazendo algo? É uma imagem de outra pessoa fazendo a coisa que você faz? Está dizendo o que você diz ou sentindo como se sente?

É muito importante aprender as qualidades disso, portanto, vamos seguir. Trata-se de algo que você aceitou sobre si mesmo por algum tempo e de que você gosta. Como seu cérebro arquivou essa informação? Sabemos que ele está usando a linguagem dos cinco sentidos — então, é uma imagem? Talvez mais de uma, mas haverá um tipo de representação que parece a generalidade dessa característica para você.

Agora observe algumas coisas. Se for visual, note onde a imagem está — é um filme ou uma imagem parada? É colorida ou em preto e branco? É mais brilhante que a luz do dia, não tão brilhante ou mais escura? É em tamanho real ou maior ou menor? Isso é muito importante, porque qualquer característica que a imagem tenha, será seu cérebro sinalizando que "isto é algo verdadeiro sobre mim". Assim, anote.

Veja o que sei que é verdade: qualquer coisa em que você acredita sobre si mesmo, de que você gosta, provavelmente será algo bom. Nunca encontrei alguém que tenha se vangloriado por ser cruel, esquisito, medíocre, preguiçoso, egoísta ou desonesto, então, o que você gosta em si mesmo provavelmente é algo bom.

Essa crença surgiu do mesmo jeito como aprendeu sobre as maçanetas e a política. Durante sua vida você teve muitas experiências ou pessoas comentando sobre a coisa de que você gosta sobre si mesmo para ter uma comprovação — então você generalizou isso. É inegável, certamente aconteceu.

Quando você recorda e vê a comprovação que apoia a característica ou o modo de ser que você tem, fico curioso: quantos exemplos, quantas comprovações ou lembranças você tem de que é assim?

Fiz essa experiência com minha esposa enquanto estávamos indo visitar uns amigos, e ela disse: "Tenho milhares de exemplos de como sou amigável e comunicativa". Então pedi a ela que os procurasse — e no começo foi realmente difícil encontrá-los. Então surgiram todos os tipos de exemplos, porque essa característica faz parte de sua experiência diária.

O importante a notar é que você pode listar alguns, vários, centenas ou milhares de exemplos — pode anotar muitos indícios que tem em seu banco de dados que mostram que você é de certo modo... que tem essa característica de que gosta em você... e notou se é uma imagem e onde ela está.

Se não era uma imagem, o que era? Você diz: "Bem, tenho uma sensação". Tudo bem, você tem uma sensação. Essa sensação inclui algum tipo de representação visual? Quase sempre inclui, e com certeza inclui quando você procura uma comprovação.

Veja outra qualidade da comprovação que eu gostaria que você notasse. A primeira coisa que faremos é tornar ainda mais forte aquilo que você gosta sobre si mesmo.

Se quiser fortalecer qualquer coisa que gosta sobre si mesmo, faça isto: observe a representação dessa característica ou modo de ser que você tem — e observe se é uma sensação ou uma voz em sua cabeça dizendo que você é assim. E observe se é a voz de outra pessoa dizendo que você é assim — ou se é uma imagem. Combinando essa representação inicial, seja qual for, e os outros dois sentidos, você se lembrará de uma experiência visual, auditiva e cinestésica. Pare por um momento e faça isso agora.

Depois, olhe a comprovação em seu banco de dados, as lembranças de onde exibiu as características ou modo de ser — e observe a qualidade dos exemplos. O que você vê? Você se vê fazendo alguma coisa — e está fora disso? Você pode "entrar" em cada imagem para que possa reviver as experiências à vontade? Estar associado fortalece a experiência.

Quando vê as evidências de ser de certo modo, elas estão espalhadas igualmente em sua infância ou quando desenvolveu a característica? Talvez seja algo que você desenvolveu mais tarde na vida. Tudo bem. Apenas observe.

Agora, veja uma etapa realmente importante. Verifique se há alguma evidência em seu futuro de que você é assim. Em outras palavras, há lugares onde você espera ser desse modo no futuro? Quando olhar o futuro, se não vir uma evidência de ser dessa maneira, sugiro que a coloque nele.

Você pode colocar essas expectativas em pequenas fichas que contenham filmes em branco que não foram exibidos ainda. Podem ser fotografias de você no futuro em que pode se ver de costas como se estivesse indo em direção a elas — porque isso está em seu futuro. É possível ver esse "futuro você" fazendo aquelas coisas ou bisbilhotar e imaginar que vai fazê-las quando for velho e honorável. Qualquer uma dessas possibilidades também reforçará essa característica ou modo de ser.

Um aspecto interessante sobre o autoconceito: ele é resistente. Algumas pessoas são muito estáveis em seu autoconceito — são firmes — e quanto mais relaxadas ficam, mais são quem são. Já o autoconceito de algumas pessoas é mais fluido.

Outro ponto interessante é que, se houver alguma coisa que você gosta sobre si mesmo que sabe ser verdadeiro, também saberá que você não foi perfeito a vida inteira. Manter essas reflexões contrastantes ao mesmo tempo pode ser desafiador.

Deixe-me dar um exemplo. Gosto de ser honesto — e sei que é verdade que sou honesto. Mas levei algo de uma loja sem pagar quando era criança. Em minha vida, menti de vez em quando. Até colei, tive algumas experiências anteriores que são o que chamamos de contraexemplos. Em um contexto mais amplo, foram fatos banais — mas me ensinaram como era ruim ser desonesto. Então tenho uma antiga evidência de que não sou honesto e uma evidência mais atual de que sou. Que bem isso me faz?

Isso me mantém verdadeiro? Sim, ajuda, contanto que eu mantenha esses contraexemplos em perspectiva. Do contrário, eles também poderiam enfraquecer meu autoconceito.

Veja, ter um autoconceito de que sou honesto significa que é minha primeira escolha, e que a honestidade é meu instinto, sem exceção, em todas as situações. Acho que é mais fácil, mais conveniente — e nem preciso recorrer à Ciência Comportamental. Portanto, há muitos motivos para ser útil. Asseguro que minha esposa e eu estamos juntos porque não escondo ou vivo uma realidade separada da dela, então há muitos motivos para eu gostar disso. Mas não uso como uma medalha de honra, porque sei que sou falho.

Porém, se eu levasse adiante esses antigos contraexemplos e os sobrevalorizasse, então não poderia nem dizer que sou honesto ou que quero ser honesto. Isso minaria meu autoconceito. Criaria incongruência e me enfraqueceria.

Agora, veja o que fazer: eu não acho que você deva negar a verdade, isso é irreal e psicologicamente prejudicial. O que deve fazer é transformar qualquer recordação de contraexemplo comportamental apenas em uma declaração em um pedaço de papel em sua memória.

Não volte e reviva o momento quando você não tinha as qualificações necessárias. Em outras palavras, tire os exemplos negativos — você pode fazer isso por escolha. Você aprendeu como podemos editar as coisas e como podemos reforçá-las, e assim pode fazer isso de muitas maneiras diferentes.

Você realmente pode converter a memória. Por exemplo, posso lembrar de ter roubado uma barra de chocolate Baby Ruth na mercearia da esquina em nosso bairro, e então meu pai voltou lá comigo. Eu chorei, pedi desculpas e fui repreendido. Lembro-me de fazer isso — portanto, sei que não sou honesto. Lembro-me desse pequeno crime de quando era criança. Meu pai assegurou que eu me lembrasse — mas eu não me vejo mais fazendo aquilo, exceto agora, para contar a você.

Normalmente, quando me lembro da experiência, é uma pequena ficha em minha memória que diz: "Sim, foi uma de suas experiências de aprendizado. Um dos motivos de você ser honesto agora". Então, converti a experiência em um motivo, e agora esse motivo fortalece meu instinto de ser honesto.

Para reforçar a coisa de que você gosta sobre si mesmo, converta um contraexemplo de algo que diz "Ah, não, você não é" em "Esta experiência de aprendizado o torna mais ainda como você é agora".

Portanto, de novo, foque na característica que você gosta sobre si mesmo, e que deve apreciar ainda mais agora porque a está fortalecendo, e então volte a seus arquivos. Se você encontrou contraexemplos que o deixaram um pouco desconfortável ou um pouco incongruente por ter tal traço ou característica — ou se sentiu menos merecedor porque havia exceções —, basta mudar esses contraexemplos para que sejam experiências de aprendizado que o fazem ser ainda mais assim agora.

Certo, é um pouco trabalhoso e pode requerer um pouco de reflexão. Demore o quanto quiser.

Para reforçar o autoconceito, veja algo que faço e que você também poderia fazer: quando saio de minha meditação matinal, a primeira coisa que faço é agradecer ao Criador pelo modo como estou me sentindo e pela vida que tenho. A segunda coisa é permear meu corpo com a gratidão por tudo estar funcionando. Nem mesmo penso nisso, e as células estão dividindo-se, o sangue está fluindo, e tudo parece estar funcionando muito bem, mesmo depois de todos esses anos de abuso.

A próxima coisa que faço é ficar feliz por ser quem sou. Eu digo: "Não sou perfeito, mas a vida não acabou ainda". Tenho a sensação de que estou aprendendo e de que serei melhor amanhã do que sou hoje, e que continuo tentando. Isso me dá uma sensação de força e tranquilidade real quando volto para meu dia.

Assim, você pode conectar algo desse trabalho de autoconceito, em termos de autoestima, a esse pequeno momento privado. Reserve 30 segundos para gostar de si mesmo e de sua vida quando sair da meditação. Torne isso um hábito. Seu cérebro o amará por isso. Seu inconsciente o amará.

Se desejar, acesse: http://eg.nlpco.com/4-7 (conteúdo em inglês) e veja algumas demonstrações e/ou exemplos adicionais.

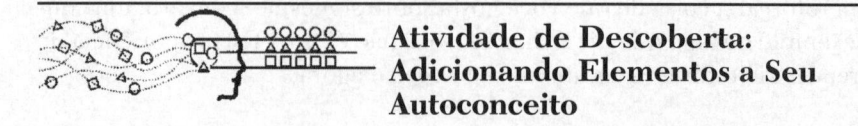

Atividade de Descoberta: Adicionando Elementos a Seu Autoconceito

Agora quero começar a usar um fundamento visto antes neste capítulo. Vejamos como adicionar elementos a seu autoconceito. Como você faria isso? Do mesmo modo como criou seu autoconceito original — generalizando a partir de certas experiências.

Suponho que você tenha muito mais experiências positivas que ainda não generalizou. Assim, um dos modos de fazer isso é escolher uma característica que gostaria de reforçar em si mesmo.

Como exemplo, há algum tempo escolhi um modo de ser que eu pensava ser útil na próxima fase de minha vida. Escolhi ser calmo, bem organizado e altamente produtivo. Já fazia seis anos que eu não tinha a responsabilidade regular de administrar uma empresa e a estrutura que ela impunha. Em algumas semanas eu escrevi, em outras dei seminários e consultoria em empresas. Algumas vezes passava o tempo no rio ou na piscina. Não havia nenhum tipo de estrutura normal, e descobri que queria uma: simplesmente não estava satisfeito com minha produtividade.

Quando me impus essa nova condição, parte de mim disse: "Ah, não, você não vai. Trabalhei para isso por décadas. Não vou desistir. Faça isso na quinta-feira. Faça isso na próxima semana". E essa resistência foi inibindo meu progresso em alguns projetos.

Então pensei: "Bem, eu gostaria de ser motivado para proceder de modo mais natural, de um jeito calmo e não frenético, apenas seguindo em frente". Tenho que dizer que fiz esse trabalho cerca de um mês atrás — e minha produtividade aumentou rapidamente. Subiu cerca de 60%, e veja como você pode fazer isso também.

Antes de começarmos, lembre-se das submodalidades da primeira coisa que você gosta sobre si mesmo que escolheu e sabe ser verdade. Refresque sua memória com essas submodalidades agora.

Em seguida escolha uma característica que gostaria de ter — ou que tem e gostaria de reforçar. Pode ser qualquer modo de ser. Quando a identifi-

Capítulo Quatro: Atualizando Seu Autoconceito

car e a vir, notará imediatamente um tipo de imagem ou verá a si mesmo sendo de certo jeito. Verifique se as submodalidades dessa nova imagem combinam com as da imagem da *primeira* característica escolhida em todos os aspectos — local, tamanho, cor, luminosidade e brilho, movimento ou não —, exatamente igual. Coloque-a no mesmo lugar.

Então, em seguida, faça o mesmo que fez com essa qualidade ou característica, que é pegá-la e assegurar que pode vê-la, ouvi-la e senti-la. Depois, assim que tiver essa imagem, entre nela para que esteja realmente fazendo algo e veja se você se sente bem por ser esse tipo de pessoa. Essa sensação é boa?

Novamente, sua escolha de uma nova característica deve ser real: uma que você sabe que poderia e realmente ficaria satisfeito em fazer. Não é como se, de repente, você fosse uma modelo de alta-costura, um astronauta ou qualquer coisa assim. É algo real e tem relação com uma característica ou modo de ser que você gostaria de acrescentar à descrição de si mesmo — ou que gostaria de reforçar.

Se isso parecer ser tão bom quanto deveria, tudo bem. Agora volte para sua memória e observe as muitas vezes em que foi essa pessoa ou agiu assim. Você pode não ter notado isso antes. Certamente, não tratou isso como estou pedindo que trate agora.

Pegue essas lembranças e assegure que elas se pareçam e sintam como as lembranças daquela primeira característica escolhida que você gosta sobre si mesmo. O exemplo deve combinar em termos do sistema de arquivamento que você permite seu cérebro usar. O que está acontecendo agora é que está percebendo gradualmente que você é assim. Isso faz parte de você.

Se ouço uma vozinha em minha cabeça dizendo "Sim, mas...", lido com isso dizendo "Sim, mas eu nem sempre fui assim. É por isso que quero reforçar" ou "Realmente não sou assim. Quero ser desse jeito".

É uma voz que está vendo os contraexemplos. "Veja aqui. Você não era assim aqui. Você não era assim lá". É como uma daquelas coisinhas furtadas da loja. Sim, isso também pode ser verdade e é o motivo para você querer ser desse modo.

Mais uma vez, pegue os exemplos — se são exemplos de comportamento que não demonstravam seu modo preferido de ser — e transforme-os em pequenas fichas com uma nota informando: "Esta experiência me faz querer ainda mais ser assim". Permita que essas notas fiquem nos lugares onde estão aquelas lembranças.

Agora, então, você tem dois conjuntos de experiências arquivadas. Um deles é aquele com o qual trabalhamos antes, que tem relação com algo que você sabe que gosta sobre si mesmo. O outro conjunto inclui as experiências desse modo adicional de ser que você deseja acrescentar ou usar para reforçar seu autoconceito. Veja os dois e verifique se eles são iguais e se estão armazenados no mesmo lugar.

Teste o processo. Imagine essa nova característica adicionada a seu autoconceito — e ela é verdadeira e precisa porque você a criou no passado. Quando ela se tornar parte de você, considere algo acontecendo no futuro — talvez mais tarde hoje, talvez amanhã, no dia seguinte, na ocasião em que você exibirá a nova característica. Observe como é ter tal traço. Observe como é quando isso é parte de quem é, note como as coisas são para você, como se sente consigo mesmo. Sinta isso no corpo.

O que mudou? Em termos de como é ser você — e isso é muito importante —, observe o que mudou com essa nova característica acrescentada a seu autoconceito.

Nos próximos dias, invista alguns minutos e imagine como você se sente quando mostra esse novo traço que está em seu subconsciente. Basta fazer isso toda manhã. Faça-o por três dias, pelo menos.

Escavação Arqueológica: Um Exemplo de Trabalho de Autoconceito

Antes de continuar, gostaria de compartilhar um exemplo de quando trabalhei com uma enfermeira de 32 anos que queria melhorar seu autoconceito acrescentando a característica de *ter mais energia*. Ela teve o cuidado de me dizer que não queria ter *tanta* energia a ponto de não conseguir relaxar no final da noite. (Isso é ecologia, certo?)

Depois de explorar sua motivação, ela me disse que se tivesse *mais* energia, desejaria sair com mais frequência à noite. Quando perguntei "O que ter mais energia e sair à noite fará por você que é ainda mais importante?", seu metarresultado foi que ela se sentiria menos solitária, porque teria a oportunidade de se conectar mais com outras pessoas.

Conversando através de exemplos do passado, de quando ela saía — ou não — à noite, aprendeu alguns de seus metaprogramas e crenças que foram modelando automaticamente suas percepções de como as coisas seriam diferentes. Quando pensava em tomar a iniciativa para planejar uma noite com alguém, experimentava uma sensação de profunda tristeza — e até alguns sintomas físicos, como cansaço e baixo nível de ansiedade.

Quando exploramos como ela sabia que se sentiria assim (qual era a pista que automatizava essa resposta), ela descobriu uma imagem de si mesma de quando era uma garotinha. Quando seu eu atual perguntou à garotinha (seu eu mais jovem) o que ela estava tentando fazer por ela, Denise descobriu que as garotas deviam ser bonitas, e, se fossem, seriam convidadas para muitos lugares. Portanto, o significado que ela criava de sua situação atual era que a falta de convites ou mudanças nos planos significava que ela não era bonita o bastante, não era apreciada o bastante pelas pessoas para estarem com ela.

Em suma, aceitando que seu eu mais jovem realmente estava tentando defendê-la, o eu atual de Denise foi capaz de parar de resistir e começar a negociar com a garotinha. Juntos, exploramos alternativas que atenderiam a ambas.

Efeitos Propagadores: Como Uma Mudança Geralmente Cria Mais Mudança

Ao decidir acrescentar ter "mais energia" ao seu autoconceito, Denise conseguiu mais do que negociou, não foi? Hoje, além de ter mais energia, ela está mais confortável em ser proativa, mais congruente e tem menos probabilidade de interpretar uma mudança de planos como significando que há algo de errado com ela.

Esse é apenas um exemplo de reforço do autoconceito. Há milhares de outros. E se você for o tipo de pessoa que realmente deseja ter mais influência sobre si mesmo, o modo como se comporta, como pensa e o que sabe, se deseja ser esse tipo de pessoa, está no caminho certo para isso agora.

Você tem o material bruto para ver dentro de si mesmo e nunca mais se tornar vítima da raiva, do pânico ou da depressão de longo prazo que o faz perder o controle. E você tem as ferramentas.

Acredito que ter esse tipo de familiaridade com seus processos internos lhe dá uma chance de trabalhar em si mesmo — e ter uma atitude mais compreensiva sobre as outras pessoas. Veja um exemplo do que quero dizer.

Mais cedo esta manhã eu estava dirigindo para a área da Baía de São Francisco na hora do rush. Ainda me surpreende alguém morar aqui no meio de cinco milhões de pessoas, porque é muito movimentado, em comparação com onde moramos nas montanhas hoje. Estou dirigindo, e uma jovem mulher que estava a caminho do trabalho — ansiosa, ocupada, distraída — entra na minha frente no trânsito e me provoca pelo espelho retrovisor. Eu estava devagar demais. "Olhe o velho...", eu realmente não tinha ideia do que ela estava dizendo para si mesma, mas com certeza parecia ter ficado furiosa comigo.

Foi curioso, porque eu a vi me olhando, me provocando, e depois estendendo a mão, pegando um batom e olhando no mesmo retrovisor para retocar a maquiagem — tudo isso um pouco antes de pisar no freio e quase bater no carro da frente quando chegamos no próximo sinal.

Não fiquei irritado com ela. Pelo contrário, lembrei a mim mesmo que ela deve ter uns 20 anos e cinco ou seis coisas na cabeça: talvez tenha um encontro à noite, provavelmente esteja atrasada para o trabalho, muitas pessoas no caminho, inclusive eu, portanto, não estava tendo uma boa manhã, ao contrário de mim. Eu tive uma ótima manhã! Sentia-me humano. Tive pena dela, porque ela é muito ocupada, está apressada, muito perdida em sua própria situação e não está "percebendo" isso.

Bem, todos são assim. Todos estão em seu próprio mundo fazendo o melhor que podem. Se você olhar as pressuposições da PNL agora com sua compreensão de como você opera por dentro — se vir os princípios operacionais (listados no final do Capítulo 1) e realmente testar as afirmações

—, verá que não são clichês. Elas refletem o melhor pensamento que há sobre como e por que os seres humanos realmente funcionam.

No próximo capítulo você descobrirá como o que aprendeu sobre o funcionamento de seu cérebro pode ser usado para lhe dar informações sobre como as *outras* pessoas experimentam as coisas. Isso o ajudará a se tornar mais paciente, resiliente e relaxado. E com mais confiança também, porque entenderá que as pessoas fazem o melhor que podem e que a maioria está reagindo a informações e filtros fora de sua consciência. Elas não sabem que têm imagens, sons e sensações em sua cabeça. Não sabem que isso está acontecendo e está por trás de seu comportamento. Mas agora você sabe — e essa compreensão será bem útil.

Ideias Principais

- O estresse pode criar uma cascata de reações negativas. Ter estratégias para administrar o estresse, lidar com as emergências e impedir seu aumento melhora as opções de comportamentos e resultados positivos.

- Cada de um nós é o produto de nossas experiências — e os padrões de pensamento e conclusões que criamos em resposta a essas experiências.

- As crenças são pensamentos generalizados que agem como filtros automáticos que determinam quais informações "deixamos entrar".

- Crenças podem ser fortalecedoras ou limitantes no modo como modelam nossa experiência.

- A estrutura profunda do que queremos dizer nem sempre é comunicada claramente pelo que dizemos. Nossos atalhos linguísticos geralmente refletem uma generalização exagerada. São as chamadas violações do Metamodelo, que podem "sinalizar" que estamos agindo a partir de uma antiga crença, e não segundo a realidade atual.

- Metaprogramas são padrões de pensamento baseados em generalizações (uma estratégia eficiente que o cérebro usa), porque não temos tempo para reaprender tudo. Esses padrões agem como filtros automáticos que nos ajudam a tomar decisões. Eles nos dizem o que é certo para alguém e o que não é. Eles também filtram qualquer evidência contrária à crença. Os Metaprogramas de alguém são refletidos em como a pessoa fala e se comporta.

- Embora haja mais de 40 Metaprogramas, os seis principais nos quais focar são:

  > Opções/Procedimentos
  > Em direção a/Longe de
  > Proativo/Reativo

  > Interno/Externo
  > Geral/Específico
  > Convergência/Divergência

- Predicados são palavras sensoriais que sinalizam o canal representacional preferido de uma pessoa — visual, auditivo ou cinestésico. Por exemplo, "Isso parece bom para mim", "Ouço você alto e claro" ou "Isso soa verdadeiro em relação à minha experiência" são frases que geralmente indicam uma representação auditiva da experiência.

- Seu autoconceito é uma generalização sobre seu comportamento com base em selecionar exemplos de eventos que demonstram suas qualidades, reunindo-as em um banco de dados e usando um exemplo como um tipo de resumo — o que os linguistas cognitivos chamam de protótipo.

- Quando os contraexemplos são integrados a seu banco de dados como exemplos de aprendizado, eles reforçam o autoconceito. Contraexemplos demais ou contraexemplos grandes ou importantes demais podem ameaçar ou destruir o autoconceito.

- Ao fazer mudanças no autoconceito, uma pessoa pode descobrir mais sobre como ela "funciona" e precisa negociar as mudanças internas para ter o melhor resultado possível (como Denise fez).

Para mais informações, acesse: http://eg.nlpco.com/4-10 (conteúdo em inglês), ou use o código QR com seu celular.

**Descobertas, Perguntas, Ideias e Coisas
nas quais Você Deseja Trabalhar**

**Descobertas, Perguntas, Ideias e Coisas
nas quais Você Deseja Trabalhar**

Seção Dois: Tudo é uma Questão de Relacionamento

Capítulo Cinco: Criando Conexões Confortáveis

Por que não nos conectamos?

*Quando ficamos muito envolvidos na agitação do mundo,
perdemos a conexão com os outros e com nós mesmos.*
— Jack Kornfield

Essa citação é uma ótima imagem de como muitas pessoas se sentem hoje. A Seção 1 foi sobre entender e fazer conexões consigo mesmo. Esta seção centra-se em fazer conexões com os *outros*.

Nesta era, de tecnologia sempre em evolução, os especialistas dizem que nos comunicamos mais do que nunca porque podemos nos conectar com facilidade às informações, às outras pessoas, a lugares no mundo inteiro. Outros dizem que esses "toques" instantâneos e efêmeros realmente não satisfazem nossa necessidade de conexão humana. E alguns educadores e líderes empresariais temem que nossa confiança nas tecnologias eletrônicas limite nossa capacidade de comunicação e conexão nas situações olho no olho.

O que você aprenderá neste capítulo vai ajudá-lo a provocar primeiras impressões positivas e criar afinidade com qualquer pessoa — simplesmente fazendo-a se sentir segura e interessante. Isso pode parecer fundamental, e é. Contudo, não é o que a maioria de nós faz quando encontra alguém pela primeira vez e tenta se conectar com ele.

Sistemas Internos: Como Você Funciona É Parecido com Como os Outros Funcionam

Na primeira seção deste livro você descobriu muito a respeito do funcionamento do cérebro e como promover mudanças para que ele funcione com ainda mais eficácia. Tudo aquilo que você aprendeu que ocorre dentro de você também ocorre dentro das outras pessoas. Todos nós temos a mesma *estrutura* de experiência. Recebemos algum tipo de estímulo, uma lembrança ou algo vindo de fora, e então o cérebro atribui a isso um significado... que dispara emoções... e essas emoções disparam um comportamento:

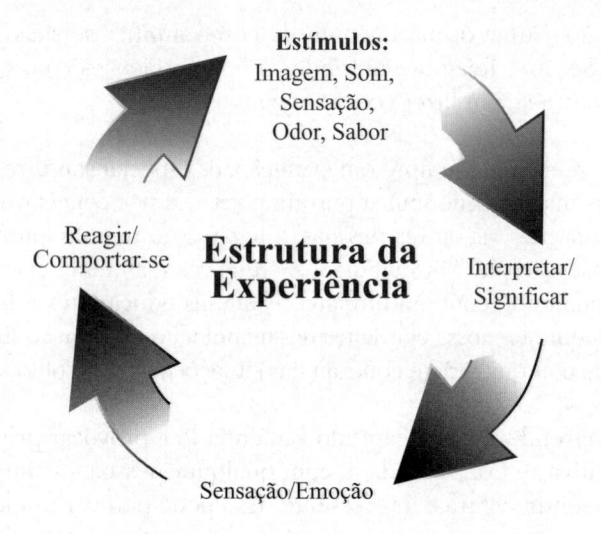

Estrutura da Experiência

- Estímulos: Imagem, Som, Sensação, Odor, Sabor
- Interpretar/Significar
- Sensação/Emoção
- Reagir/Comportar-se

Simplificando muito as coisas, esse "processo" é como criamos nossos mundos internos, nossos "Mapas" pessoais. *Agora* vamos lidar com outra pessoa também — alguém que tem seu *próprio* mapa único! Estamos todos processando o tempo inteiro, certo? Mas veja: quando vemos outras pessoas, isso acontece tão rapidamente que só fazemos suposições sobre quem elas são. Nós estereotipamos: a pessoa diz isso ou faz aquilo, portanto, é certo tipo de pessoa. Com frequência nossos julgamentos sobre outra pessoa, que são realmente mais como primeiras impressões, são apenas um reflexo de nossos próprios filtros internos. Normalmente *é aí* que começa o problema.

Capítulo Cinco: Criando Conexões Confortáveis 145

O que temos que fazer dentro de nós mesmos *antes* de podermos lidar com clareza e de modo eficaz com outra pessoa? Se você realmente quiser "entender" a outra pessoa, abandonar seus filtros e encontrar uma maneira de ficar consciente do que está pensando é algo que pode ajudar. Na verdade, as pessoas que são realmente maravilhosas com os outros fazem questão de verificar *conscientemente* seu próprio pensamento. Isso as ajuda a pôr de lado seus filtros pessoais ou preconceitos mentais para que possam reconhecer as informações reais à medida que elas chegam. Essas pessoas superam o que está *realmente* acontecendo com seus filtros pessoais. As pessoas que fazem isso com eficácia são realmente capazes de focar no *outro*. Por isso, são consideradas "boas companhias", e as outras pessoas gostam de estar com elas.

De Dentro para Fora: Como Ajustar Seu Mundo Interno para Ser a Melhor Companhia

Como você aprendeu no último capítulo, há muitas experiências que o modelaram para fazê-lo ser o que é hoje. E agora você sabe que pode mudar sua experiência, suas respostas e até seu autoconceito. Veja um fato concreto: *é escolha sua ser como é.* Não estou falando sobre coisas como ser alto ou ser sueco. Estou falando sobre como você pensa, sente e age. Nem sempre pode parecer verdade, mas é. Quando se está consciente, o modo como nos reprogramamos também é uma escolha.

Se, de repente, você herdasse muito dinheiro e quisesse renovar e complementar sua casa, como poderia começar o processo? Provavelmente começaria pensando em casas de que realmente gosta. E muito provavelmente também consideraria os lugares nos quais morou ou viu, e *não* gostou, certo? Você conversaria com amigos de confiança que o conhecem bem para ouvir recomendações e poderia até envolvê-los no projeto.

Reprogramar-se é muito parecido com o processo de projetar e construir uma casa. Você começa com os fundamentos de quem você é agora. Avalia as vantagens e desvantagens de como é hoje, e então começa a imaginar e integrar novas possibilidades, certo? Você poderia reprogramar os hábitos relacionados à sua saúde, como administra suas decisões financeiras ou como cuida de sua casa. Você pode mudar praticamente qualquer coisa. Agora vamos nos centrar em como você interage com as outras pessoas.

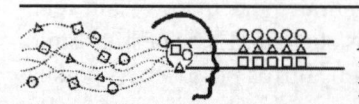

Atividade de Descoberta: Identificando Maneiras de Ser uma Boa Companhia

Imagine examinar um espelho virtual no qual você pode ver clipes de como você é, parece e se comporta quando está com outras pessoas. O que você mais gosta sobre como interage com os demais? Talvez seja um ouvinte paciente. Talvez leve muita energia e alegria para as conversas. Talvez seja bem informado e interessante. O que o torna uma boa companhia?

Espere um momento agora e pense em quando se sentiu bem consigo mesmo após uma conversa. Do que especificamente você gosta no que fez, em como se comportou, do que disse? Anote essas coisas.

Considere algumas outras situações nas quais você se sentiu bem sobre como interagiu com alguém e inclua comportamentos ou modos de ser específicos na lista que está fazendo.

Tais exemplos mostram o seu melhor lado, não mostram?

Agora é hora de dar uma olhada em si mesmo sob a luz cruel do dia. Talvez seja o espelho do banheiro que o faz envelhecer 10 anos. Nossa! Com base nessa imagem, identifique, pelo menos, dois modos como você poderia ser uma companhia *melhor*. Essas informações podem vir de coisas que outras pessoas lhe disseram, ou você pode encontrar lembranças de interações de quando foi reclamão, mandão, agressivo ou nem mesmo estava presente.

Refletir sobre esses momentos pode ser desconfortável, portanto, pode ser tentador rejeitá-los como exceções. Mas você não ficaria aliviado se pudesse fazer com que houvesse poucos ou nenhum desempenho repetido? Você pode. E a escolha é *sua*.

Capítulo Cinco: Criando Conexões Confortáveis

Talvez você seja muito querido e nunca crie atritos. Mas talvez, na rara ocasião em que estava sob estresse, esgotado ou com fome, essas características ou comportamentos menos desejáveis tenham aflorado. Podem ser poucas, mas a maioria de nós tem muitas ocasiões assim. Se você deseja sinceramente ser bom o máximo possível ao lidar com outras pessoas, é hora de pensar sobre realmente explorar modos de ser ainda mais divertido ou comunicativo. Quais são? *Acrescente essas oportunidades à sua lista.*

Se estiver realmente comprometido, ou, pelo menos, tiver coragem, ouça os comentários das pessoas com quem mora ou trabalha. Você poderia dizer: "Gostaria de ser melhor no jeito como me conecto com as pessoas e espero que você possa me ajudar respondendo com sinceridade a umas três perguntas rápidas". Assim que tiver o consentimento, comece perguntando: "Quando você pensa em interagir ou passar um tempo comigo, do que mais gosta? O que você gostaria que eu *continuasse* fazendo?"

Elas poderiam dizer que gostam de como você realmente as olha quando estão lhe contando algo, que sentem que você não as está julgando ou que sempre tem um bom conselho. Qualquer coisa que disserem, verifique se você a entendeu. Você pode até querer lhes pedir para compartilhar um exemplo específico para que possa acessar a memória ou a sensação que estão compartilhando com você. Se não entender, será difícil não *continuar* fazendo isso ou fazer com mais frequência.

Agradeça pela informação e faça a próxima pergunta: "Se você pudesse mudar *uma* coisa sobre como eu interajo com você, o que seria? Você é importante para mim e realmente desejo saber. O que você gostaria que eu *parasse* de fazer?" Pode não ser fácil para você perguntar ou para as pessoas responder. Lembre-se, você está procurando algo que pode melhorá-lo. Elas poderiam dizer: "Você está sempre tão ocupado e com pressa que sinto que não sou importante". Ou poderiam falar: "Odeio quando você verifica o e-mail ou atende às ligações quando estou tentando contar algo". A reflexão que elas mostram pode não ser bem-vinda nem agradável.

Você poderia pensar: "Puxa, foi duro" ou "Só faço isso de vez em quando". Respire. Claro, você não *pretende* ser mandão, negligente, nem condescendente. Mas se o significado da comunicação for a resposta que recebeu, então desejará mudar sua abordagem para que tenha uma resposta diferente, certo?

Quando fizer essas perguntas, realmente tente ouvir a resposta. Lembre-se, a pessoa está confiando a você algo que é desconfortável, algo que ela deseja que fosse diferente. É importante evitar ficar na defensiva e entender o que a pessoa quer dizer. Confirme o que ela disse: "Então, o que eu ouvi você dizer é que gostaria que eu lhe desse minha total atenção quando estivermos conversando, e se acontecer algo que eu tenha que cuidar imediatamente, você gostaria que eu escolhesse um momento quando poderíamos reiniciar de onde paramos. É isso? Obrigado por me dizer. É muito útil — e é algo que quero muito trabalhar".

Fazer essa pergunta pode gerar algumas faíscas emocionais, e a outra pessoa poderá ver essa discussão como uma oportunidade para desabafar sobre outras coisas. Nesse caso, você terá que decidir como lidar com isso no momento ou marcar uma hora para lidar totalmente com suas preocupações. Mais tarde, neste capítulo, aprenderá algumas dicas para ajudar a acalmar as situações emocionais.

A pergunta final é: "Se você pudesse usar uma varinha mágica para mudar como interajo com você, o que gostaria que eu *começasse* a fazer?"

As respostas para essa pergunta geralmente me surpreendem. Elas não parecem críticas e dão informações para o que realmente é importante para essa pessoa. Isso tem sido uma benção para mim nas relações pessoais e profissionais.

Três perguntas simples — manter, parar, começar. Quando feitas com intenção e sinceridade, podem ajudar muito. Agora você provavelmente já está pensando nas pessoas a quem deseja pedir uma opinião. Recomendo começar com as situações fáceis primeiro. Talvez, seja seu cliente favorito, um amigo que geralmente é amável ou um professor que lhe deu um bom conselho no passado. Agradeça a todos que compartilharem suas impressões com você. Respondendo, a pessoa está correndo um risco e fazendo um investimento em sua relação.

Naturalmente, os comentários obtidos refletem o que a outra pessoa cria na mente *dela*, mas, de novo, nós é que estamos lutando para sermos mais flexíveis, porque queremos mais influência. Portanto, não é uma questão de certo ou errado, é apenas sobre quem será mais flexível.

Assim que conseguir a opinião dos outros, adicione a informação à sua lista. Saber como você é uma boa companhia *e* como pode ser mais fácil de conviver é um presente. Se agir com base nas informações que as pessoas compartilham, *será* mais fácil ter você por perto. Felizmente, sou uma prova disso.

Capítulo Cinco: Criando Conexões Confortáveis

Atrito em Risco? Como as Três Partes do Seu Cérebro Funcionam Juntas

Se você refletiu sobre suas experiências do passado, sabe quais comportamentos ou modos de ser deseja melhorar. Mesmo com a consciência de seus hábitos, seu cérebro e seu estado de espírito afetam como você irradia e qual tipo de vibração está enviando.

Veja o motivo: o cérebro tem partes diferentes — e essas partes têm funções diferentes. Um artigo do *New York Times* intitulado "Inside the Mind of Worry" [Dentro da Mente da Preocupação, em tradução livre], de David Ropeik, explica bem isso.

> O trabalho sobre as raízes neurais do medo, do neurocientista Joseph LeDoux da Universidade de Nova York e outros, descobriu que, na interação complexa da razão mais lenta e da emoção e instinto subconscientes mais rápidos, a arquitetura básica do cérebro assegura que *sentimos* primeiro e pensamos depois. A parte do cérebro onde o sinal instintivo de "lutar ou correr" é disparado primeiro — a amígdala — está situada de tal modo que recebe o estímulo que entra *antes* das partes do cérebro que pensam nas coisas. Então, em nossa resposta contínua ao perigo em potencial, o modo como o cérebro é construído e opera assegura que provavelmente sentiremos mais e pensaremos menos.

Essa parte instintiva do cérebro está em ação quase sempre quando encontramos alguém. Na verdade, provavelmente está operando quando você entra em um quarto escuro. Em algum nível, a amígdala está dizendo para o cérebro superior: "Preste atenção. Olhe em volta. Verifique se está tudo bem".

Tal situação é como uma panela com água em fogo baixo. Contanto que a água esteja esquentando e em fogo baixo, não haverá problema. A amígdala se comunica com o cérebro superior e ele pode analisar, resolver os problemas e reduzir o perigo. Tudo bem.

Porém, quando ferve, pronto. Agora o cérebro que pensa desliga, porque a amígdala está dizendo: "Corre! Corre!" ou "Fique pronto para lutar!" A essa altura você não terá muito sucesso ao tentar lidar com as outras pessoas. E se estiver lidando com alguém nesse estado, não conseguirá conversar com o cérebro superior delas também.

As pessoas são guiadas por diferentes aspectos do cérebro em momentos diferentes. Assim, é importante saber onde elas estão e o quão capazes podem ser em seu estado de espírito *atual*. Quando encontramos alguém no trânsito, a pessoa pode estar dirigindo com uma emoção bruta, como a raiva. É realmente perigoso, e vejo muito isso. Quando você é o passageiro e o motorista está ofendendo as pessoas, buzinando ou cortando os carros no trânsito, não há nenhum modo real de conversar com ele em um nível mais alto ou ter algum tipo de interação razoável.

Quero mencionar o cérebro multifacetado porque sempre estamos indo e vindo entre suas diferentes partes. Quando conversamos com outra pessoa, queremos ir das partes do cérebro da sensação para as partes do pensamento, para que possamos realmente conversar. Isso significa que queremos reduzir a possibilidade de a amígdala se apoderar de nós *e* da pessoa. Queremos acalmar essa parte. Queremos fazer a outra pessoa se sentir segura, assim poderemos conversar com ela.

Tudo que É Demais Estraga? A Função da Empatia

Uma de minhas clientes, uma assistente social de 29 anos, perguntou se era possível ter empatia *demais*. Ela passou a explicar que estava preocupada por ter sido, algumas vezes, empática demais a ponto de sentir que se perdeu um pouco.

Quando conversamos sobre essa preocupação, meu pensamento foi — e é uma generalização — "Isso é algo que ouço de outras clientes e amigas". Como minha esposa, Laura geralmente lida com sua condição inicial de ser uma boa garotinha — esforçando-se para equilibrar as mensagens da infância com suas experiências e necessidades do presente.

Ser empático com outras pessoas é uma boa habilidade, e eu quis assegurar que Laura decidisse desenvolver recursos *adicionais*, em vez de "exibir" esse.

Eu a encorajei a observar de propósito durante o dia em qual posição perceptiva ela estava e experimentar cada uma das três posições perceptivas diferentes. Eu a aconselhei que, sempre que se sentisse envolvida muito profundamente com os sentimentos de outra pessoa, que saísse e perguntasse: "Estou indo longe demais? Como estou me sentindo? Quais são *meus* sentimentos?"

Você pode estar pensando quais são as posições perceptivas. Você lidou com elas no Capítulo 2 quando exploramos a associação e a desassociação — as submodalidades de estar "na" imagem, no filme mental ou fora dele. Vamos falar rapidamente sobre as três posições perceptivas, porque entender isso realmente o ajudará ao interagir com outras pessoas.

Quando somos, de fato, mentalmente saudáveis, oscilamos entre a primeira, a segunda e a terceira posições, se necessário. E podemos ir longe demais com *qualquer* posição.

Primeira Posição

A primeira posição é onde você está em seu próprio corpo. Você vê tudo através de seus olhos e sabe exatamente como se sente. Sabe o que quer, e é uma posição de grande autenticidade. Também é possível ser um tipo de posição infantil. Afinal, é a posição perceptiva que tínhamos quando éramos bebês, certo? Naquele ponto, realmente sabíamos o que queríamos. "Estou com fome. Com frio. Estou molhado." É tudo o que sabíamos no momento e gritávamos até que o problema fosse resolvido. Provavelmente você conhece alguns adultos que ainda operam assim. Quando as pessoas ficam presas na primeira posição, elas são descritas como narcisistas ou imaturas. Na PNL, algumas pessoas também se referem a essa posição como o *ego*.

Segunda Posição

A segunda posição é sobre aquilo que minha cliente estava falando. É a posição onde você é muitíssimo simpático com outra pessoa. Você sente a dor do outro. Se você está na segunda posição, pode dar um copo de água a alguém antes de ela saber que tem sede. É uma posição de grande solicitação e compreensão dos outros. Quando vamos longe demais na segunda posição, temos a tendência de ser solícitos e dependentes demais, e isso normalmente é chamado de codependência. Na PNL, algumas pessoas se referem a essa posição como o *outro*.

Terceira Posição

Na PNL, a terceira posição é geralmente chamada de posição do *observador*. É onde você está *fora* de uma situação e apenas registra o que está acontecendo. Você vê o que acontece, completamente separado de si, como um repórter objetivo. É uma posição na qual você pode avaliar a si próprio e as opções. (É o que você fez quando saiu da imagem ou filme mental no Capítulo 2.)

Com frequência, os cientistas operam na terceira posição, como os cirurgiões, engenheiros e atores profissionais. As pessoas que trabalham nessas profissões saem de si mesmas para julgar o que está acontecendo. E como não há muita emoção na terceira posição, elas podem, de fato, determinar o que está funcionando e quais mudanças poderiam ser úteis. A desvantagem? Bem, se alguém fica preso na terceira posição, fica meio que distante habitualmente, e as pessoas sentem que não podem nem se conectar com elas.

Mais uma vez, o objetivo é aproveitar essas diferentes opções. Vá para a primeira posição para saber claramente como se sente. Para tentar algo a partir do ponto de vista de outra pessoa, vá rapidamente para a segunda posição. Para avaliar uma situação e as soluções, vá para a terceira posição, para ter objetividade.

Um Exemplo: Uso Intencional das Posições Perceptivas

Vejamos um exemplo de algo que aconteceu comigo quando comecei a estudar a PNL, que mostra muito bem a utilidade de mudar entre as posições perceptivas.

Naquela época, eu tinha uma namorada que não tinha certeza sobre o que fazer com a PNL, como essa técnica estava me mudando e o quanto isso me entusiasmava. Em um esforço para facilitar as coisas para ela, e talvez até fazer com que ficasse empolgada, eu disse: "Eu realmente gostaria que você

Capítulo Cinco: Criando Conexões Confortáveis

fosse a uma palestra de introdução à PNL e ouvisse. Em meu entusiasmo, acho que não consegui descrevê-la bem para você. Talvez meu professor favorito, Robert McDonald, consiga".

Ela concordou em ir, e durante as atividades nós nos separamos. Era uma sala grande, e todos nos envolvemos em atividades com outras pessoas. Pensei que seria útil para ela ver vários processos sem ter sua experiência influenciada nem contaminada por mim.

Na pausa do almoço, ela me disse: "Vou para casa. Estou muito mal".

Eu perguntei: "Poxa, o que aconteceu?"

Ela respondeu: "Ah, fui falar com o instrutor. Eu fiz uma pergunta simples e ele foi grosseiro comigo".

Pensei, "Pouco provável". Mas lhe dei as chaves do carro e disse para ir para casa. Eu pegaria uma carona com alguém no fim do dia.

No final daquela tarde, fui até o instrutor e conversei com ele. Eu disse: "Trouxe uma convidada e você acabou com ela. Ela estava se sentindo tão mal que foi embora".

Ele disse: "Ah, eu lembro. Ela apareceu e me fez uma pergunta". Então ele fez algo interessante. Tentou se lembrar da interação com minha namorada usando todas as três posições perceptivas. Ele usou a primeira como si mesmo e disse: "Vejamos, eu estava no meio da palestra com outra pessoa, ela apareceu e fez uma pergunta. Eu disse: 'Espere um momento. Quero responder, mas preciso terminar este processo'".

Eu disse: "Sabe, ela é realmente tímida, e não foi fácil trazê-la comigo hoje. Provavelmente foi muito sacrifício para ela se aproximar de você". Então, ele foi para a segunda posição. Ele se tornou ela e pensou: "Bem, sim, posso imaginar que se eu fosse tímido e hesitasse em estar aqui, se eu me aproximasse do instrutor e ele me desconcertasse assim, isso poderia ter sido um pouco abrupto para mim".

Depois, ele foi para a terceira posição e, de fora, viu os dois interagindo e pensou: "Sabe, o que ocorreu realmente não foi algo fora do razoável. Perguntei gentilmente se ela poderia esperar um pouco, mas compreendo como ela pode ter entendido errado. Posso me desculpar com ela?" Eu disse: "Não sei. Acho que ela não voltará mais. Simplesmente não sei".

Ele pediu o telefone dela e ligou naquela tarde para se desculpar. Foi muito interessante como ele fez. Ele se desculpou por qualquer coisa que tivesse feito para ela se sentir daquela maneira, mas deixou claro que esses sentimentos eram uma criação dela, não dele.

Ele deixou claro que não foi sua intenção deixá-la desconfortável e que não estava bravo nem irritado com ela. Ele lhe disse que só precisava concluir uma conversa que estava tendo com a primeira pessoa que tinha se aproximado com uma pergunta. Explicou que estava tratando a primeira pessoa como minha namorada gostaria de ser tratada. Acho que ela entendeu, porque voltou no dia seguinte.

Essa história mostra o valor de cada posição perceptiva. Se você estiver se sentindo mal demais com alguém ou uma situação, volte para *seu* corpo. A âncora que você criou no Capítulo 1 poderá ajudar a fazer isso, porque é uma âncora de poder *e* é uma âncora da primeira posição. Quando você tocar naquele lugar no dedo médio, deverá voltar para si mesmo.

Nas sociedades industrializadas, não somos encorajados a ficar na primeira posição. Somos encorajados a sair dela. As meninas são ensinadas a não serem egoístas; elas são empurradas para a segunda posição. Elas ouvem "Seja educada, bonita, útil e não se exponha".

E os meninos são ensinados a não chorar. Eles saem da primeira posição para a terceira: "Não seja um bebê; as coisas são assim. Seja homem". Nos negócios e nos esportes, mesmo que haja muita emoção, os homens são ensinados a não levare os fatos para o lado pessoal. É como a Máfia. Um cara atira no amigo e diz: "São apenas negócios".

Lembro-me de quando estava no sexto ano e estava jogando futebol com um amigo pela primeira vez. Ele realmente me bateu abaixo da cintura. Ele se desculpou e disse que não foi pessoal. O que ele fez me tirou do jogo, e fiquei magoado por meu amigo ter me machucado deliberadamente para me passar para trás. Mas aprendi o código: "Não é nada pessoal, amigo. São apenas negócios, ou é apenas um jogo".

Sei como me sinto quando estou em meu corpo. Sei exatamente como me sinto. Não tenho ideia sobre como você se sente porque estou em *meu* corpo. Sei como faço. Mas não sei como *você* faz. Como posso descobrir como *você* faz? Posso descobrir como você faz saindo de mim mesmo e tendo empatia por *você*.

Capítulo Cinco: Criando Conexões Confortáveis 155

Quando temos oportunidade de lidar com outra pessoa, muitas dessas atividades encorajam a segunda posição. É um lugar útil para visitar, mas você não pode viver nela. Você vai até lá para conseguir informação; não *fica* nela. É apenas seu lugar para obter informações sobre como os outros realmente são. Você deseja viver na primeira posição — e visitar rapidamente as outras duas.

Processamento Instantâneo: O que Seus Filtros Processam *Primeiro*

Quando encontramos alguém pela primeira vez, nosso cérebro começa a processar *instantaneamente* as informações sobre o que vemos, ouvimos e sentimos. Para ajudar as pessoas a entenderem e lembrarem o processo, Rick Middleton, fundador da Executive Expression em Los Angeles, criou um acrônimo — GGNEE. Em um primeiro encontro, veja o que notamos inicialmente sobre alguém. *Nesta ordem,* observamos:

Gênero. Não é pela roupa que está vestindo, é porque somos criaturas biológicas que vêm em duas versões, portanto, a primeira coisa que notamos é a versão da outra pessoa.

Geração ou idade. É criança? Está em idade reprodutiva ? É mais velha? É inteligente? É dependente?

Nacionalidade ou etnia. Basicamente, a cor da pele, o tipo de pessoa.

Escolaridade. Conversar com alguém ou ver como se veste nos leva a conclusões sobre seu nível educacional, que é um dado socieconômico.

Emoções. Após captar e processar esses outros detalhes, então especulamos sobre suas emoções. O que a pessoa parece estar sentindo?

Tal processamento ocorre muito rápido — vupt! É tão rápido que nosso receptor desliga, e agora não estamos mais abertos a receber nenhuma informação *real* nem original da pessoa. Estamos presos na eficiência da generalização.

Então, como os gênios lidam com isso?

Embora as pessoas que são mestres em entender e se conectar com os outros também tenham esses filtros, *elas* entendem e estão cientes de como seu cérebro funciona. Quando notam que estão criando estereótipos e impressões generalizadas, põem de lado esses filtros. Elas não ficam mais nessas posições, abrem-se para a outra pessoa. Em vez de serem egoístas, conseguem diminuir a interferência interna e focar na outra pessoa.

É esse hábito consciente que espero que você pratique e domine. Se formos realmente bons com as outras pessoas, precisaremos nos reprogramar para não deixar que *nossos* julgamentos, opiniões ou crenças, nossas dissonâncias ou desconfortos tirem a atenção da outra pessoa.

Se não tivermos paz de espírito, se não estivermos confortáveis com nós mesmos, se estivermos nos sentindo um pouco inseguros ou incongruentes, adivinhe o que acontecerá. A outra pessoa começará a se sentir insegura. Ela sentirá que estamos desconfortáveis — e, portanto, ficará desconfortável e receosa.

Administrar seu estado interior é importante. O que você aprendeu sobre si mesmo com as atividades de descoberta nos últimos capítulos contribuirá para um pré-condicionamento positivo que lhe permitirá ser uma companhia ainda melhor.

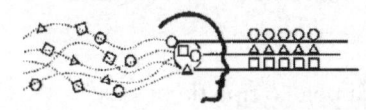

Atividade de Descoberta: Identificando Como as *Outras* Pessoas São Boas Companhias

Ao olhar dentro de sua própria mente e de suas lembranças agora, pense nas pessoas que considera boas companhias, pessoas das quais gosta de estar por perto e que o fazem se sentir bem.

Quando penso na maioria das pessoas divertidas que conheço, penso nos tipos festivos. Elas, porém, não são as pessoas que me fazem sentir bem. Francamente, elas fazem com que eu me sinta inadequado. As pessoas que me fazem sentir bem são aquelas que têm paz interior e que parecem estar genuinamente interessadas em mim e se importam comigo. É assim também com você?

Quando você pensa nas qualidades das companhias que o atraem, que o fazem se sentir seguro e valioso, tem uma ideia muito boa sobre as qualidades que você deseja construir em si mesmo.

Portanto, agora pense em alguém que você gosta de ter por perto, uma pessoa que o faz sentir-se bem quando está com ela. O que há nela que contribui com essas sensações boas? Anote as características, comportamentos ou modos de ser especiais.

Agora pense em outra pessoa que é uma boa companhia para você. Quais são suas características, comportamentos ou modos de ser especiais? Compare essa lista com a primeira que fez (antes no capítulo) para que tenha uma lista sólida dos comportamentos que quer incluir quando fizer mudanças em seus padrões. Anote qualquer qualidade que deseje construir ou reforçar em si. Lembre-se de que é possível repetir o processo sempre que notar que gosta da companhia de alguém ou vê alguém que é mestre em criar afinidade e relações.

Quando comparar essas descobertas com a lista feita há alguns minutos, notará itens que repetem algo que você *já* identificou. Essas coisas repetidas podem ser aquelas que exercem mais influência para fazer uma mudança significativa. Anote também qualquer característica nova ou comportamento que gostaria de integrar em como você interage com os outros.

Um Trabalho Interno: Como Ajudar Outras Pessoas a Se Sentirem Seguras

Dissemos antes que fazer outra pessoa se sentir segura é o segredo para criar uma conexão. Para tanto, você deve controlar seus próprios sentimentos de insegurança, nervosismo ou incongruência. Não se trata das outras pessoas, mas, sim, de um trabalho interno.

Algumas pessoas que têm problemas com isso falam sobre timidez, quando, na verdade, é nosso modo de pensar que nos torna tímidos. Essa timidez acionará um alerta no cérebro de outras pessoas porque fará com que elas se sintam muito desconfortáveis. Basicamente, comunica que somos tão egocêntricos que realmente não estamos prestando atenção. Ficamos nervosos, nossos olhos se movem para todos os lados, transferimos nosso peso de um pé para o outro ou ficamos inquietos; você sabe como é. Esses comportamentos não levam outra pessoa a se sentir confortável, temos que estar confortáveis com a gente mesmo. Esse trabalho interno deve ser feito *antes* de podermos deixar alguém à vontade ao interagir conosco.

O interessante é que um modo de ficar confortável é prestar atenção total na outra pessoa, e não em você. Em vez de ficar preso, você fica na primeira posição, mas foca na outra pessoa de dentro de sua primeira posição. Você opera a partir da intenção de deixar a outra pessoa se sentir segura.

Não É Apenas Imitação: Como Espelhar e Combinar Pode Ajudá-lo a Fazer Conexões

Veja como fazer isso: você usa sua segunda posição para sentir como a pessoa está e se permite corresponder *sutilmente* aos movimentos físicos dela, fazendo o que ela faz com seu corpo. Embora o conteúdo e a qualidade das conversas possam determinar como nossos corpos combinam ou não uns com os outros, o modo como nosso corpo, nossos gestos e tons combinam ou não pode influenciar uma conversa real.

A diferença entre combinar e imitar é que a imitação realmente é visível e pode incomodar a pessoa ou deixá-la muito desconfiada. Se alguém vir o espelhamento como uma imitação, isso criará dissonância, não harmonia. O que você realmente deseja fazer é combinar seus modos *sutilmente com os da pessoa,* como ela se senta, a posição de suas mãos, a rapidez com que fala ou sua respiração.

Exemplo: Afinidade Natural em Ação

Veja uma história sobre afinidade natural de meu primeiro treinamento em PNL. Entrei na sala após uma pausa e descobri que as cadeiras tinham sido reorganizadas. Olhei e vi pares de cadeiras que tinham sido colocadas de costas. Notei que uma mulher perto da qual eu estava sentado antes agora estava sentada em uma cadeira e um amigo estava perto dela, e me convidou para sentar na outra cadeira. Quando fui me sentar na cadeira vazia de costas para Ruth, ela disse: "Temos que conversar".

Seu tom foi intencionalmente maldoso, sabendo que é raro um homem ouvir aquelas palavras de uma mulher sem sentir um frio na espinha. Eu me senti um pouco desconfortável e perguntei: "Qual o problema?" Ela riu e disse que estava apenas brincando.

Então o instrutor pediu para que conversássemos sem ver a outra pessoa, simplesmente sentados de costas. Ele disse para falarmos sobre qualquer coisa *e* que deveríamos chegar a um acordo. Era tudo o que precisávamos fazer.

Como observador, Steve, que era a terceira pessoa em nosso grupo, foi instruído apenas a assistir e observar tudo. Não nos foi dada nenhuma informação sobre o que esperar, assim, começamos a conversa — como o dia estava bonito, o quanto estávamos gostando do treinamento, como foram interessantes algumas descobertas etc.

Isso prosseguiu por um tempo, quando o instrutor parou e disse: "Tudo bem, agora eu gostaria que vocês conversassem discordando". Então decidi me vingar de Ruth e comecei dizendo imediatamente: "Bem, acho que as mulheres têm direitos demais nesta sociedade. Era muito melhor quando elas apenas ficavam no quarto".

Ruth era capitã em uma frota de pesqueiros, uma mulher muitíssimo inteligente e obstinada. Eu sabia que esse comentário a atingiria como um raio. Então ela se voltou para mim, e tivemos uma conversa muito animada por alguns minutos. Depois o instrutor nos interrompeu de novo.

Ele pediu que virássemos as cadeiras para ele. Em vez de nos perguntar qualquer coisa, ele pediu que os observadores atribuídos compartilhassem o que notaram, e foi surpreendente. Um após o outro, eles disseram que quando os parceiros estavam tendo uma conversa agradável, sem se importar com quem estavam sentados quando o exercício começou, sua postura mudou e espelhou a pessoa às nossas costas. Steve relatou que Ruth e eu não só tínhamos as pernas cruzadas do mesmo modo e as cabeças inclinadas na mesma direção, mas também estávamos gesticulando em sincronia.

Quando se ouve algo duas ou três vezes, é possível pensar que é coincidência, mas estávamos ouvindo as mesmas observações dezenas de vezes. Todos os observadores estavam dizendo a mesma coisa. Foi muito estranho para mim. Eu não tinha nenhuma consciência pessoal disso, uma vez que estava sentado de costas para Ruth e não estava observando os outros pares.

Então o instrutor perguntou o que aconteceu quando os parceiros se envolveram em uma conversa na qual discordavam. Provavelmente você não ficará surpreso com o desfecho. Ficamos completamente sem sincronia. As partes não combinavam em nenhum caso, e provavelmente havia duas dúzias de pares de cadeiras fazendo o experimento em particular. Mesmo que estivessem em sincronia antes, o espelhamento desapareceu. As posições dos corpos ficaram mais fechadas e diferentes. Os gestos e expressões faciais ficaram sem sintonia.

A experiência foi realmente instrutiva, e recomendo que você observe como esses indicadores de harmonia e discórdia estão em ação quando você experimenta ou observa conversas que são agradáveis — e aquelas mais conflituosas. O processo de estar ou não em sincronia com alguém é chamado de "Espelhamento" na PNL.

Então, como a história que eu acabei de compartilhar, quando realmente queremos ter afinidade com alguém, naturalmente espelhamos e combinamos com a pessoa. Não é complicado. Você não precisa lembrar coisas demais aqui, precisa ter a intenção de ter afinidade com a outra pessoa. Como fazer isso? Uma ótima maneira é ser muito curioso sobre o estado emocional e "experimentar" qualquer coisa imaginada.

Quando você ficar em sincronia com a pessoa em termos de linguagem corporal, notará que há requisitos de espaço. Você não deseja apertar a pessoa *nem* quer ficar distante demais. Provavelmente você tem ciência de que as pessoas de culturas diferentes têm requisitos de espaço diferentes. Sou meio irlandês e meio assírio. Portanto, minha parte assiriana desejaria me colocar perto do rosto de alguém, onde poderia sentir a respiração da pessoa. É assim no Oriente Médio. Minha parte irlandesa preferiria o modo europeu tradicional, que favorece maior distância.

Apesar da minha herança, cresci no subúrbio de Los Angeles e fui educado com os requisitos de distância que são geralmente aceitos aqui. Acho que se eu estiver conversando com alguém de outra cultura que fica perto de mim, terei ciência disso, mas isso não me deixaria mais desconfortável. Costumava ficar — e com algumas pessoas isso criará uma antipatia subliminal. E se você estiver longe demais, criará uma antipatia subliminal, porque a pessoa sentirá que você não deseja estar perto ou não gosta dela.

Você achará que de meio a um metro de distância geralmente é um espaço razoável para a maioria das conversas, perto o bastante para alcançar e tocar em alguém, mas não tão próximo a ponto de você estar *em* seu espaço pessoal.

Foco Nelas, Não em Você: Como Criar uma Sensação de Percepção

Um elemento-chave da segurança e aceitação é sentir-se percebido. Para tanto, mude o foco de você para a pessoa. Veja três modos fáceis de fazer isso.

Apenas Uma Olhada: Contato Visual e "Olhar Fixo"

Para ajudar alguém a se sentir visto, você precisa fazer contato visual com a pessoa, certo? Provavelmente, quando era criança, olhou fixamente para alguém com raiva. Pode até ter ficado impune ao olhar seus pais com raiva, sem poder dar uma resposta malcriada. Eu não conseguiria sair impune com o que chamamos de "desdém" com meu pai, porque ele era sensível demais a esse tipo de comportamento. Mas quando éramos crianças, meu irmão e eu nos olhávamos com raiva e intimidação.

Contudo, um olhar fixo também pode ser convidativo, não pode? Quando adultos, quando paqueramos e queremos fazer um tipo de conexão romântica com alguém, podemos olhar a pessoa por mais tempo também.

De um modo inconsciente, todos nós aprendemos por quanto tempo é educado olhar nos olhos de uma pessoa. Você *pode*, claro, olhar por mais tempo quando a pessoa está conversando com você. E quando o faz com uma intenção positiva, dá a sensação de que a pessoa está realmente sendo vista e ouvida. Esse contato visual tem relação com a duração do tempo que você olha nos olhos de uma pessoa. Chamo isso de "olhar fixo".

É divertido experimentar manter o olhar fixo em alguém. É algo que você pode fazer facilmente e ficará contente com os resultados interno e externo. Por exemplo, você pode olhar uma pessoa quando ela está conversando com você, afastar o olhar e voltar a olhar. O que você pode não saber é quanta consciência a outra pessoa tem sobre esse tipo de atenção. Realmente muda o modo como ela se sente sobre si mesma, em relação a você e como avalia o valor do que está dizendo.

Então experimente. Olhe direto para uma pessoa que normalmente você poderia ignorar, como um garçom, funcionário do pedágio ou balconista que responde a uma pergunta que você fez. Em geral, não olhamos essas pessoas por muito tempo. Desviamos o olhar porque estamos em uma missão, estamos ansiosos. Mas se você olhar a pessoa por mais meio segundo, acabará fazendo uma conexão humana direta com ela. É tudo o que precisa fazer. A pessoa se sente reconhecida como indivíduo.

Também é importante olhar diretamente nos olhos de uma pessoa quando você diz "Obrigado" ou "Por favor". Mesmo que você esteja apenas pedindo mais molho de tomate, será melhor atendido se mirar diretamente nos olhos do atendente, em vez de apenas olhar seu prato ou sua companhia no jantar e dizer: "Pode me trazer mais molho de tomate, por favor?"

Se você parar, olhar a garçonete e disser "Pode me trazer mais guardanapos, por favor?", e ela responder "Pois não", mantenha seu olhar e diga: "Muito obrigado". É surpreendente — de repente, sua prioridade aumenta. É uma pequena mudança, mas é como energia nuclear. Lembre-se: as pessoas necessitam sentir-se seguras e à vontade. No entanto, se seu interesse for intenso demais, poderá transmitir uma sensação muito desagradável. Tem que ser algo leve. Tente esse olhar fixo sutil e mais longo, e notará como suas interações mudam.

Para fazer uma pessoa se sentir bem, você desejará espelhá-la sutilmente e entrar em sincronia com ela. Mas também precisa fazer com que ela se sinta sinceramente notada e interessante. Muitas pessoas acham que ninguém toma conhecimento delas. Você pode não estar ciente disso, mas *grande parte* delas não se sente bem. Muitas pessoas não se sentem compreendidas. Sentem-se tratadas como objetos.

Se, por exemplo, alguém for seu cliente, então você desejará ter o cuidado de enxergá-la como uma pessoa também, cujo valor vai *além* de uma transação comercial. Ele é um ser humano, não importa seu papel.

Conte-me Mais: Perguntas que Fazem a Pessoa Continuar Falando

Não importa se alguém é policial, médico, CEO, zelador ou jogador de futebol de 13 anos. Todos são, antes de mais nada, seres humanos e, portanto, têm sentimentos. Eles terão consciência de seus próprios sentimentos primeiro quando estiverem lidando com outra pessoa. É incrível como os sentimentos guiam nosso comportamento — estando nós cientes desses sentimentos ou não.

Capítulo Cinco: Criando Conexões Confortáveis

Nesse caso, deve-se entrar em sincronia com a linguagem corporal da outra pessoa, e então fazer perguntas e ouvir, em vez de conversar. Isso é grandioso. Os especialistas dizem "Esteja interessado, não seja *interessante*". Então, como você faz a outra pessoa se sentir bem? Simples: você relaxa, recua e permite que sua atenção fique *nela*.

O que muitos de nós fazemos quando encontramos outra pessoa, especialmente quando estamos nervosos ou tensos, é aumentar nossa intensidade. Persuadimos, encorajamos, argumentamos, instigamos, entretemos, falamos muito sobre nós mesmos, e isso sobrecarrega os outros. As pessoas são realmente boas em saber como *estão* se saindo.

Desse modo, ouvir, fazer perguntas e refletir é um jeito mais fácil, suave e menos exigente de se envolver com alguém. Em vez de começar com "Então, fale um pouco sobre você", pense nisso como um jogo de detetive no qual você deseja aprender o máximo que pode sem sujeitar a pessoa a um interrogatório. O que funciona bem para mim é perguntar: "Como você começou o que faz?" E geralmente a pessoa me conta coisas que acho muito informativas, e é apenas o começo. Quero manter a conversa fluindo, então eu não digo: "Tudo bem, obrigado". Pelo contrário, eu falo: "Que interessante. O que você mais gosta no que faz?"

São apenas alguns exemplos. Você pode perguntar: "O que você está tentando fazer que é importante em seu negócio ou sua vida?", Você não se expressaria assim se estivesse lidando com alguém com um vocabulário diferente. Poderia dizer: "O que é mais importante para você?", ou "Do que você mais gosta?", ou ainda "Quais são seus planos para o verão ou férias?"

Se a pessoa disser "Vou acampar com minha família", diga "Interessante. Do que você mais gosta quando acampa?"

O motivo para eu perguntar isso é que alguém poderia dizer: "O que eu mais gosto ao acampar são as pessoas que conheço", ou podem falar "O que eu mais gosto em acampar é a comida" ou "Do que eu gosto mais são os cheiros da natureza". Outra pessoa poderia explicar que são as atividades — é a caminhada, remar ou ver as crianças quando a bendita televisão não está ligada. Você descobrirá *seus* motivos, e isso lhe dará mais informações sobre quem são essas pessoas.

Então, quando lhe disserem algo, responda: "Nossa, que legal! Por que isso é importante para você?" É um pouco parecido com jogar tênis — seu objetivo é manter a bola em jogo, não devolver ou colocar a bola fora do alcance a ponto da pessoa não conseguir fazer o próximo movimento com facilidade.

Além de fazer boas perguntas complementares para demonstrar que você está ouvindo, você deseja *devolver*. Quando alguém sente que você ouviu e entendeu, ela permite que você saiba disso e, geralmente, abre a porta para conversar por mais tempo e com mais profundidade.

Assim, de acordo com o exemplo com o qual estamos lidando, você poderia devolver dizendo: "Então o mais importante para você ao acampar é que você passa um tempo com sua família e tem uma conexão melhor? "

"Sim!"

"Bem, como é em casa?"

"Então, sabe, dificilmente nos vemos. Raramente sentamos para jantar juntos."

"Ah, a sua casa deve ser realmente movimentada."

E a pessoa poderia dizer: "Sim, é."

"Você trabalha durante muitas horas? Qual é seu trabalho? O que você faz?"

Ou, em resposta para "deve ser realmente movimentada", a pessoa diz: "Bem, assumi um projeto, participo do clube de rádio local e fazemos um trabalho de resgate".

Se você estiver genuinamente interessando quando conversar com alguém, descobrirá, quando começar a fazer perguntas, que a pessoa ficará mais aberta. Notará que ela começa a se inclinar para a frente, em sua direção. Exploraremos mais os comportamentos não verbais no próximo capítulo.

Basicamente, estamos falando agora sobre como causar uma boa primeira impressão, o que é muito simples. Para resumir, verifique se você está bem, *então* deixe a outra pessoa se sentir bem. Uma boa primeira impressão é 50% de um trabalho interno de administrar a si mesmo para que a outra pessoa se sinta segura e 50% de administrar a conversa para que a *outra* pessoa se sinta interessante e estimada.

Entendi: Perguntas que Mostram que Você Se Importa

Além de fazer perguntas que mostram seu interesse na pessoa, você pode fazer perguntas que revelem que você se importa com o que ela sente. De novo, em vez de dar à pessoa muitas informações, você *obtém* muitas informações.

Se tocar um ponto sensível ou se a pessoa tocar em um assunto que a incomoda, será possível pôr emoção no assunto. Você pode dizer: "Estou tentando entender o que você está sentindo e acho que é isso. Isso realmente o irrita, certo? E se não irrita, o que você está sentindo?" Ela confirmará o que você disse ou compartilhará mais informações. As pessoas não estão muito acostumadas com alguém que se importe com o modo como se sentem, quem dirá alguém que converse sobre isso. Contudo, podemos explorar isso de um modo que elas se sintam seguras e valorizadas.

Seu objetivo é demonstrar que você se importa mais sobre como *ela* se sente do que *fazer com que* se sinta de certo modo.

O mais importante sobre a PNL, e o motivo para eu ter organizado o livro dessa maneira, é nos dar poder sobre nós mesmos e sobre nossos padrões automáticos, algumas vezes inconscientes. Quando conseguimos esse tipo de influência interna e fazemos uma mudança em nós mesmos, somos uma companhia melhor, o que nos permite ter mais interações e relações agradáveis.

Mudando as Luzes: Avisos que Sinalizam uma Desconexão

Quero destacar duas coisas sobre as quais falamos antes — direção da atenção e intensidade — e como é importante notar as respostas que conseguimos com nossos esforços de envolver alguém. Por exemplo, minha esposa tem muita energia e é expansiva. No início de nossa relação, notei que quando ela estava ansiosa para contar uma história, dizia:"E... e... então...", e logo perdia a plateia. Como os ouvintes não entendiam ou estavam preocupados, ela se esforçava um pouco mais para chamar a atenção. Ela dificilmente faz isso agora, mas costumava fazer, especialmente com seus filhos. Agora, quando conversa com eles, procura os sinais de aviso de que eles estão se desmotivando.

Chamamos isso de "afastar o foco". É como entrar na terceira posição perceptiva. E é particularmente útil quando somos intensos. Quando estamos entusiasmados ou nos sentindo um pouco desesperados, algumas vezes acabamos tentando encorajar, persuadir, insistir. Esses comportamentos intensos afastam as pessoas. É aquele vendedor de porta em porta ou telemarketing que continua depois de você ter dito não com educação. Para evitar isso, preste atenção em como alguém está respondendo a você. Quando notar a falta de interesse ou uma mudança de estar em sincronia com você, recue, pare de falar e deixe a pessoa liderar.

Tive oportunidade de fazer isso em um lanche em família outro dia, na área da Baía de São Francisco. Eu estava falando sobre PNL para o marido da prima de minha esposa. Como ele me perguntou sobre isso, achei que estivesse interessado.

Assim que comecei a falar sobre minha paixão, vi que ele desviou o olhar. Isso foi minha pista, então eu disse: "Bem, vamos deixar para outra ocasião, quando não estivermos no meio de um lanche em família. Então, fale sobre seu carro novo". E ele imediatamente se iluminou. Eu apenas abandonei o tema. Reconheci e respeitei sua falta de interesse naquele momento e passei a outro assunto.

Meu amigo, se há alguns anos eu soubesse como é maravilhosa essa flexibilidade, teria me poupado de muitos aborrecimentos. Mas agora sei. E quando me lembro e vejo as pessoas em minha vida que eram agradáveis e inteligentes com outras pessoas, percebo: "Ah sim, de algum modo elas já sabiam disso".

Mais Escolha É Melhor: Como Ser Versátil o Ajuda a Se Conectar

Você já tomou conhecimento da pressuposição da PNL de que o elemento mais flexível em um sistema tem mais influência. Quando você muda a si mesmo, sua mente fica mais em paz... mais intrigada com as mudanças que faz... menos sujeita às emoções involuntárias... e mais flexível quanto ao modo como se comunica, e as pessoas à sua volta mudam também. Você descobrirá que o modo como elas respondem ao novo você é diferente. Portanto, a maneira mais fácil de mudar nossa experiência com outras pessoas é mudar a nós mesmos.

Conforme você faz isso e olha para outras pessoas, começa a perceber: "Ah, se eu me envolver nessa interação e ficar preocupado com o que a outra pessoa pensa sobre mim, ou ficar preocupado em defender uma opinião ou com ser apreciado, isso será contraproducente".

Algumas vezes você pode ficar surpreso quando faz mudanças que acha que deixarão todos à sua volta entusiasmados. Por exemplo, um amigo de 48 anos que trabalhava com TI foi obeso por anos — e sua irmã também. Ele começou a correr e, por fim, participou de uma maratona. Ele me disse que, quanto mais magro ficava, mais sua irmã ficava chateada. Ele disse: "Acho que ela vê isso como uma crítica, quando só quero me sentir melhor. Quero ser capaz de cuidar da minha família, e não ser um fardo". Ele deixou claro que isso era mais importante do que sua irmã estar um pouco chateada, com ciúmes ou medo de agora ser a única com problemas. Lembre-se, você também pode ter esse tipo de efeito propagador.

A coisa mais importante que posso fazer é me aproximar de outra pessoa com curiosidade, expectativa, otimismo e interesse. Ele continuou: "Existirá algo fascinante sobre esse outro indivíduo — imagino o que possa ser. Como cada pessoa é única e sabe de algo especial, vou aprender algo conversando com ela. E não sei o que é. Será legal!"

Como você pode lembrar das análises na Seção 1, nossas expectativas modelam nossa experiência, certo? Quando temos esse tipo de expectativa curiosa e positiva, podemos nos tornar magnéticos. Pense em sua própria vida. As pessoas gostam de ter a impressão de que atraem os outros como mágica, não gostam?

Como você sabe muito bem, é mais fácil conversar com algumas pessoas do que com outras. Você pode chamá-las de difíceis, mal-humoradas, fechadas ou irascíveis. Não importa como se refira a elas, o importante é o que você faz com as sensações que tem sobre elas ou ao interagir com elas.

Um Exemplo: A Importância da Versatilidade em Situações Difíceis

Veja uma história que ilustra como as coisas saíram dos trilhos em uma conversa, talvez até tenha sabotado uma relação, e o que é possível fazer. Quando pedi à minha cliente, Terry, uma contadora de 56 anos, para me dar um exemplo de pessoas com quem ela tem problemas para se comunicar, ela disse: "É difícil para mim me comunicar com pessoas que têm um tom de acusação no que dizem ou como dizem".

Quando pedi uma "situação", ela contou o que seu filho disse: "Você deixou as luzes acesas!" Isso era específico, mas eu não entendi imediatamente por que ela achou que foi uma acusação. Frustrada comigo, ela falou: "Ele estava sendo passivo/agressivo. Não foi porque a luz ficou acessa, é porque ele *já* estava irritado com algo". Ela começou a explicar que quando seu filho comprou uma casa nova e a mostrou para ela com orgulho, ela simplesmente disse: "É muito boa". Ela não reagiu com muito entusiasmo "É linda! É bonita! É blá, blá, blá".

Quando perguntei se ela achava que o rapaz ficou desapontado porque esperava mais empolgação, ela disse: "Bem, se ficou, ele deveria ter me dito, em vez de usar um tom de acusação o tempo todo". Foi então que a relação começou a descarrilar — e eles começaram a ficar presos nessa nova dança. Para ajudar a mudar o padrão de comunicação, pensei que poderia ser útil que Terry aprendesse a acalmar alguém quando as emoções estão à flor da pele.

Veja uma pequena versão do que recomendei. Convidei Terry a considerar que o filho tinha ficado magoado porque ela não se mostrou muito empolgada, então ele transferiu esses sentimentos e agiu de outro modo. A maioria de nós faz isso de vez em quando.

Em seguida, pedi para ela imaginar seu filho nesse momento de novo, quando estava mostrando a casa nova pela primeira vez e ela disse "É muito boa", e observar qual emoção ele pareceu estar sentindo. Ela disse que foi tristeza, por ela não ter ficado impressionada.

Chegamos a uma encruzilhada. Eu disse: "Então, se você notou que ele ficou triste, poderia ter dito 'Tenho a sensação de que você está triste por eu não fazer o elogio certo. É verdade?'" Ela explicou que não reconheceu isso no momento, que, de fato, foi apenas um ano depois que ela reuniu todas as peças. Mesmo assim, estávamos falando agora sobre como ela *poderia* lidar com ele. Discutimos que não é como ela se sentiu ou se sente nesse momento, é como tratar os sentimentos de outra pessoa para que *ela* sinta que você deseja entender e se conectar com ela.

Capítulo Cinco: Criando Conexões Confortáveis   169

Fazendo Perguntas que Mostram que Você Se Importa com os Sentimentos das Pessoas

Quando alguém está abalado, deve-se atrelar uma emoção. Experimentei isso e funciona como mágica. Você poderia dizer: "Sinto que você está com raiva. É verdade? Ou chateado. É isso?" Se a pessoa diz "Não estou", então,- falo "Desculpe. Se não é isso, o que você está sentindo?", e recebo o que a pessoa escolhe me contar.

A próxima coisa que desejo fazer é entender a importância da questão para a pessoa. Então normalmente digo algo como: "Entendo. Você está muito chateado?" ou "Entendo, e você está chateado porque...". Nesse ponto, é importante dar todo o tempo de que a pessoa precisar para desabafar, porque você está fazendo perguntas para que ela possa expressar seus sentimentos, não para você poder reunir informações.

Novamente, isso nos faz voltar ao fato de que muitos de nós nos sentimos pouco valorizados. Desde que comecei a estudar, estou impressionado com a frequência com que isso é verdade. Estou surpreso. Não funciona apenas com meus clientes em consulta, mas aparentemente também nas situações sérias, porque li isso em um manual de negociação de reféns. Foi surpreendente que os negociadores mais bem-sucedidos sejam aqueles que, em vez de ler a mente da outra pessoa, apenas chegam ao ponto de tentar adivinhar qual é a emoção da outra pessoa e a realimentam. O objetivo aqui é permitir que a outra pessoa saiba que *você* sabe o que *ela* está sentindo.

Então a pergunta é: "Estou tentando entender o que você está sentindo e acho que você está triste. Acertei? Se não for isso, o que você está sentindo?"

Terry e eu reproduzimos várias situações de como as coisas poderiam se desdobrar se ela fizesse essa pergunta a seu filho. E como ela poderia precisar explorar sua resposta para assegurar que realmente entendeu. Para tanto, desempenhamos papéis: "Então, o quanto você está irritado ou triste?" E depois de dar a seu filho o tempo necessário para formar uma resposta, ensaiamos: "E o motivo para você estar tão irritado é que... ?"

Nesse ponto em nosso pequeno psicodrama, Terry percebeu que não sabia como ele responderia a essa pergunta aberta. Ele poderia dizer: "Estou irritado porque você não teve interesse", "porque você não teve consideração", "porque você nunca gostou da minha esposa", ou "porque você nunca aprova nada do que faço". Terry conseguiu entender que não importava o que seu filho realmente dissesse. Essa coisa específica não é importante. *O importante é a troca em si.*

Nada disso resolve o problema! Isso só permite que as pessoas digam o que está acontecendo com elas. Vamos revisar rapidamente a abordagem que Terry e eu utilizamos. Até este ponto, fizemos quatro perguntas. (1) Pedimos à outra pessoa para conectar uma emoção. (2) Perguntamos qual era a emoção. (3) Perguntamos o quanto ela está abalada. E (4) perguntamos o motivo de ela estar tão abalada.

Permitimos que elas dissessem qualquer coisa que quisessem e *não* argumentamos.

Explorando as Próximas Etapas

A quinta pergunta é: "O que precisa acontecer para essa sensação melhorar?" A parte importante aqui é que você está permitindo que a pessoa entre em si mesma e descubra o que precisa mudar.

Quando analisamos a possibilidade de Terry perguntar isso a seu filho, exploramos como ela poderia ouvir: "Bem, preciso que você se desculpe", "Preciso que você saia imediatamente", "Quero que você goste da minha esposa" ou qualquer coisa.

Quando a maioria das pessoas tem uma reclamação, você notará que elas desejam que as outras pessoas ou circunstâncias mudem. Em geral, é algo externo. Portanto, aceite isso e nunca argumente.

Assim que souber o que a pessoa chateada deseja, poderá fazer mais duas perguntas. Primeiro, "O que *eu* posso fazer para isso acontecer?" Depois de ouvir o que ela deseja que você faça, então diga: "E o que *você* pode fazer para isso acontecer?"

Veja o que acontece. Quando participamos da mudança que alguém deseja, provavelmente a pessoa também participa. Assim que a outra pessoa se sente ouvida e percebida, partimos para um diálogo construtivo.

Terry concordou em experimentar essa abordagem e mais tarde me disse que, mesmo sendo desconfortável para ela, iniciou a comunicação com seu filho. Eles realmente dialogaram, e seu filho soube que ela se importava de verdade com o modo como ele se sentia, o que foi o primeiro passo para remediar as coisas entre eles.

Sem Rodeios: Apenas Intenção Positiva e Pergunta Autêntica

Quando pensar em fazer isso com as pessoas em sua vida, essa abordagem poderá parecer bem radical. As pessoas falam em conquistar a simpatia dos outros com festas, roupas elegantes e posições persuasivas. Começo a entender que o que realmente funciona na comunicação é relaxar com a outra pessoa, ser agradável e manter o foco nela.

Veja por que isso funciona: a maioria das pessoas está de fato fazendo o melhor que pode. De novo, não é pensar como Pollyanna, é a realidade. E se você deseja ser eficiente e eficaz nos sobressaltos da comunicação e das relações, terá que ser autêntico. Você tem que dar ao outro o crédito por sua humanidade.

Você descobrirá que a parte mágica de decidir ter um bom relacionamento com alguém é quando você muda a si mesmo — de repente você se relaciona melhor com a pessoa *e* os outros também. É a parte maravilhosa disso. É fácil. Não temos que fazer nada para ninguém. Fazemos uma pequena alteração em como pensamos e administramos nossos sentimentos, e é como mágica. Abracadabra, e nos relacionamos melhor com as pessoas.

Foi uma surpresa e um pouco vergonhoso quando um amigo querido me disse o quanto eu tinha mudado durante o curso de meu treinamento em PNL. Para ser honesto, pensei que eu era um cara muito legal antes. Quero dizer, tinha amigos, era bem-sucedido de uma maneira importante para mim na época, mas várias pessoas que me conheciam antes me disseram que desde que comecei a estudar a PNL, fiquei mais acessível e fácil de conviver.

Eu não tinha muita certeza do que significava ser acessível, pois não estou fora de mim mesmo. Mas quando entro na terceira posição e me observo, vejo um cara grande com voz profunda, que fala rápido, se move rápido e toma a iniciativa para fazer muita coisa acontecer. Sou capaz de ver que isso pode ser irritante. Se eu fosse uma pessoa mais gentil, mais atenciosa e ponderada, alguém como eu poderia parecer muito desagradável.

Nunca percebi isso. Eu achava que estava sendo um sujeito de ação, fazendo a diferença, realizando coisas. Achei que estava sendo um bravo soldado, então foi realmente chocante perceber que para algumas pessoas esse ato era um pouco difícil de aceitar. É por isso que digo que a novidade aqui é que a maior parte de ter um bom relacionamento com os outros é um trabalho interno.

Se você está cheio de estereótipos e acha que sabe muito sobre do que as outras pessoas realmente gostam, provavelmente terá problemas. Você *não* ouvirá as pessoas realmente, e elas saberão disso. Se estiver preocupado demais em atender a suas próprias necessidades, em conseguir comentários de alguém que diz que *você* é uma ótima pessoa, se precisar ser interessante mais do que deseja estar interessado nos outros, então afastará as pessoas.

Veja o que você deve se perguntar: "Como posso interagir com a outra pessoa? O que posso aprender com ela?"

O impacto que essa mudança pode ter me lembra de uma história do século XIX sobre Johnny Appleseed. É um mito norte-americano sobre um cara que andava pelo país jogando sementes de maçã no solo, deixando belas macieiras por onde quer que passasse.

É algo bonito de pensar. Não seria ótimo se, como Johnny Appleseed, pudéssemos espalhar curiosidade... otimismo... autoaprovação... esperança... e aceitação por onde quer que passássemos? Reconhecendo de fato as pessoas, realmente interagindo com elas, estando interessado nelas e elogiando-as, você pode. É incrível o quanto se pode mudar sinceramente o modo como as pessoas se sentem.

Pode-se começar a fazer isso agora mesmo e ver por si só como é mágico. Você tem tudo o que precisa para praticar. Primeiro, tem seu próprio cérebro para ajudar e pode fazer isso sempre que decidir sentar-se, entrar e ver o que está acontecendo. E você tem outras pessoas. Pode experimentar com elas infinitamente. Você vem fazendo isso sua vida inteira. Agora pode fazer com um pouco mais de propósito.

Capítulo Cinco: Criando Conexões Confortáveis 173

Visão Geral: Um Resumo de Alto Nível

As três etapas sobre as quais conversamos são, claro, sequenciais. Primeiro, você precisa ajudar a outra pessoa a sentir-se segura administrando seu próprio estado e comportamento. Assim que essa necessidade é atendida, podemos fazer perguntas para demonstrar nossa curiosidade e comunicar que achamos que ela é interessante. E quando a pessoa se sentir bem com a interação *e* consigo mesma, precisa *sentir-se* percebida — que você "sente" como ela está se sentindo. Assim, ela pode expressar seus sentimentos com liberdade.

E, lembre-se, se você adentrar em um território emocional: nomeie a emoção, confirme sua impressão e simpatize com ela. Sempre que experimentar algo do ponto de vista de outra pessoa, poderá se relacionar melhor. Há lugares aqui nos quais você pode dizer algo como: "Sabe, eu ficaria chateado também". Então você avalia a extensão da emoção e dá muito tempo para ela responder e exteriorizar tudo. Dizer "O motivo para você estar tão chateado é porque..." dá mais tempo para a pessoa descarregar.

Após a pessoa ter se expressado completamente, convide-a para dizer o que ela precisa para avançar. Você poderia dizer: "Diga, o que precisa acontecer para esse sentimento passar, para você se sentir melhor?"

Deixe-me compartilhar uma história de outro dia. Essa interação ilustra as abordagens sobre as quais estamos falando. Veja o que aconteceu.

Fui para a mercearia e outra pessoa estava estacionada muito perto de mim. Abri a porta, bati no veículo e pensei: "Ah, espero que não tenha tirado tinta". E vi que minha porta estava batendo na calota deles, então não me preocupei. Virei para fazer algo e bati de novo.

Era um caminhão grande ao lado, então saí e caminhei até a parte de trás do carro. Uma mulher saiu do caminhão e estava irritada. Ela disse: "Senhor, você bateu no meu carro duas vezes com a sua porta!"

Em vez de dizer "Não bati. Foi na calota! Relaxe, fique calma", apenas disse: "Eu não sabia que você estava sentada no carro, mas entendo que pareceu ser assim e que isso me deixaria com raiva também. Peço desculpas, mas se você vier até aqui, mostrarei que não houve nenhum dano porque minha porta bateu na calota".

Ela mudou, viu e disse: "Bem, você bateu duas vezes". E eu falei: "Eu sei, Sinto muito. Eu virei no meu carro para fazer algo e bati a porta de novo. Entendo como foi para você, sentada no caminhão. Foi muita imprudência".

Assim que eu disse "Foi muita imprudência", porque é como eu me sentiria se alguém tivesse batido duas vezes em meu carro, ela se sentiu completamente validada. E falou: "Ah, tudo bem então". E foi assim. Não foi como trocar telefone e um convite para almoçar ou outra coisa, mas ela se acalmou.

A mensagem aqui é permitir que a outra pessoa entenda realmente que você sabe como ela se sente, e que se alguém fizesse aquilo com você, teria os mesmos sentimentos. É simples, mas fundamental, porque valida os sentimentos. E mesmo que seja simples, muitos de nós reagem habitualmente de um modo mais defensivo, mas a compressão real constrói pontes, em vez de separar territórios.

Lembre-se, a sequência de ações é um pouco parecida com as instruções de emergência em um avião. Verifique se você colocou sua própria máscara de oxigênio antes de tentar ajudar a pessoa do lado com a dela. Portanto, você tem que considerar o que está pensando. As experiências, crenças, valores e limites nos estão guiando o tempo todo. Você usa isso para ajudá-lo a funcionar e alcançar seus objetivos. Mas seu mapa do mundo e necessidades são apenas *parte* da imagem, certo?

Vivemos em um mundo com outros humanos, e se você quiser ser realmente bem-sucedido com as outras pessoas, encontre-as no mundo onde *elas* vivem.

Essa abordagem não deve criar um conflito de valores, a menos que a relação requeira que você se traia de algum modo. Nesse caso, você precisa fazer um julgamento. Mas a maioria das relações não é tão ameaçadora, não é? Elas não exigem que você se traia, apenas que seja mais flexível no que pode aceitar dos outros.

Então, acabo pensando: "Bem, tudo certo se eu me relacionar com fulano e sicrano. Não tenho que ser hipócrita e fingir estar interessado na corrida de NASCAR, artes marciais mistas ou algo que de que não gosto, mas posso ficar interessado em *seu* interesse. *Posso* ficar interessado em entender que esse indivíduo tem uma paixão".

O importante para mim não é conseguir aceitar os *valores* de outra pessoa, é conseguir aceitar *a outra pessoa*, ponto. Agora, se ela valoriza a crueldade, intolerância ou algo que viola meus valores profundamente mantidos, então

Capítulo Cinco: Criando Conexões Confortáveis

provavelmente não seremos amigos, mas isso não significa que não posso ser cortês ou mesmo ter compaixão quando estou com a pessoa.

Tente manter em mente que os valores ou comportamentos ofensivos de alguém geralmente se originam na infelicidade ou em alguma dor no início de sua vida. Quando pressuponho que todo comportamento vem de uma intenção positiva, posso dizer para mim mesmo: "A raiva ou mesquinhez dessa pessoa é uma tentativa de se recuperar de algo". Isso não significa que sou obrigado a tolerar como ela se comporta ou que quero estar por perto. Apenas posso aceitá-la.

E como tenho flexibilidade e recursos pessoais, normalmente penso sobre como poderia lhe dar um modo alternativo de ficar aliviada. Em geral, não atuo nisso, a menos que alguém me contrate como instrutor ou consultor. Às vezes tenho oportunidade de interromper algo negativo que está acontecendo e talvez evitar que se agrave. Outras vezes, por alto, você pode azeitar um pouco uma interação valendo-se de um comentário espontâneo, mas sempre precedido de respeito e compreensão. Como Johnny Appleseed, é possível exercer um impacto quando você passa pelo mundo. Aprender mais sobre os outros vai ajudá-lo a criar um efeito propagador ainda mais positivo.

No próximo capítulo você aprenderá a ir além da "leitura do pensamento" das outras pessoas para que possa ter uma noção melhor de seu mundo *e* como se conectar com elas.

Ideias Principais

- Todos nós processamos a experiência de modo parecido, ainda que nossas experiências sejam diferentes. Criamos mundos internos diferentes, "mapas" diferentes de como o mundo funciona.

- Quando abandonamos nossos filtros automáticos e noções preconcebidas sobre os outros, podemos nos tornar receptores claros, o que nos permite realmente experimentar a realidade do outro.

- Ser do modo como cada um de nós é trata-se de uma *escolha*. Sempre podemos escolher nos reprogramar — reforçando uma qualidade que já temos — ou pegando emprestado (Modelando) uma de alguém que tem uma qualidade que admiramos. E se não gostarmos de uma mudança feita, podemos mudá-la de novo para torná-la melhor.

- Ter informações de outras pessoas sobre o que elas gostariam que continuássemos fazendo, parássemos de fazer e começássemos a fazer nos dá ideias úteis que nos permitem melhorar nossas interações e relacionamentos.

- As partes diferentes do cérebro têm trabalhos diferentes. A parte "lutar ou correr" instintiva é disparada primeiro (junto com muita química) — antes da parte que pensa nas coisas.

- Como muitas pessoas não se sentem "vistas" e "validadas", esses sentimentos podem afetar suas interações.

- Mudar entre as três posições perceptivas, como for apropriado, pode aumentar a eficiência de alguém. É uma boa prática operar a partir da primeira posição para que saibamos o que vemos e sentimos. Então podemos visitar rapidamente a segunda posição para experimentar algo do ponto de vista de outra pessoa ou ir para a terceira posição para ter informações mais completas e objetivas.

- Como o cérebro generaliza, nossas impressões iniciais são reunidas em um processo chamado GGNEE. Notamos imediatamente o gênero, geração (idade), nacionalidade (etnia), escolaridade (socioeconômico) de alguém, e então imaginamos quais emoções ele está sentindo.

- As pessoas que são mestres em se conectar com outras administram seu estado interno *e* focam na outra pessoa para que ela não leve qualquer desconforto pessoal para sua interação.

- Fazer alguém se sentir seguro, interessante e "percebido" são etapas críticas para ser uma boa companhia.

- É possível fazer alguém se sentir seguro, interessante e "percebido" por meio de perguntas sobre o que a pessoa faz ou gosta de fazer, por que isso é importante para ela e confirma potencialmente qualquer emoção que surja.

- Prestar atenção em como a outra pessoa está respondendo aos nossos esforços de envolvimento nos permite "afastar o foco" (visitar a terceira posição) e acessar se estivermos fora de sincronia e fazer ajustes, especialmente quando temos sentimentos intensos.

- Para terem uma afinidade, as pessoas espelham sutilmente a pessoa com quem estão interagindo, algumas vezes combinando a linguagem corporal, velocidade da fala ou respiração (entre outras cosias), tomando cuidado para não imitar a outra pessoa.

- Respeitar as exigências do espaço pessoal e fazer um contato visual significativo (mas não invasivo) pode ajudar a fazer alguém se sentir seguro e "visto".

- Focar na outra pessoa e ser versátil em como nos comunicamos nos dá mais opções sobre como responder, especialmente nas situações difíceis.

- Acalmar uma pessoa pode ser bem fácil. Executar as cinco etapas a seguir pode neutralizar a carga emocional em uma situação e tornar possível restaurar a harmonia.

  1. Confirme uma emoção. "Tenho a sensação de que você está X (com raiva, chateado ou triste). É verdade?"
  2. Avalie a importância que o fato tem para a pessoa e permita que ela descarregue, desabafe. "Você está muito chateado?" ou "Você está chateado porque..."
  3. Determine o que a pessoa precisa para avançar, permitindo que ela entre e descubra o que deseja. "O que precisa acontecer para esse sentimento ficar melhor?"
  4. Identifique o que ela gostaria que você fizesse. "O que posso fazer para isso acontecer?"
  5. Explore quais etapas *ela* precisa realizar para se sentir melhor. "O que você pode fazer para isso acontecer?"

Para mais informações, acesse: http://eg.nlpco.com/5-1 (conteúdo em inglês), ou use o código QR com seu celular.

**Descobertas, Perguntas, Ideias e Coisas
nas quais Você Deseja Trabalhar**

**Descobertas, Perguntas, Ideias e Coisas
nas quais Você Deseja Trabalhar**

Capítulo Seis: Mais do que "Ler a Mente" das Outras Pessoas

O que está acontecendo dentro delas para que isso seja verdade?

O maior problema na comunicação é a ilusão de que ela aconteceu.
— George Bernard Shaw

Desafios de comunicação acontecem o tempo inteiro, não é? Algumas vezes somos negligentes com nossa escolha de palavras. De vez em quando alguém é sensível demais a algo que dissemos, *como* dissemos, *quando* dissemos ou não dissemos algo que a pessoa acha que *devíamos* ter dito — ou feito. É fácil perder as pistas sutis que, se tivéssemos prestado mais atenção, teriam nos alertado sobre o que a outra pessoa estava pensando ou sentindo.

Na PNL dizemos que a comunicação é redundante porque as pessoas se comunicam simultaneamente em todos os três sistemas — visual, auditivo e cinestésico. Isso é bom e ruim, não é? Quando alguém é congruente, temos uma mensagem em todos os três canais. Quando não é, temos todos os tipos de sinais misturados.

Neste capítulo exploraremos como "ler a mente" das outras pessoas observando seus comportamentos não verbais e a linguagem que usam que revelam seus mundos internos. Você descobrirá modos adicionais de entrar em sincronia com alguém e ter afinidade assim que suas observações lhe derem uma ideia do que a pessoa está pensando ou sentindo. No próximo capítulo você aprenderá os segredos de aprofundar a afinidade e mostrar seu ponto de vista.

Um Exemplo de US$500.000: Comunicação nos Três Canais

Quando eu administrava uma indústria manufatureira no Vale do Silício, tinha um cliente em potencial que era uma empresa de biotecnologia na Flórida. Falei por telefone algumas vezes com o presidente da empresa — e não chegamos a lugar algum. Eu não gostava dele. Francamente, achava que ele estava tentando me enganar.

Ele começava a conversa pedindo desconto, em vez de perguntar sobre o equipamento. Era apressado e não tinha tempo para ouvir o que eu tinha a dizer. Eu achava que ele era um imbecil.

Mesmo que a empresa fosse um futuro cliente perfeito para nós, minha equipe de marketing nunca conseguiu marcar um encontro. É por isso que eles continuavam tentando fazer com que eu abordasse o cliente de novo. Por causa do modo como me sentia em relação ao sujeito, eu dizia: "Não acho que vá acontecer; deixe os representantes de vendas visitarem essa conta. Quando os poderosos finalmente descobrirem que precisam do melhor equipamento no mundo, talvez entrem em contato conosco".

Cerca de um ano e meio depois, eu estava em Boston em uma conferência de biotecnologia com minha vice-presidente de marketing, Susan. Esse evento tinha muitas oficinas — cada uma endereçando aspectos diferentes do nosso setor.

Após uma delas, estávamos caminhando até o saguão, onde muitos participantes se reuniam entre as sessões, quando Susan me cutucou e disse: "Ei, aquele é o cara da Flórida". Quando o vi, pensei: "Droga, tenho que falar com ele. Não posso me afastar, sou o CEO. Não posso simplesmente fingir que não o vi".

Enquanto caminhava para me apresentar, notei que ele tinha a compleição de um jogador de futebol. Vestia uma camisa listrada aberta no pescoço com um casaco esportivo. Era noite em Boston, mas seus óculos escuros estavam na testa. Ele tinha uma corrente de ouro no pescoço, um belo bronzeado, calças e sapatos de boa qualidade e estava esparramado em sua cadeira. Ficou claro para mim que o sujeito obviamente estava muito confortável lá.

Ele tinha um físico dominador, mas, como eu disse, tenho 1,92m e sou grande, portanto, me abaixei e estendi a mão — na verdade, eu a meti no rosto dele. Interrompi a conversa que ele estava tendo para que tivesse que olhar para mim. Quando olhou, eu tinha um grande sorriso no rosto e disse: "Olá, sou Tom Hoobyar. Conversamos por telefone alguns anos atrás. Sou o presidente da ASEPCO".

Ele me olhou, pegou minha mão e a apertou. Trocamos um bom aperto de mão — e o tempo todo eu estava sorrindo. Não percebi nenhum constrangimento nem indiferença. Então ele disse: "Sabe, meus cientistas têm me dito que devo conversar com você". E eu respondi: "Sim, é isso que meu pessoal de marketing diz".

Ele falou: "Sente-se e vamos conversar". E eu respondi: "Tudo bem, se você me pagar uma cerveja". Ele sorriu e disse: "Certo, e você paga a próxima". "Claro", respondi.

Em pouquíssimas palavras, o que fiz foi combinar com ele. Assim que vi que era um tipo físico — o tipo de cara que gosta de dar tapas nas costas —, consegui fazer uma correspondência de sua linguagem corporal com sua brusquidão. Eu não conseguiria nada disso por telefone, mas pessoalmente pude ver o tipo de pessoa que ele era.

Ele me viu — e ajudou que eu tivesse o tamanho certo, o tamanho dele. Foi uma correspondência. O modo com apertei a mão dele, como a enfiei em seu rosto e me apresentei sem constrangimento e com duas frases — isso também foi uma correspondência. Acabei descobrindo que ele era de Nova Iorque, então eu também combinei com sua fala, que era mais acelerada e um pouco mais cortada: "Você tem que me pagar uma cerveja primeiro".

Eu não sentei simplesmente na cadeira à sua frente — eu me joguei. Quando fiz isso, minha vice-presidente de marketing, que tinha muita classe e ainda estava em pé, revirou os olhos porque sabia que eu estava representando um pouco. Então falei para ela: "Aqui, puxe uma cadeira". Ela puxou, e eu a apresentei de modo que ela pudesse preencher qualquer detalhe que faltasse — ou precisasse para continuar após a reunião.

Nós conversamos sobre a Flórida e a Califórnia, como o clima onde ele morava era mais úmido, e acabamos falando sobre jardins. Eu tinha um pequeno jardim no meu quintal, ele tinha um no dele, e falamos sobre o quanto era revigorante para cada um de nós entrar no jardim e sujar as mãos após o estresse do dia administrando uma empresa.

Antes de terminar a conversa estávamos inclinados um em direção ao outro. Não só porque era um bar de hotel cheio, mas porque tínhamos afinidade. Quase no final da conversa conseguimos que meus engenheiros conversassem com os engenheiros dele e realmente obtivemos os detalhes do que eles precisavam para desenvolver algo.

Quando nos separamos, eu disse: "Bebi o bastante. Realmente preciso jantar". E ele respondeu: "Eu já comi, mas estou contente por você ter passado por aqui". E falou: "Pensei que você fosse um chato. Eu não sabia que nos entenderíamos tão bem".

Falei: "Sim, foi minha culpa. Eu não conduzi bem aquela conversa por telefone, mas realmente estou contente por temos bebido juntos e conversado".

Fomos embora, e por causa do encontro nossas empresas fizeram cerca de meio milhão de dólares em negócios juntas. Então, qual é a lição? É que você pode ter muita informação e progredir nas relações quando presta atenção além do que uma pessoa está *dizendo*. Queremos considerar seus comportamentos não verbais e a estrutura mais profunda da linguagem.

Nesse exemplo meu futuro cliente me deu todos os tipos de pistas de como ele estava se sentindo no momento. As pessoas à nossa volta estão fazendo isso o tempo todo. Quando conseguimos observar a postura, posição corporal, uso do espaço pessoal, expressões faciais, contato visual etc., temos uma quantidade enorme de informação — e isso é *antes* de considerarmos o que elas disseram e como disseram!

Lembre-se de que a comunicação não verbal carrega muito peso. O pesquisador Albert Mehrabian da Universidade da Califórnia, Los Angeles, descobriu que 55% do conteúdo *emocional* da comunicação fundamentam-se no que alguém vê. Cerca de 38% se baseiam no que a pessoa ouve em termos de como algo foi dito. E apenas 7% do conteúdo emocional são baseados nas palavras reais. Isso significa que mais da metade do impacto que exercemos no outro quando nos comunicamos é visual.

Telegrafia Poderosa: O que *Seu* Comportamento Não Verbal Comunica

Ralph Waldo Emerson disse: "Como você fala muito alto, não consigo ouvir o que diz". Como isso é verdade, queremos lembrar de prestarmos atenção em nosso próprio comportamento não verbal *primeiro*.

Grande parte de nosso comportamento não verbal é conduzido pelo sistema límbico — que é o cérebro *primitivo*. Como esses comportamentos são completamente automáticos e inconscientes, são um reflexo muito preciso do estado interno de uma pessoa. Essa é uma boa notícia, porque você já aprendeu a observar e administrar seu próprio estado interno. Reconhece que quando *não* está ansioso, distraído ou incongruente de algum modo, sua linguagem corporal envia uma mensagem de que está seguro e é acessível.

Nossas pistas não verbais são como ímãs. Elas podem repelir as pessoas. "Poxa, aquele cara está com raiva — ou ele pensa que é muito importante — acho que vou ficar longe dele." Elas também podem atrair as pessoas. Os comportamentos não verbais podem sinalizar que você está aberto a alguém — que você gosta da pessoa — e ela tem a sensação de que você *é* como ela. Isso serve para nos ajudar a fazer uma conexão com alguém.

Sinais de Trânsito: Como os Comportamentos Não Verbais de Outras Pessoas Orientam

Um comportamento não verbal é tão interessante e cativante que muitos livros foram escritos sobre ele, e será possível encontrar informações excelentes a respeito na internet se quiser se profundar nos detalhes e nuances desse assunto.

Vamos focar mais em quais comportamentos não verbais você pode notar do que no *significado* que pode estar por trás deles. Aqui gostaria de dar uma visão geral rápida do que você pode querer observar para que possa *basear* suas observações e criar uma afinidade de maneira eficaz.

Um Livro Não Tão Aberto: Comunicações Não Verbais a Considerar

As comunicações não verbais podem ter origem em um estado interno atual ou em um hábito. Veja um resumo rápido das comunicações não verbais que você pode procurar.

Espaço Pessoal

Como dito no Capítulo 5, as exigências do espaço pessoal de um indivíduo variam de uma pessoa para outra. A tolerância da proximidade de outra pessoa é influenciada pela cultura, tamanho, gênero e, geralmente, idade. Nos Estados Unidos, a maioria de nós fica confortável com, pelo menos, 1m de separação — porém, não mais que 1,5m. Se você usar isso como regra geral, não terá problemas.

O espaço pessoal também inclui quanto de seu espaço designado alguém usa. Por exemplo, quando a pessoa está sentada, ela estende completamente as pernas para a frente? Ela também coloca ambas as mãos atrás do pescoço com os cotovelos apontando para fora? O uso do espaço pessoal também pode ser modelado pela cultura. Quando estava trabalhando no Japão, por exemplo, decidi tornar meus gestos menos amplos e ocupar menos espaço quando me movimentava e até ao sentar (o que não era muito fácil, porque tenho 1,92m de altura).

Posição Corporal

Mesmo que a posição corporal diga respeito a como você está em relação a outra pessoa, não se trata apenas da distância. Você está face a face com alguém? Inclinado? Um de vocês está sentado e o outro em pé? Há uma grande diferença na altura? Os fatores da posição corporal influenciam sua capacidade de combinar facilmente com alguém.

Postura

Nesse contexto, a postura trata de mais do que se alguém está em pé e com o corpo ereto, se sua postura é aberta ou fechada — e em grande parte se seu coração e área do peito estão abertos e descobertos.

Gestos

Os gestos são feitos com mais frequência com as mãos e têm significados aceitos culturalmente. Um gesto de polegar para cima informa "Bom trabalho" ou "Concordo". Bater na madeira significa "Vamos torcer". Um aceno significa "Olá" ou "Até logo". Um encolher de ombros diz "Não importa". Balançar o dedo para alguém significa "Para com isso" ou "Deveria ter vergonha". Temos até um gesto para dizer "Me ligue". Da mesma forma, se alguém estiver movendo a cabeça para cima e para baixo, normalmente significa um consentimento. Se a pessoa balançar para os lados, em geral, significa desacordo ou descrença.

Toque

Tocar na mão de uma pessoa com gentileza é muito diferente de cutucar o peito dela com grosseria. Um toque de apoio induz a liberação de oxitocina no cérebro de quem o recebe. O efeito do toque é tão poderoso que é tema frequente de pesquisa. Como mencionei antes, estudos mostram que as garçonetes que tocam nos clientes têm gorjetas maiores. As pessoas que recolhem abaixo-assinados e tocam as pessoas com quem conversam conseguem mais assinaturas. Os professores que batem nas costas de um aluno percebem que eles são mais participativos na aula.

O toque entre grupos e equipes é poderoso também. Dois psicólogos da Universidade da Califórnia, Berkeley, analisaram recentemente 90 horas televisionadas de basquetebol profissional, explorando o poder do toque. Após verem cada equipe e jogador na liga, eles identificaram 15 tipos diferentes de toque — inclusive o "toca aqui" com as mãos abertas e bater os ombros saltando — e determinaram que as equipes que se tocam mais,vencem mais!

Movimento dos Olhos

É completamente diferente quando alguém está piscando os olhos de quando está olhando fixamente, não é? Também é diferente se a pessoa está olhando para o vazio ou *para* você! Geralmente o meio cultural modela se é adequado olhar diretamente para alguém e por quanto tempo. No Capítulo 5 falamos sobre "o olhar fixo", como fazer contato visual e manter esse olhar um pouco mais (mas não muito) ajuda alguém a se sentir visto. Se você tem um adolescente, provavelmente está bem familiarizado com o revirar de olhos, seguido de um rápido "Tanto faz!"

Na PNL também pensamos sobre *como e onde* os olhos estão se movendo e o que isso nos diz sobre como a pessoa está acessando as informações. Por exemplo, quando o cérebro está lembrando de algo que já aconteceu, os olhos da maioria das pessoas se voltam para cima e para a esquerda (que é a direita do observador). Por outro lado, alguém imaginando uma experiência como as férias que se aproximam provavelmente olharia para cima e para a direita (a esquerda do observador). Bem, estou desviando do assunto.

Expressões Faciais

Felicidade, tristeza, medo, aversão e surpresa são emoções reconhecidas facilmente porque as expressões faciais são muito universais. Um sorriso genuíno aparece no rosto inteiro, não é? Não só os lábios se curvam para cima, como também os olhos da pessoa ficam mais brilhantes. Uma pessoa que fica assustada muito provavelmente levanta as sobrancelhas, arregala os olhos e abre a boca. Se ela está confusa, pode franzir a testa e apertar os lábios.

Resposta Psicológica

Corar, empalidecer, estremecer as narinas, encher os olhos de lágrimas e tremer o queixo são exemplos de respostas psicológicas. As mudanças na respiração também. Geralmente noto quando alguém começou a prender a respiração, pois, se tenho afinidade com ela, acho que inconscientemente prendo a minha também!

Locomoção e Ritmo

Locomoção se refere ao estilo do momento físico. Arrastar os pés ou cambalear é muito diferente de correr ou mover-se com rapidez. O ritmo também descreve o *modo* como alguém se move. É irregular ou gracioso? Fácil ou deliberado? Gradual ou repentino?

"Paralinguagem"

Como você deve lembrar, a pesquisa de Mehrabian informava que 38% do conteúdo emocional de uma mensagem vêm de *como* ela foi dita — ou, mais precisamente, como foi *percebida* ao ser dita. Esse componente auditivo da comunicação não verbal é chamado de paralinguagem. Separada das palavras em si, são pistas audíveis que podem telegrafar informações sobre o estado interno e sensações de alguém. O volume, inflexão, velocidade, intensidade, tom, ritmo, altura — uma mudança em qualquer um desses aspectos pode alterar muito como a mensagem é passada e recebida. O sarcasmo é um excelente exemplo do tom que causa impacto. Ele pode ser engraçado ou ofensivo.

De acordo com os especialistas da comunicação, outros exemplos de paralinguagem incluem rir, pausar ou hesitar, falar demais, falar sobre alguém. E todos nós sabemos que o silêncio pode falar por si só — porque ele pode ser amigável ou tenso.

De novo, queremos focar no que podemos *observar* objetivamente sobre o comportamento não verbal, não atribuir significados que podem ser aplicados apenas a uma generalidade, em vez de a uma pessoa ou a um contexto específico. Como podemos ver, há uma variedade e riqueza reais para a comunicação não verbal. Nossa visão geral rápida aumentará sua consciência dos sinais que você já conhecia — e o deixará ainda mais curioso sobre o que vê e ouve.

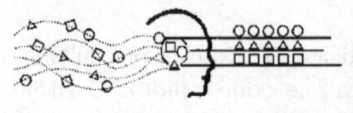

Atividade de Descoberta: Lembrando os Comportamentos Não Verbais de uma Experiência Positiva

Agora mesmo você pode estar focando em comportamentos não verbais de outras pessoas — mas é apenas parte da imagem, não é? Sempre existem, pelo menos, duas variáveis em uma equação da comunicação: a outra pessoa e você.

Com isso em mente, é útil ter consciência das pistas não verbais que você geralmente usa. Elas podem dar uma ideia de como você está se sentindo — e do impacto que isso exerce em sua comunicação. Vamos fazer um balanço por um momento. Crie um filme mental da última interação agradável que você teve — e assista de fora, da terceira posição, com objetividade. Enquanto assiste a si mesmo, observe como você era e se expressou.

Você estava em pé ou sentado perto da outra pessoa? Sentia-se confortável?

Estava diante dela, atrás ou sentado lado a lado um pouco inclinado? Essas posições corporais foram determinadas pelo ambiente — ou vocês influenciaram a posição física em relação um ao outro?

Sua postura era aberta ou fechada — para que seu coração ficasse exposto? Se não, o que fez para proteger seu coração? Qual era a abertura das posições dos pés/pernas e braços/mãos? O que você nota especificamente?

Como é a lembrança de uma interação agradável, pode ter havido modos de você e sua companhia estarem espelhando a linguagem corporal um do outro. Quais sincronismos você vê agora?

Você usou o toque para se conectar com a outra pessoa? O que fez e como se sentiu?

Quais gestos e expressões faciais usou? Como isso refletiu no que você estava sentindo?

Pense no seu contato visual com a pessoa. Como você a descreveria? Consegue se lembrar da cor de seus olhos?

E quanto à sua paralinguagem? Seu diálogo foi bem sincronizado em termos de tom, volume e velocidade? Se não, como você ficou sem sincronia com sua companhia?

Agora que reviu essa experiência, espere um pouco para capturar o que aprendeu. Anote o que funcionou bem nessa interação — e se observou algo que poderia ter sido ainda melhor, anote também.

Revise essa lista de descobertas e considere se esses comportamentos não verbais são típicos em você quando está com essa pessoa específica. Essas pistas são típicas sempre que você está se divertindo?

Saia de si mesmo e reflita sobre essas pistas não verbais que podem ter contribuído para sua companhia se sentir segura, interessante e "percebida".

Como etapa de fechamento para esta atividade, você pode consultar as listas feitas no Capítulo 5 sobre o que o torna uma boa companhia. Procure as semelhanças na lista — e no filme mental. Faça um reconhecimento positivo dos comportamentos que gostaria de ter com mais frequência — ou até mais eficazmente.

Naturalmente, nem todas as interações são agradáveis, e quando não são, os comportamentos não verbais provavelmente serão muito diferentes. Para explorar esses contrastes, conclua o próximo exercício.

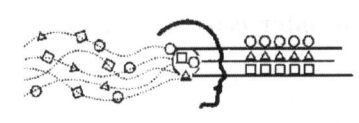

Atividade de Descoberta: Identificando os Comportamentos Não Verbais de uma Situação Desconfortável

Pense em uma interação recente na qual se sentiu desconfortável. Não escolha algo grande nem traumático — apenas uma experiência na qual você não se sentiu em seus melhores dias. Talvez tenha havido uma situação no trabalho ou com sua família que pareceu estranha. Como foi essa troca?

Crie um filme mental da interação — e assista na terceira posição. Quando assistir a si mesmo, observe como você era e se expressou.

Você está em pé ou sentado perto da outra pessoa? Sentiu-se confortável?

Você está de frente, atrás ou sentado lado a lado um pouco inclinado? Essas posições corporais foram determinadas pelo ambiente — ou vocês influenciaram a posição física em relação um ao outro?

Sua postura era aberta ou fechada — para que seu coração ficasse exposto? Se não, o que fez para proteger seu coração? Qual era a abertura das posições de seus pés/pernas e braços/mãos? O que você nota especificamente?

Como essa interação foi um pouco desconfortável, pode ter havido modos em que sua linguagem corporal não combinou com a de sua companhia. Quais diferenças você vê agora?

Você usou o toque para se conectar com a outra pessoa? O que fez e como se sentiu?

Quais gestos e expressões faciais você usou? Como isso refletiu em como estava se sentindo?

Pense no contato visual com essa pessoa. Como o descreveria? Você consegue se lembrar da cor de seus olhos? Notou se desviou o olhar ou olhou para baixo?

E quanto à sua paralinguagem? Ela combinou com a de sua companhia em termos de tom, volume e velocidade? Se não, como ficou sem sincronia com ela?

Agora que revisitou essa experiência, espere um momento para capturar o que aprendeu. Anote o que funcionou bem na interação e o que poderia ter sido melhor.

Revise a lista de descobertas e considere se esses comportamentos não verbais são típicos em você quando está com essa pessoa específica. Essas são pistas comuns de quando você se sente desconfortável?

Se pudesse sair de si mesmo, como acha que suas pistas não verbais apoiaram ou inibiram sua capacidade de fazer sua companhia se sentir segura, interessante e "percebida"?

Como etapa de fechamento para essa reflexão, consulte as listas criadas no Capítulo 5 sobre o que constitui uma boa companhia. Você pode até considerar os comportamentos que os amigos de confiança pediram para você parar de ter — ou começar a ter. Procure oportunidades para melhorar como está interagindo com os outros. Escolha um comportamento que gostaria de mudar e pratique usando um comportamento preferido nas próximas vezes em que se sentir desconfortável.

No Lugar do Outro: A Visão de Seu Mundo

Como *você* já sabe o que estava pensando e sentindo nessas duas recordações, não precisa imaginar o que está envolvido — você *sabe*. Agora suponha por um momento que, ao interagir com a outra pessoa, notou alguns comportamentos não verbais mostrados na situação *desconfortável* que acabou de revisitar. Se notou, pode suspeitar que essa pessoa se sente como você. Essa conclusão é precisa? *Talvez*. Se você tiver uma segunda posição forte, realmente poderá estar em sintonia com a outra pessoa e conseguir entendê-la com um grau de precisão útil.

Quando notar o que parece ser um comportamento não verbal desconfortável, recomendo que faça o seguinte: primeiro, verifique em si mesmo. *Você* está se sentindo confortável? Segundo, entre na terceira posição e observe objetivamente quais sinais estava enviando.

Se após essas reflexões você determinar que o desconforto não é seu, evite combinar com um comportamento que parece intenso. Por exemplo, espelhar a expressão de raiva de alguém ou uma postura agressiva pode combinar, mas também pode contribuir para agravar as sensações negativas. ("Ah, é? Então toma *isso*!") Contudo, pode ser vantajoso afastar-se um pouco se a outra pessoa estiver se afastando ou combinar com sua respiração.

Embora a correspondência geralmente ocorra com naturalidade, é uma arte também. Portanto, vamos explorar a combinação intencional um pouco mais.

Simples assim? Como Combinar os Comportamentos Não Verbais Cria Afinidade

As pessoas têm uma linguagem para seu movimento físico. Como informei, as posturas e gestos são habituais na maioria das pessoas. Eles são como uma dança. Assim, interagir com eles é como dançar.

Não estou falando sobre uma conversa com o garçom ou o funcionário do pedágio em uma cabine quando você não tem tempo. Nessas situações, seus comportamentos não verbais estão limitados ao contato visual (o olhar fixo), expressões faciais e paralinguagem. Mas se você estiver realmente interagindo com alguém — conversando, entrevistando, vendo algo ou participando de uma reunião de negócios —, poderá entrar em sincronia com ele. Essa é uma mensagem subliminar irresistível para a pessoa de que você gosta e é como ela.

Então, veja o que deve fazer: esteja determinado a notar os comportamentos não verbais que acabamos de revisar. Observe os gestos de alguém. Observe sua postura. Seu movimento corporal geral — as inclinações e acenos de cabeça, expressões faciais e respiração — e gradualmente comece a combiná-los. Procure não imitar a pessoa — então, não a imite de um modo tão óbvio a ponto de a pessoa perceber o que você está fazendo. Você ficará surpreso com como é fácil combinar a postura. As pernas estão cruzadas? Então cruze as suas. As mãos estão nos braços da cadeira? Então faça o mesmo. Uma mão está no joelho, a outra na mesa? Imite-a.

Faço isso quando estou treinando as pessoas, e isso aprofunda nossa afinidade. Essa atitude nunca é vista como desrespeitosa ou artificial, porque é uma linguagem que todos nós conhecemos. Provavelmente você não se lembrará de tê-la aprendido porque ela não estará no primeiro plano de sua memória. Mas esse tipo de conversa inconsciente está acontecendo à nossa volta o tempo todo.

Os restaurantes são um ótimo lugar para ver isso em ação. Quando as pessoas estão se entendendo bem, inclinam-se uma para a outra, olham nos olhos uma da outra, suas bocas se abrem um pouco e sorriem. Elas balançam e inclinam a cabeça, e podem até se tocar. Seus pés podem estar em contato embaixo da mesa, se for um casal romântico. Elas estarão se encarando abertas, com o coração aberto, e combinarão os gestos uma da outra. Suas posturas corporais serão parecidas.

Você pode até observar essa comunicação natural e inconsciente nos grupos. É possível ver as pessoas sentadas em uma plateia e notar os comportamentos sutis que transmitem sua atitude ou o estado interior. Quando você olhar as fileiras — e vi isso nas aulas de treinamento — verá muitas pernas cruzadas na mesma direção. Então verá alguém com as pernas separadas ou cruzadas de outro modo. Dizemos para nós mesmos que essa diferença é provavelmente apenas uma questão de conforto, hábito ou limite de espaço. Mas há algo a considerar: essas coisas podem não ser verdade. Quase todo o comportamento não verbal é realizado pelo cérebro primitivo, que diz "Gosto dessa pessoa. Quero ser como essa pessoa porque quero me comunicar", portanto, sincronizamos. A pessoa que não combina com o grupo provavelmente está sem sincronia — ou pode estar distraída e, de fato, ausente.

Veja o que sugiro: apenas se antecipe. Simplesmente combine com o corpo ou a paralinguagem (velocidade, ritmo, volume da fala etc.) de alguém para enviar sinais a seu cérebro e ao da outra pessoa com a qual deseja estabelecer uma relação. Realmente não importa o que aconteceu primeiro: se você ficou fascinado e combinou com a linguagem corporal ou se combinou com a linguagem corporal e ficou fascinado. Para muitas pessoas, é um alívio — elas acham que podem deixar alguém à vontade mais facilmente de modo não verbal do que descobrir a coisa certa a dizer.

Quando você puder influenciar seu ambiente, também pode ser útil considerar como acontecerá a dinâmica da posição corporal. Meu amigo, que estava planejando cantar em uma festa, trouxe não apenas seu violão e amplificador, mas também um banco alto. Quando perguntei por que se importou em trazer seu próprio assento, em vez de usar a cadeira dobrável preparada para ele, disse que se sentia mais confortável ficando no nível dos olhos das pessoas quando elas vinham conversar com ele ou fazer pedidos. Quando o assisti naquela noite, pude ver que ele estava absolutamente certo — que estar sentado em um banco facilitava a abordagem e as conversas.

Do mesmo modo, se você estiver conversando com um cliente, algumas vezes pode ser útil sentar-se em um ângulo de 45 graus em relação ao outro — em vez de se apresentar para a pessoa atrás da barreira de uma mesa. Isso dá a oportunidade de estar no mesmo lado e em uma posição física na qual é possível ver e notar facilmente os comportamentos não verbais. Essa posição lado a lado é especialmente útil quando se está discutindo um problema. Coloque o problema no lado oposto de vocês dois — para que fique lá —, algo que estiverem tratando juntos.

O comportamento não verbal está à nossa volta, não está? Ele funciona com todos nós, o tempo todo. Agora, quando observar um comportamento e decidir combinar com ele, apenas estará fazendo com intenção algo que vem fazendo inconscientemente por anos.

Quanto Mais Melhor? Como a Correspondência Funciona com Grupos

Alguns de meus clientes, que trabalham frequentemente com equipes ou grupos, perguntaram sobre como usar com eficiência as dicas da comunicação não verbal quando interagem com mais de uma pessoa. Como se pode imaginar, vejo cada uma delas com cuidado para observar sua comunicação inconsciente. Qual é a postura e posição corporal de cada pessoa? Quais são seus gestos e expressões faciais? Como isso muda quando estão interagindo comigo em comparação com quando estão interagindo entre si? É uma exploração fascinante.

Mas como você sabe, observar é apenas o começo. Como você faz uma conexão com cada pessoa? O segredo é espalhar sua atenção entre os participantes. Embora não possa espelhar a linguagem corporal de cada pessoa simultaneamente, é possível usar uma posição corporal aberta, um contato visual estendido, um sorriso, seu nome e, claro, ainda pode envolver cada pessoa fazendo perguntas abertas.

Exatamente o Oposto: Como Interromper a Afinidade Pode Ser Útil

Ficar aberto e curioso é útil na maioria das situações. Contudo, há exceções. Uma cliente me perguntou se pode haver situações nais quais alguém estaria fechado *intencionalmente* ou enviaria um sinal de desconforto.

Pense por um momento: quando você desejaria interromper a afinidade? Imagine, por exemplo, que alguém está fazendo um avanço inadequado — ou talvez, alguém bebeu demais e continua a falar — e você deseja parar a conversa.

Para finalizar a conversa é preciso interromper a afinidade. A primeira coisa que você faz é quebrar a sincronia de sua linguagem corporal e começar a se posicionar para sair. Em outras palavras, você deixa de mimetizar gestos e posturas e se afasta da pessoa como se quisesse sair. Isso interromperá a afinidade.

Em uma conversa civilizada e social, como em um coquetel ou com alguém que é bem sofisticado, mudar do contato visual estendido para o distraído enviará um sinal. A pessoa começará imediatamente a desviar o olhar porque entenderá que está sendo dispensada. Também é algo que as outras pessoas podem fazer quando *você* fala demais ou foca em algo que não é do interesse delas.

A maioria das pessoas reconhece quando alguém não está receptivo — simplesmente pela disposição de uma pessoa em fazer contato visual. Mas com alguém que é um pouco mais agressivo, você pode usar sua linguagem corporal para comunicar: "Esta não é uma conversa bem-vinda e estou terminando agora". Embora geralmente esteja focado em ter afinidade, poderá usar suas habilidades de correspondência para se *afastar* de alguém estabelecendo um limite claro.

Porém, em grande parte, você deseja focar em criar segurança e interesse. Quando ficar mais confortável consigo mesmo e com as diferentes habilidades de comunicação que está aprendendo, deixará os outros à vontade, conseguirá informações sobre o que está acontecendo na cabeça das pessoas e verá que elas se abrirão para você.

Com isso em mente, convido-o a se tornar um observador e ouvinte perspicaz. Quando estiver focando sua lente das comunicações não verbais nas pessoas que conhece, desconecte-se de seu modo de pensar habitual sobre elas — e observe com objetividade.

Tenha a intenção de ver e ouvir as pistas não verbais com todos — com os membros da família, amigos, colegas de trabalho e até pessoas em restaurantes, aeroportos e lojas. Você achará mais fácil fazer isso quando eles estiverem se comunicando com os outros. Seja curioso quando observar como as pessoas estão se comportando com as outras quando não estão focadas em administrar a impressão que estão criando.

Galáxias de Distância: Por Que É Importante Entrar no Mundo do Outro

O analista político e autor Walter Lippmann disse: "Somos todos cativos da imagem em nossa cabeça: nossa crença de que o mundo que experimentamos é o mundo que realmente existe". Contudo, *a maioria* das pessoas não percebe que seu mundo não é o único e que de fato ele é compartilhado por poucos ou *apenas* por elas. Portanto, elas focam em *como* as pessoas são como elas, e nas pessoas que *são* como elas, e quando alguém é diferente, geralmente experimentam essa diferença como algo que está "errado".

No Capítulo 4 você descobriu algumas coisas novas sobre como criar seu mundo. Como você usa as imagens, sons e sensações para entender as coisas. E como a estratégia de eficiência do cérebro o ajudou a formar crenças e desenvolver metaprogramas e canais de comunicação preferidos. Você aprendeu que cada um desses modos de ser é revelado em sua linguagem. Embora esse processamento rico e complexo esteja acontecendo dentro de você, também está acontecendo dentro das *outras* pessoas.

Agora você pode basear essa compreensão de si mesmo para melhorar como interage com os outros. Pode dar uma olhada dentro de si mesmo e verificar: "Eu realmente sei o que isso significa? Essa sensação é boa para mim? É algo em que também acredito?"

Grand Canyon: Como Esquecer Detalhes Cria Lacunas na Compreensão

Mesmo que usemos a mesma linguagem, geralmente não sabemos o que a outra pessoa *realmente* quer dizer. Apesar dessa desconexão em potencial, as pessoas parecem conversar o tempo todo.

Sem fazer perguntas para obter detalhes que nos colocam na mesma página, *realmente* não sabemos de onde a outra pessoa está vindo e como ela chegou a determinada conclusão. Contudo, raramente entramos em muitos detalhes com os outros. Perguntar quem, o que, quando, onde, por que e como pode parecer desnecessário ou até um pouco intrusivo. Portanto, fazemos algo parecido com alucinar.

Veja o que acontece: quando as pessoas contam que algo é quente ou é realmente bom, belo ou saboroso, o único modo de você aceitar essa afirmação ao pé da letra é preencher as lacunas da informação em sua mente fornecendo *sua* compreensão dessas palavras.

Isso acontece porque a linguagem é configurada para abreviar, resumir e nos dar o essencial. O problema é que não temos a mesma essência.

Capítulo Seis: Mais do que "Ler a Mente" das Outras Pessoas

Não temos as mesmas experiências de referência, portanto, muitas vezes realmente não sabemos o que as pessoas querem dizer. Mesmo que você seja da mesma família, mesma empresa ou mesmo grupo de amigos que compartilha experiências com frequência, ainda pode não saber o que alguém *realmente* quer dizer.

Quando uma pessoa diz "Tive uma péssima experiência naquela festa", tudo o que você sabe é que ela não gostou da experiência anterior que teve. Há muitas peças faltando nesse quebra-cabeça, não é?

Você não sabe que tipo de festa era. Era a festa de aniversário *dessa* pessoa? Havia algumas ou dezenas de pessoas? Você não sabe o que ela quer dizer com ter uma péssima experiência. A pessoa estava usando sapatos desconfortáveis que machucaram seus pés o dia inteiro? Ela viu uma antiga paixão, que estava com outra pessoa? Alguém fez uma observação que envenenou o dia inteiro dela? Você realmente não tem ideia.

Agora, na mente da pessoa, *ela* sabe exatamente o que está dizendo, certo? Em um esforço para entender e aproveitar a afinidade, você se deixa levar por suposições que o conduzem pelo caminho errado. Em nosso sincero desejo de entender, preenchemos inconscientemente as peças que faltam. Uma ótima intenção, mas nem sempre um ótimo resultado.

Quando ocorrem essas lacunas, como acontece com frequência, é importante entender que a outra pessoa não está fornecendo deliberadamente apenas uma parte do que está pensando. Está sendo breve porque *ela* sabe perfeitamente bem o que está dizendo. *Ela* sabe exatamente o que quer dizer.

Quando você preenche as lacunas com *sua* realidade pessoal, de fato está apenas fazendo adivinhações ou suposições. Por outro lado, pode imaginar com mais precisão o que está acontecendo dentro de alguém quando entra na realidade da *outra* pessoa. Embora algumas pessoas chamem isso de "leitura da mente", é realmente apenas uma rápida visita à segunda posição.

Se você for bem-sucedido em entender o que uma pessoa quer dizer, precisará abandonar seu ponto de referência e entrar no da pessoa. Perguntar a mim mesmo "Para essa afirmação ser verdadeira, o que deve estar acontecendo dentro dessa pessoa — como é em *seu* mundo?" me lembra de que o mundo da pessoa está sendo refletido em sua linguagem e que ela está me convidando a entrar em seu mundo.

Aproximando e Afastando: Dicas para Entender o Mundo de Outra Pessoa

Lembre-se, o que alguém está dizendo é completo o bastante para ela, só não há informações suficientes para você. Será útil ficar curioso e livre emocionalmente enquanto está experimentando o que pode ser verdadeiro.

Algumas pessoas fazem perguntas esclarecedoras de um modo que parece um interrogatório ou que faz as outras pessoas se sentirem idiotas porque deveriam ter sido mais específicas. Porém, quando você perguntar a partir de um lugar sincero de querer ser uma companhia melhor, descobrirá que fazer perguntas vai ajudá-lo a conhecer melhor as pessoas. Você começará a entender como elas pensam e realmente desfrutará da divindade única e milagrosa em cada ser humano. Somos todos muito diferentes.

Se investigar mesmo, notará essas diferenças. Como há muitas, é uma aventura! Veja algumas dicas para lembrar quando estiver reunindo informações para entender o mundo de outra pessoa.

Aproxime: Foco nelas

O modo de "experimentar" o mundo de outra pessoa é se concentrar no pensamento dela, *não* em suas reações. Quando você fica focado no comportamento dela, e não em suas sensações, é possível evitar reações apressadas. Isso, por sua vez, libera-o para ter mais escolhas sobre como responde basicamente. Entre outros benefícios, dessa forma você pode evitar muito drama.

Em vez de focar em como *você está* se sentindo, mantenha sua atenção fora de si mesmo, focada na outra pessoa. Embora seus sentimentos forneçam informações que podem ser importantes observar, eles dizem respeito à *sua* realidade. Quando focar na outra pessoa e começar a entender a realidade dela, ela se sentirá mais segura, mais interessante e compreendida — só por causa da qualidade de sua atenção. E lhe contará mais, porque você está fazendo com que seja uma experiência agradável.

Parece simples, certo? Embora seja simples, nem sempre é fácil. Uma longa pausa em uma conversa ou um silêncio estendido pode realmente testar sua capacidade de sair de si mesmo e ficar focado na outra pessoa. Se isso parece muito estranho, você poderia notar que preenche o silêncio com seu próprio bate-papo interno. Alguns de nós tendem a se repreender por isso ou por algo que foi feito dizendo para si mesmos: "Ah, foi algo idiota de dizer. Ah, por que eu disse aquilo? Sempre faço coisas assim". Após toda essa conversa, ficamos em nosso próprio mundinho e abandonamos completamente a conversa!

Com as pessoas que você conhece e confia, provavelmente descobriu que o silêncio é confortável ou, pelo menos, tolerável. Você não supõe que ele significa algo. Pelo contrário, apenas permite o silêncio, certo? Você sabe que a pessoa poderia estar pensando sobre o que deseja dizer, pensando sobre outra coisa ou não está pensando em nada! Quando isso acontecer durante uma conversa, sobretudo se for a vez da outra pessoa de dizer algo, apenas sorria. Se o silêncio tiver mais intenção do que uma pausa, você sempre poderá explorá-lo, se quiser.

Afaste: Visite a Segunda e Terceira Posições para Ter Perspectiva

De vez em quando, ao fazer perguntas e explorar o mundo de alguém, a outra pessoa pode estar pensando: "Poxa, o modo como essa pessoa está me abordando é realmente diferente". Ela pode gostar e sentir-se percebida ou pode sentir-se um pouco vulnerável, porque o modo como você interage não é familiar e é mais pessoal. Se ela ficar desconfortável, poderá lhe enviar sinais sutis para recuar. Quando você tiver esse retorno, apenas observe. Então recue um pouco e use suas habilidades de comunicação não verbal para restabelecer segurança e afinidade.

Do mesmo modo, se ouvir uma observação que o chateia ou produz uma sensação ruim sobre si mesmo, reduza e desassocie-se dela. Seus sentimentos resultam de sua interpretação, certo? Portanto, sempre é importante lembrar que um comentário pode não ter sido dito com a intenção que você compreendeu. Evite envolver-se em uma reação que acabará com sua curiosidade e abertura, porque limitará sua capacidade de ouvir e reunir informações.

Algumas pessoas se zangam quando ouvem uma observação que parece criticá-las. No meu caso, se alguém diz "Você não deveria ter feito isso", simplesmente digo: "Ah, eu não deveria ter feito o quê?" (Claro, o tom é importante aqui.) Em vez de parecer defensivo, tento mostrar que estou genuinamente curioso e interessado na preocupação da pessoa.

Em resposta à minha solicitação para ter mais informações, ela poderia dizer: "Você não deveria ter falado com raiva com aquela pessoa".

"Humm... o que eu disse que o fez pensar eu que estava com raiva?" Observe como essa pergunta está apenas reunindo informações sobre seu modelo de mundo. Não estou argumentando com ela. Não estou negando nada. Apenas reunindo informações.

A pessoa poderia dizer: "Bem, você disse isso, isto e aquilo naquele tom de voz". Assim que eu entendo como ela chegou àquela conclusão sobre meu comportamento, posso tentar corrigir a impressão que eu quis dar ou perguntar a mim mesmo: "Sabe, se eu fosse aquela pessoa, como teria sido meu comportamento?" Entrar na segunda posição me permite experimentar qualquer coisa descrita para mim. Quando faço isso, estou usando meu próprio corpo como um instrumento para avaliar como o comportamento pôde ser visto, percebido ou sentido.

Então posso pensar: "Você está certo. Se eu tivesse ouvido aquilo no tom de voz de um cara como eu, teria sido muito ofensivo, portanto, vou pedir desculpas. Obrigado por ter chamado minha atenção". Isso me permite ter uma reação muito equilibrada, certo? Não é grande coisa e não precisa se tornar um problema entre mim e a pessoa que está compartilhando sua interpretação de algo que eu fiz ou não.

Veja outro exemplo. Algumas vezes, como sou muito apaixonado pela PNL, realmente entro no ritmo e é difícil calar a boca. Se, em resposta ao meu compartilhamento exagerado, alguém disser "Você está muito ligado nisso, não está? Você acha que sabe tudo", eu provavelmente entrarei na terceira posição (observador objetivo) e direi: "O que especificamente eu faço que o faz pensar que sei tudo?" Perguntando isso, conseguirei algum retorno comportamental que pode ou não ser útil. O que ouço pode me ensinar algo sobre mim ou sobre a outra pessoa. De qualquer modo, *minha atitude* é de que vou gostar de obter informações.

Então, com um interesse genuíno, não defensivo, direi: "Humm, eu não acho que sei tudo sobre PNL. O que o faz pensar que sei tudo? Eu disse algo assim?"

Minha abertura e curiosidade nesses tipos de conversas são transmitidas em minha comunicação não verbal. Minha postura e expressões faciais estão dizendo: "Sou aberto e seguro". Meu tom é sincero e curioso. Se essas pistas visuais e auditivas fossem incongruentes, deixariam a outra pessoa desconfortável.

Diminua a Velocidade: Cuidado com as Luzes Amarelas da Incongruência

Em um universo perfeito, as pessoas seriam congruentes e seria mais fácil entender suas distintas realidades internas. Mas somos humanos, portanto, nem sempre somos consistentes. Com certeza eu não sou! Como lembrete, a ambivalência de alguém pode resultar de algo simples, como ter que escolher entre ir a um ótimo concerto ou praticar paraquedismo. Ou pode indicar um conflito interno ou alguma violação de valores.

Quando as pessoas são incongruentes, lemos isso como uma luz amarela piscando. Cada um de nós tem um radar interno que classifica "Algo está errado nessa imagem — diminua a velocidade e tenha cuidado". As pessoas observam nossa incongruência, e você quer notar a delas. Como as pessoas estão sempre se comunicando em três canais — visual, auditivo e cinestésico —, você tem muita informação para avaliar. E quando o que uma pessoa está dizendo não corresponde à experiência que você tem dela, é um bom momento para lhe dar espaço e fazer perguntas.

Imagine, por exemplo, que você vê alguém que conhece em uma festa e a pessoa parece um pouco distante. Ela está dizendo "Ah, é muito bom ver você", mas está olhando além de você ou está se afastando. Nessa situação, como você se sentiria? Pode concluir que ela não quer mesmo vê-lo, prefere conversar com outra pessoa ou que há algo de errado com você.

Como você conhece a pessoa e sente que algo está errado, poderia dizer "Está tudo bem?", e ela responde: "Claro, estou bem". Se ela disser com uma voz irritada, isso é incongruência de novo, certo?

Às vezes a empatia honesta pode expor o problema. Apenas perguntar "Tem alguma coisa o incomodando? Há algo que posso fazer?" pode ser útil.

Você pode ouvir: "Não é nada demais. Meu namorado disse que estaria aqui na hora e não chegou ainda, sei que ele esqueceu que hoje é meu aniversário e estou chateada". Ou "Não, não é nada. Algo me preocupa. Minha esposa está passando por uma cirurgia e estou aguardando uma ligação". Com isso você pode descobrir quais pessoas foram muito educadas dizendo o que as preocupava ou não. Se eu recebo duas ou três negativas para minha preocupação sincera, então respeito a privacidade da pessoa e a deixo em paz.

Quando o tom de voz, postura, expressão facial ou linguagem corporal de alguém, e sua energia, não combinam com as palavras, geralmente é um reflexo de algum tipo de conflito interno.

Veja um exemplo. Na semana passada eu estava assistindo à entrevista de uma atriz em um programa na televisão. Fiquei fascinado ao notar que seu corpo revelava incongruência de cima a baixo. Seus pés estavam sob a cadeira. Os joelhos estavam distantes da pessoa com quem ela estava conversando. Suas mãos estavam cruzadas muito confortavelmente à sua frente. Os ombros e a cabeça estavam virados para o anfitrião. Como ela estava ouvindo e parecia relaxada, dava a impressão de estar muito confortável com a conversa.

Embora suas mãos e rosto parecessem relaxados, a parte inferior do corpo parecia congelada, como se ela realmente não quisesse estar lá. Ela era muito incongruente. Quando a vi, entrei na segunda posição e, de fato, coloquei meu corpo nessa posição incongruente. Cara, como era desconfortável! Quando voltei para a primeira posição, imaginei que provavelmente ela estava muito comprometida em mostrar seu ponto de vista ou vender o filme que deveria promover. Mas parte dela, a parte interna mais profunda, realmente não desejava estar lá.

Quando vejo esse tipo de incongruência em alguém com quem estou interagindo, a única coisa que sei, com certeza, é que se trata de uma pessoa que precisa de um nível melhor de conforto. Em geral, estou pronto para ajudar. E se a pessoa aceitar, ajudo. Do contrário, não levo para o lado pessoal.

Notar a incongruência é fundamental para estabelecer ou manter a afinidade e reunir boas informações. Sempre que notar uma incongruência ou alguma evidência de conflito, desacelere e tenha cuidado. Você pode estar entrando em um cruzamento movimentado — porque a pessoa tem um tipo de conflito no momento, e isso pode não ter nenhuma relação com você.

Pense nesse conselho como uma estrutura para a aventura de explorar o mundo de alguém.

Modo Detetive: Como as Perguntas Preenchem as Lacunas e Facilitam a Compreensão

Quando as pessoas falam sobre uma experiência, sua descrição verbal será incompleta. Vamos nos concentrar na linguagem em si por um momento. Como você sabe, ela é apenas um atalho. É eficiente, mas deixa lacunas. No Capítulo 4 você aprendeu a excluir naturalmente as informações. Agora notará de fato com que frequência as outras pessoas também fazem isso.

Na PNL o Metamodelo é um modo de recuperar as informações que faltam quando você precisa preencher as lacunas. Veja alguns exemplos que ilustram as lacunas e o que você poderia dizer para obter mais informações para entender a experiência.

Se alguém diz "Tive uma péssima experiência naquela festa", entre em si mesmo e veja o que consegue. Você consegue fazer uma representação disso? Se ainda for confuso, saberá imediatamente que precisa de mais informações, como quem, o que, onde, quando, como, por quê. Em sua imagem da festa estão faltando muitos detalhes, certo?

Pista: Substantivos e Verbos Não Especificados

Como muitas peças do quebra-cabeça estão faltando, você poderia fazer muitas perguntas diferentes. Poderia começar perguntando "Que festa?" (surpresa: pode não ser a festa onde ambos estavam) e obter mais alguns detalhes sobre a festa em si. Ou, em vez de reunir esses fatos, você poderia dizer: "Quando você disse que teve uma péssima experiência na festa, o que foi péssimo? O que aconteceu para ser uma experiência negativa?"

Algumas vezes, apesar da linguagem corporal e do tom bem-intencionados, quando você faz uma pergunta direta a alguém, ela pode parecer desafiadora. Para suavizar suas perguntas, pode-se construí-las com "Você pode me dizer?", "Estou curioso" ou "Eu gostaria de saber".

Além da falta de pessoas, lugares e coisas, as descrições de algumas pessoas não têm ações nem processos. Imagine, por um momento, que seu chefe lhe dissesse: "Isso está totalmente errado". Há muitas reações possíveis que você poderia ter, certo? Poderia ficar frustrado, na defensiva, com raiva, indiferente ou qualquer coisa intermediária. Essas reações viriam de estar em seu mundo e preencher as lacunas.

Mas se você tentou criar uma imagem do que deu errado saindo de sua realidade e entrando na do supervisor, tudo o que saberá é que algo não está como ele queria. Apenas dizer "Tudo bem, o que deveria ser feito?" preencheria *o que* e *o como*.

Se ele disser "Bem, as páginas deveriam estar grampeadas no topo, e estas estão grampeadas na borda esquerda", você terá informações úteis, certo? Com base nisso, poderá decidir ou discutir as próximas etapas.

Esse tipo de comunicação acontece o tempo todo, não é? É incrível que os mal-entendidos não sejam ainda mais comuns do que são. Se ajustar sua atenção para obter essas informações, ficará surpreso com quanta informação falta nas coisas que as pessoas lhe dizem e como você pode preencher facilmente as lacunas.

Pista: Você Não Pode Colocar em um Carrinho de Mão

Veja outro exemplo de como os significados ficam ocultos. São palavras de ação ou processo transformadas em coisas, como *frustração, produção, conhecimento* e *liberdade*. Essas descrições realmente devem ser verbos ou adjetivos, como *frustrante, produzir, sabendo* e *ser livre*. Portanto, na PNL, quando alguém usa essas palavras, chamamos de "Substantivações".

Uma substantivação é uma abstração indefinida. Agora, o que está oculto nesse pequeno jargão é um conceito poderoso. É algo teórico pretendendo ser algo com uma existência real. Um modo fácil de reconhecer uma substantivação é perguntar: "Posso colocar em um carrinho de mão?" É como verdade, beleza e "jeito norte-americano". Nenhum de nós realmente sabe *com exatidão* o que essas coisas significam, porque são muito abstratas.

Se alguém diz "É outro dia frustante", você teria que dizer: "Ah, quem está frustrado?" Quando a pessoa fala *"Eu estou* frustrado!", então, você pode dizer: "O que o deixou frustrado?" E ela:"Trabalhei o dia inteiro para editar a proposta esta tarde, e então o entregador não a pegou a tempo para entregar ao cliente no prazo".

Ah, agora você compreende melhor a frustração da pessoa, certo? A lição aqui é não entender rápido demais. É realmente importante que você desacelere para ter uma ideia precisa do que está acontecendo na cabeça da outra pessoa. Se experimentar algo, criando uma imagem ou sentindo como a pessoa se sente, saberá que tem informações suficientes.

Tenho uma amiga que geralmente me conta uma história e termina com "Você me entende?" Então rimos, porque fazemos essa dança o tempo todo. Somos amigos de longa data, e ela está acostumada comigo dizendo: "Não, realmente não sei o que você quer dizer, mas gostaria. Deixe eu falar o que penso que ouvi você dizer e farei algumas perguntas para que possa me ajudar a preencher as lacunas, tudo bem?"

Pista: Sempre/Nunca, Tudo/Nada, Todos/Ninguém

Outro modo de as pessoas omitirem os detalhes é usando o que chamamos de "Universais". Por exemplo, quando você ouve alguém usar palavras como *tudo, nada, todos, nunca* ou *sempre*, sabe que, na verdade, é um exagero, certo? Exceto pela gravidade, há POUQUÍSSIMAS coisas que são *sempre* assim.

Veja alguns exemplos. "Você nunca me ajuda" ou "Sua família sempre me odeia; nada que eu faço agrada". Ou "Nunca conseguirei aprender a usar este programa de computador".

Quando a maioria das pessoas usa essas palavras, normalmente estão descrevendo comportamentos. *Esses universais mostram os limites do mundo da pessoa, os limites que ela está tendo em um momento específico ou sobre um assuno ou pessoa específica.*

Nessas situações, você pode realmente fazer um favor injetando um pouco de perspectiva bem-humorada com perguntas como "É mesmo? O tempo *todo*?" ou "É mesmo? Você nunca fez *nada* certo, jamais?" Quando faço essas perguntas, geralmente é com um meio sorriso. O que recebo e volta é "Bem, sim, algumas vezes eu acerto, sim. Talvez quando tinha 15 anos". Agora a pessoa está rindo, você está brincando, e os dois podem voltar à realidade, porque esses universais "nunca" são realistas.

Pista: Ter Que, Dever, Precisar, Necessitar

Outra lacuna de informação menos óbvia é quando as pessoas dizem: "*Tenho* que fazer isto. *Tive que* estar lá. *Devo* ligar. Realmente *preciso* cumprir o prazo". Quando a pessoa usa esse tipo de palavras, elas parecem razoáveis, e você pode ficar tentado e aceitá-las ao pé da letra. Contudo, se aceitar, não terá uma imagem completa. Para ter, poderia dizer: "Humm, estou curioso, o que aconteceria se não fizesse isso?"

Bem, muito provavelmente *algo* aconteceria se ela não o fizesse... talvez a pessoa fosse multada... talvez tivesse uma nota menor em uma tese... talvez perdesse um aniversário. Mas o mundo não acabaria. E talvez nada acontecesse, ninguém notaria, e *isso* seria algo diferente com o qual lidar.

Veja: na mente humana, quando você diz palavras como *ter que*, *precisar* ou *não posso*, o que seu *cérebro* faz é parar nessas palavras e pensar: "Certo, não posso, porque se eu o fizer, o Universo vai acabar. Vou morrer, tudo será horrível". Sempre que você ouve alguém usar essas palavras, chamadas de palavras de "Impossibilidade" ou palavras que são "Requeridas", a melhor coisa a fazer é convidar a pessoa a examinar seu limite. Perguntar "O que o impede de fazer isso?" ou "Como seria se você *pudesse* fazê-lo?" encoraja o cérebro a considerar outras possibilidades.

Pista: Ausência de Critério ou Evidência

Outro indício que você pode ter do mundo de uma pessoa é quando ela diz "Caramba, isso é ruim" ou você ouve: "Está tudo bem". O que está tudo bem? Na PNL chamamos isso de "Executor Perdido". Quem julga se algo é bom ou ruim? Como você sabe que é bom? "Isso é melhor." "É fato." É mesmo? De acordo com quem? Em cada um dos exemplos, existem grandes lacunas de informação.

Se uma mulher diz "Com certeza meu marido me ama", você pode falar: "Isso é maravilhoso. Como você sabe que ele te ama? Como ele mostra seu amor?" Então ela contará o que, em seu mundo interno, significa que ele a ama. "É porque ele disse isso esta manhã, porque comprou um anel para mim ou porque sempre leva o lixo para fora."

Pista: *Efeito Sem Causa Conhecida*

A última ilustração do limite de uma pessoa é chamada "Causa/Efeito". Imagine que alguém diga: "Ele me deixou com raiva". Você gostaria de saber como isso aconteceu, certo? Então perguntaria. Em resposta, a pessoa poderia falar: "Bem, foi seu tom de voz". Agora você provavelmente perguntaria como era, e a pessoa poderia dizer: "Ele foi grosseiro e arrogante comigo".

Ao fazer perguntas pode-se começar a desfazer a conclusão da pessoa e descobrir se é realmente uma conclusão precisa. É possível descobrir se é algo em que ela acredita, e se for, é útil. Se não for, permitirá que a outra pessoa dê mais informações.

Jornadas Diferentes: Como as Crenças Diferenciam Nossos Mundos Internos

Algumas vezes, quando as pessoas fazem afirmações inconscientes, apresentam-nas como um fato. Um colega muito respeitado uma vez disse em uma de nossas reuniões mensais: "Perdemos a noção do tempo e o negócio desmoronará se não fizermos isso". Sua previsão sombria forneceu uma ideia de seu mundo interno. Mesmo que sua afirmação não fosse correta, ele fez com que todos nós soubéssemos como ele estava preocupado com o que aconteceria se não agíssemos rápido. Era sua crença.

Como vimos no Capítulo 4, quando você começa a ouvir com cuidado sua própria linguagem, pode ter uma boa visão de *suas* crenças e uma imagem de *seu* mundo interno. Pode ouvir a si mesmo dizendo coisas como: "Sabe, sempre que recebo um projeto, ele é tão confuso que é impossível terminá-lo no prazo".

Até mesmo em nosso diálogo interno essas são afirmações dadas como fatos, o que é um equívoco. Quando ouvir uma crença, entre em si mesmo e pense por um momento: "Isso é verdade? *Sempre* que recebo um projeto, mesmo que esteja uma confusão, é verdade que não consigo terminá-lo no prazo? E se apenas algumas seções precisarem de muita edição? Eu poderia terminar no prazo".

Ou, no caso da crença sobre o negócio desmoronando, é importante perguntar: "É mesmo verdade? O negócio realmente vai parar?" Provavelmente não.

Note, agora falando de um assunto menos sério, que você pode ouvir uma das crenças de um adolescente quando ele reclama: "Bem, não posso usar estes sapatos com *isso!*" Você pode perguntar: "É mesmo? Por que não?" E você poderia ouvir algo fascinante como: "Bem, porque eles têm a cor azul errada". Com mais exploração, poderá entender que os azuis têm que combinar *exatamente*. Algumas das crenças que ouvirá serão muito engraçadas, inclusive suas próprias crenças.

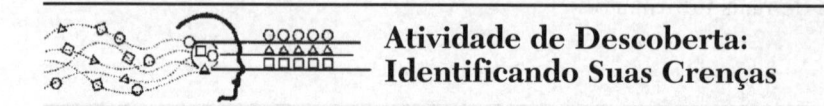

Atividade de Descoberta: Identificando Suas Crenças

Antes de considerarmos como descobrir as crenças das *outras* pessoas, vejamos o que acontece quando revelamos as nossas. Complete as frases a seguir preenchendo com a primeira coisa que vier à sua cabeça.

Eu sou_____.

As pessoas são_____.

A vida é_____.

Agora leia cada frase concluída e experimente. Você já se ouviu expressar esse ponto de vista antes? Parece verdadeiro para você? Provavelmente você discordaria com alguém se a pessoa completasse a frase de modo diferente?

Por quanto tempo você teve esse pensamento?

Quando terminar, coloque de lado essa atividade por um momento. Voltaremos a ela.

Raízes das Crenças: A Importância da Experiência e do Pertencimento

No Capítulo 4 você aprendeu que a *maioria* de suas crenças foi formada quando era jovem. Isso acontece de duas maneiras. Algumas crenças são de causa e efeito. Elas são formadas com a experiência pessoal, como "Se eu chorar, alguém vai aparecer, me alimentar ou trocar minhas fraldas". Adulto, essa crença poderia ser expressa como "Se eu deixar alguém saber o que preciso, alguém responderá", mas a reação emocional vinculada a essa crença pode ser mais como de uma criança. Isso ocorre porque a crença que ainda está criando a motivação é aquela de uma criancinha que se esforçava em entender o mundo. Não é fascinante?

Em contraste, outras crenças vêm de informações não verificadas — como a família ou sabedoria local, são simplesmente aprendidas e integradas. É um tipo de pensamento tribal. Compartilhando crenças parecidas e visões de mundo, temos não só uma sensação de ordem e controle, mas também de pertencimento. Inicialmente, essas crenças de pertencimento se relacionam com nossa família, porque nossa sobrevivência depende de sermos cuidados e aceitos. Mais tarde, esse tipo de pensamento tribal pode estender-se para incluir a escola que frequentamos, a comunidade onde moramos, a empresa na qual trabalhamos, uma congregação espiritual que frequentamos ou até grupos sociais e políticos aos quais nos afiliamos. A maioria desses grupos tem crenças compartilhadas que direcionam suas motivações e comportamentos.

As crenças adquiridas em segunda mão podem ser complicadas, porque elas filtram as informações que deixamos entrar. Veja um exemplo: um dia, a filha de oito anos de meu vizinho disse: "Eu nunca me casaria com um homem rico". Isso realmente chamou minha atenção, então falei: "Isso é interessante. Por que você não se casaria com um homem rico?" Ela olhou para mim como se eu fosse muito estúpido ou de outro planeta e disse: (como se fosse a coisa mais razoável do mundo): "Porque as pessoas ricas não são felizes".

Quando ela respondeu minha pergunta sobre sua crença, revelou outra crença. Embora seja possível que ela realmente *conhecesse* algumas pessoas ricas e tenha baseado sua conclusão na experiência, isso me pareceu improvável. Ela tinha ouvido falar dessas crenças em sua tribo e as aceitou sem questionar. Mesmo que eu tenha ficado um pouco alarmado sobre sua conclusão, não argumentei com ela. Apenas lhe dei algumas estatísticas sobre como a falta de dinheiro é uma fonte de conflito em muitos casamentos e expliquei que se casar com alguém que tivesse dinheiro poderia eliminar esses problemas. Essa linha de raciocínio não pareceu abalar sua convicção.

Por outro lado, a mãe de uma ex-namorada sempre tinha dito para a filha quando ela era pequena: "É tão fácil se apaixonar por um homem rico quanto por um pobre". Dessas duas crenças, qual parece a mais limitante e qual dá mais poder?

Parece bem possível que a filha do meu vizinho possa, de fato, decidir não ficar com pessoas ricas e infelizes, limitando inconscientemente suas possibilidades de amizade e casamento. De novo, por outro lado, a mãe da minha namorada abriu a porta para a possibilidade e, portanto, ela poderia considerar todos os homens como candidatos em potencial.

Resumindo, todos nós formamos crenças com mais frequência quando somos mais jovens. Sem uma experiência adulta que coloque em dúvida uma crença, podemos carregar esses pensamentos como verdades por nossa vida inteira. Mesmo que muitas crenças sejam inconscientes, é útil observá-las e trazê-las à tona para serem mais bem examinadas. Então a pergunta mais importante que podemos fazer é: "Como essa crença está trabalhando em nós? Está nos dando poder ou limitando?"

Essas crenças ficam evidentes no modo como alguém completa as frases que você completou na última atividade: Eu sou... As pessoas são... A vida é...

Adoro explorar crenças e, geralmente, quando estou conversando com um novo amigo, gosto de dizer: "Vamos fazer um jogo, só por diversão. Complete esta frase para mim. A vida é como um(a)_____". Sempre fico intrigado com o que a pessoa propõe. Por exemplo. Eu ouvi

"A vida é como um jogo."

"A vida é como uma competição."

"A vida é uma batalha."

"A vida é uma aventura."

"A vida é um circo."

"A vida é uma jornada."

Capítulo Seis: Mais do que "Ler a Mente" das Outras Pessoas   213

As pessoas propõem todos os tipos de metáforas que dão uma indicação de suas crenças sobre a vida. Uma batalha e um circo estão falando sobre a mesma coisa? Com certeza. E além de ter diferentes crenças sobre a vida, as pessoas têm crenças sobre si mesmas e sobre as *outras* pessoas.

As partes do mundo que realmente nos impactam são o que dizemos para nós mesmos sobre nossa vida, como a caracterizamo e como as outras pessoas nos tratam. Como as outras pessoas nos tratam, claro, é um pouco mais complicado, porque isso está misturado ao modo como as tratamos e quais são suas crenças. Em muitos casos, chegamos a conclusões a partir do que as outras pessoas fazem (ou não) que são realmente justificadas pelo que elas fizeram em uma situação específica.

Veja onde quero chegar: a atenção das pessoas, mesmo em conversas, com frequência é focada *internamente*, embora possa *parecer* que estão ouvindo o outro. Essa experiência é expressa frequentemente como uma piada do tipo: "Ouvir é *não* pensar no que *você* vai dizer em seguida".

Em geral, as pessoas ficam mais preocupadas consigo mesmas. Elas estão muito mais focadas em seus próprios pensamentos, sensações, escolhas e comportamentos do que nos do outro. Isso não é necessariamente ruim nem egoísta, é apenas como a maioria das pessoas funciona. É uma de nossas características básicas de sobrevivência.

Dito de outra maneira, assim que você reconhece e aceita que, na maior parte do tempo, a atenção da outra pessoa está em sua própria experiência, achará muito mais fácil entender as pessoas e por que elas fazem o que fazem.

Entender como suas crenças motivam e modelam sua experiência pode ajudá-lo a reconhecer como elas são poderosas em sua vida — e o quanto são poderosas as crenças das *outras* pessoas na vida delas.

**Atividade de Descoberta:
Explorando uma Crença Pessoal**

Vamos rever a atividade que você fez há pouco. Escolha *uma* das crenças descobertas quando você completou as seguintes frases.

Eu sou_____.

As pessoas são_____.

A vida é_____.

Quando você considera a crença agora, é algo que as pessoas em sua família acreditavam?

Com base em quem você é hoje, é algo que você ainda pensa ser verdadeiro ou simplesmente aceitou e, assim, acreditou?

Embora muitas crenças tenham incorporado originalmente uma intenção positiva, como nos manter seguros ou nos ajudar a nos integrar, elas ainda impactam nosso comportamento.

Portanto, a crença que você identificou lhe dá poder ou é limitante?

Se é limitante, é algo que você gostaria de mudar?

Uma das crenças que tenho a felicidade de ter é a sorte. Tenho muita certeza de que a consegui com meus pais. Eles eram pessoas que procuravam e se centravam nas coisas positivas da vida. Lembro que até quando os tempos eram difíceis eles encorajavam meu irmão e a mim a contar nossas bênçãos e sermos gratos. Assim, o sentimento de que tenho sorte é uma crença que desejo manter e cujo poder quero continuar a ter.

Mas se eu tivesse uma crença limitadora de que "as pessoas sempre querem te pegar", é algo que eu poderia querer mudar. Se tivesse essa crença por muito tempo, também teria muitas evidências de que é verdadeira, só porque seria o que eu estava procurando. Um modo de enfraquecer essa crença seria identificar contraexemplos mostrando como ela nem *sempre* é precisa.

Talvez eu pudesse pensar em alguém que foi sempre bom comigo ou pudesse lembrar de um amigo, professor ou colega de trabalho que me defendeu quando outra pessoa foi má ou injusta. Talvez tivesse havido um momento em que um completo estranho me deixou passar na frente na mercearia quando eu estava com pressa. Até um pequeno exemplo pode começar a relaxar uma crença limitadora.

Se eu não puder identificar nenhum contraexemplo em minha própria experiência, poderei procurar nos outros. Se você decidir fazer isso, não escolha uma pessoa com quem tudo parece estar correndo bem. Pelo contrário, escolha alguém que sabe muito bem que teve maus momentos, então entre na segunda posição com ele e observe qualquer coisa oposta a "As pessoas sempre querem te pegar". Talvez esse indivíduo tenha ganhado um aumento ou uma promoção. Talvez alguém tenha lhe dado ingressos gratuitos para um evento. Ou, quem sabe, uma pessoa que lhe devia dinheiro o pagou. O que na experiência dessa pessoa poderia dar a você uma evidência e esperança de que a crença de que "as pessoas sempre querem te pegar" não é verdade?

Suas crenças são poderosas, assim como as de outras pessoas. Você pode estar imaginando o que fazer quando encontrar a crença de outra pessoa que é diferente da sua. Imagine, por um momento, que alguém na sua frente esteja afirmando algo que você *sabe* não ser verdade. O que você faz? Você a contesta? Vamos segurar essa pergunta para o próximo capítulo, quando você aprenderá vários modos de explorar o que a outra pessoa pensa e criará uma abertura para considerar um ponto de vista diferente.

Por ora, recomendo que você observe a crença e continue a aprender sobre sua companhia. Faça-lhe o favor de ser curioso sobre ela e continue a reunir informações. Em geral, as pessoas acham esse tipo de conversa uma experiência muito agradável. Elas o acham fascinante porque você está fascinado por elas, portanto, é uma situação em que todos ganham.

Desejos e Necessidades: Como Explorar as Crenças Revela Motivações e Metarresultados

Como as crenças inconscientes modelam nossas decisões e comportamento, quando as pessoas contam algo que desejam ou precisam, normalmente você descobre que o objetivo declarado não é sua motivação *real*. Há algo chamado "objetivo por trás do objetivo" ou "Metarresultados". Ao aprender sobre o Resultado Bem Formado no Capítulo 2, você explorou os metarresultados relacionados a um objetivo escolhido.

Então, como aprender sobre os metarresultados de *outra pessoa* em uma conversa? Imagine, por exemplo, que um vizinho diga: "Tenho que levar meu carro para lavar esta tarde". Em resposta, você poderia dizer: "Ah, isso é bom. Faço isso de vez em quando também. Com que frequência você faz?"

"Ah, faço toda semana."

"Por que é importante para você?"

"O quê? Está falando sério? É importante cuidar das minhas coisas", "Bem, o carro de todos os vizinhos brilham de tão limpos, e não quero ser o preguiçoso do quarteirão" ou "Se eu não lavo, minha esposa leva a um lugar que custa US$52,00, portanto, eu cuido disso". Você achará algum tipo de motivo. Quanto mais retirar as camadas da cebola, mais aprenderá sobre as crenças, metarresultados e motivações reais.

Duas de minhas perguntas favoritas para descobrir as motivações e crenças inconscientes são: "O que aconteceria se *isso* ocorresse?" *e* "Por que isso é importante?" Elas fornecem informações interessantes e ideias sobre os outros. Elas não colocam as pessoas na defensiva. Como apenas as faz pensar, são ótimas perguntas que conseguem um retorno honesto.

E mais, quando estou tentando aprender sobre os motivos, objetivos e sonhos de alguém e o "objetivo por trás do objetivo" (metarresultados), a grande pergunta é: "Se isso acontecesse, o que *isso* faria por você?" Essa pergunta é mágica, então geralmente a faço de novo, com base no que a pessoa acabou de me contar: "E se *isso* acontecesse, o que faria por você que é ainda mais importante?" Veja um exemplo do que essas perguntas podem revelar.

Imagine que alguém lhe diga: "Tenho que terminar meus cursos e me formar".

"Certo, e se você se formar, o que isso fará por você?"

"Bem, poderei entrar na minha área escolhida de microbiologia."

"Isso é ótimo. E se você entrar na área escolhida, o que é ainda mais importante?"

"Bem, vou trabalhar no que gosto e serei bem pago."

"Ótimo. Então trabalhar no que você gosta e ser bem pago, o que isso faz por você?"

"Poderei comprar uma casa, casar e ter filhos. Você está louco? O que você quer dizer com o que isso faz por mim?"

Você pode rir e dizer: "Certo, e isso é o mais importante na vida para você? Ter uma casa e filhos?"

"Sim! Ter uma família feliz e uma sensação de pertencimento realmente é importante."

Quando você está tentando *genuinamente* aprender sobre alguém, a pessoa não fica resistente nem ressentida. Pelo contrário, as pessoas realmente gostam de seu interesse sincero. Você sabe como isso acontece pouco na sociedade industrializada? Pense. A menos que alguém esteja oferecendo um coquetel para bater papo, as pessoas raramente fazem perguntas entre si além do "Como vai?" ou "De onde você é?" Quase ninguém faz perguntas que se aprofundam sinceramente, faz? Seu interesse e perguntas autênticos serão uma mudança revigorante.

Além da Crença: Como a Linguagem Revela Outras Preferências Pessoais

As declarações de crença são *um* reflexo das preferências individuais. A linguagem de uma pessoa também revelará seu sistema representacional preferido, seus principais metaprogramas e como ela opera em relação ao tempo. Saber como observar essas preferências vai prepará-lo para modificar suas próprias preferências para maximizar como você se comunica (o que aprenderá no Capítulo 7).

Continuação

Canais Preferidos: Preferências do Sistema Representacional

Como saber sobre as preferências do sistema representacional de alguém? Imagine que ao estar conversando com uma pessoa ela mencione seus planos de férias dizendo: "Entramos de férias em julho. Fizemos reservas e vamos gastar nosso dinheiro. Vamos voltar ao Caribe!"

Você poderia dizer "Ah, vocês já foram lá antes. Quando você pensa em voltar, o que o deixa mais empolgado?", e a pessoa contará várias coisas. Sempre que ela desacelera, você pode escolher uma coisa para se basear e dizer: "E o que é importante para você sobre *isso*?", "Do que você mais gosta?" ou "Qual foi o melhor momento que já teve nas férias?" Com essas perguntas, você conseguirá reunir mais informações. Caso os processos mentais dessa pessoa se baseiem em termos visuais, ela poderia dizer: "As cores do Caribe são exuberantes... as roupas que as pessoas usam são tão vibrantes... e a água tem um verde-esmeralda cintilante". Essa descrição lhe forneceu vários retratos, certo?

Se o processamento for basicamente auditivo, a pessoa falará em termos de som. Você poderá ouvir: "Eu adoro acordar com o som das ondas... Eu durmo bem quando posso ouvir o barulho das árvores ao vento..." ou "A música local tem um som incrível. Seus instrumentos são feitos de tambores de aço, garrafas velhas, cocos e troncos!" Percebeu a diferença nesses breves discursos?

Ou você terá uma descrição cinestésica. "Sabe, eu me sinto maravilhoso quando estou lá. Adoro mergulhar na água quente e pegar uma onda... apertar a areia entre meus dedos faz com que eu me sinta criança de novo... Fico tão relaxado que meu estômago se acalma..." ou "Eu adoro a comida! Os temperos são meio picantes, mas a cerveja é gelada". Observe como esses sentimentos e sensações modelam a experiência do ouvinte.

De novo, todos usam os três canais, mas você descobrirá que as pessoas preferem um ao outro. Elas preferirão a sensação e as palavras emotivas, sintonizar em palavras sonoras ou focar nas palavras visuais. São informações que a maioria das pessoas comuns não tem. Observar essas preferências pessoais lhe dará uma ideia extra de como o ser humano é único no modo como funciona — e como se comunica melhor com alguém por meio da preferência pessoal.

Padrões de Processamento Preferidos: Metaprogramas

Na Seção 1 você aprendeu sobre os filtros adicionais nos quais atuamos habitualmente, chamados metaprogramas, que são padrões de processamento de informações que adotamos e automatizamos para nos ajudar a tomar decisões e nos motivar.

Para refrescar sua memória, o quadro a seguir destaca alguns dos principais metaprogramas. No Capítulo 4, quando foi apresentado inicialmente a esses filtros, quais pareceram descrevê-lo melhor?

Metaprograma	Responde à Pergunta
Opções/Procedimentos	É mais importante para você fazer do "modo certo" do que ter alternativas para fazê-lo?
Em direção a/Longe de	Você fica mais motivado indo em direção a algo que tem um resultado potencialmente positivo ou ficando longe de uma consequência potencialmente negativa?
Proativo/Reativo	É mais provável que você tome a iniciativa de agir ou espere que outra pessoa faça isso ou que outra coisa aconteça?
Interno/Externo	Quando avalia algo, é mais provável você usar um padrão pessoal interno ou pedir a opinião de outra pessoa?
Geral/Específico	Você normalmente lida com a "visão de conjunto " ou com os detalhes?
Convergência/Divergência	Quando faz comparações, nota como as coisas são parecidas ou onde há diferenças/discrepâncias?

Quando pensar nos metaprogramas, lembre-se de que esses comportamentos são expressados mais como um ato contínuo, em vez de extremos. Mas quando considerar os dois extremos, provavelmente haverá *um* no par que você mal consegue entender ou tem problemas para tolerar. Se tiver, o *oposto* será sua preferência. Os metaprogramas são de tal modo parte de nós, que quando os experimentamos é possível descobrir que temos fortes sensações sobre a "exatidão" de um *versus* o outro.

Como os metaprogramas são inconscientes e pessoais, eles podem ser uma fonte de conflito entre colegas de trabalho, pessoas importantes, membros da equipe e até estranhos. Com os metaprogramas agora em seu radar, uma parte de você vai procurá-los e imaginar como estão influenciando suas interações.

Se você for "orientado externamente" e gostar de ouvir opiniões de outras pessoas antes de prosseguir, poderá realmente ficar irritado em voltar de férias e descobrir que seu colega de trabalho colocou informações sobre um novo produto no site da empresa *antes* de "testá-lo" em um grupo de amostra. Essa frustração pode ser muito grave se o *outro de seus* metaprogramas for o "reativo".

E se sua orientação for "longe de", *assim como* "específica", você poderá se sentir desafiado por uma esposa que chegou em casa acenando com duas passagens para Paris e dizendo: "Fiz um ótimo negócio! Partimos depois de amanhã, portanto, vamos fazer as malas!"

Um Novo Aspecto dos Metaprogramas: "Conteúdo" e "Domínio"

Outro metaprograma importante é chamado de "Conteúdo". O metaprograma "Conteúdo" reconhece a importância de atribuirmos os cinco elementos básicos da vida, chamados "Domínios": Pessoas, Informações, Coisas, Atividade e Lugar. É um aspecto revelador de nossa natureza. Somos "ligados a pessoas" ou colecionamos antiguidades? Lembramos com base em onde estávamos, o que fizemos, com quem estávamos, o que tínhamos ou no que aprendemos?

Com um pouco de atenção e prática você notará como as posses e conversas de alguém revelarão como ele prioriza esses cinco elementos.

Todos nós contamos com esses domínios e os classificamos inconscientemente de um a cinco. Por exemplo, minha "classificação" pessoal provavelmente é Pessoas, Informações, Lugar, Atividade e Coisas. Posses e Coisas, assim, estão lá embaixo em minha lista de consciência. Já as relações (Pessoas) são o que me ocorre primeiro, seguidas das informações.

Essas "classificações" do conteúdo são baseadas em contexto. Por exemplo, minha esposa, Vikki, classifica o conteúdo assim: Pessoas, Atividade, Lugar, Informações e Coisas. Estamos alinhados de muitos modos, mas, em casa, ela é muito mais proativa do que eu em termos de construir nosso ambiente. Ela assiste ao HGTV [canal de TV dedicado a coisas relacionadas ao lar], e eu, ao Discovery Channel. Ela vê o Lugar e as Coisas, e como eles podem ser organizados (Atividade); eu vejo História, Ciências e coisas assim, porque sou viciado em informação. Temos sobreposições e diferenças interessantes.

Quando ficar mais consciente de seus metaprogramas e os vir nos outros, notará como os aspectos comuns podem ser uma fonte de conforto e conexão. E como as diferenças podem ser uma fonte de curiosidade ou conflito. Não há certo nem errado. Tudo é apenas questão de preferência. Felizmente, as coisas não são apenas preto e branco — você é desse jeito e eu sou daquele — e tão diferentes a ponto de nunca entrarem em um acordo.

Um Estudo: Conteúdo do Metaprograma

Veja como um cliente de 41 anos, que era engenheiro, usava seu conhecimento dos metaprogramas para aumentar sua versatilidade e conforto. Ele era casado com uma mulher cujas três prioridades principais eram Coisas, Atividade e Lugar. Ela adorava ir a mercados de pulgas.

Como sua "classificação" inicial era Informação, Atividade e Relação, só pensar em mercados de pulgas e todas as coisas que havia lá o deixavam um pouco maluco. Assim que percebeu isso, começou a pesquisar o que os vendedores estavam vendendo perguntando de onde vinham os itens e sua história. Focando nas informações, ele conseguiu se divertir e tornar a experiência mais agradável.

Considere uma pessoa cujas três prioridades principais sejam Informação, Lugar e Atividade. É improvável que essa pessoa seja calorosa e vaga. Talvez essa pessoa viva na cabeça dela. Sua casa, o lugar onde realmente mora, será muito importante para ela, portanto, você não deseja desarrumá-la. Você pode até não ser bem-vindo lá. Com muita frequência, ela está realmente presa ao que faz, e as relações não ocupam uma posição elevada em sua lista. Conheço alguns professores incríveis que são assim. Embora nós nos gostemos e respeitemos, eles não ligam para mim com frequência dizendo: "Vamos sair". Eu não levo isso para o lado pessoal — é apenas como eles operam. É apenas uma preferência pessoal.

O Ponto em Comum: Como as Pessoas Se Relacionam com o Tempo

O elemento do tempo toca em muitos aspectos de nossa vida, assim, as diferentes maneiras como as pessoas se relacionam com ele sempre revelam algo sobre seu mundo único.

Orientação do Tempo: "Através do Tempo" e "no Tempo"

Uma pessoa "através do tempo" é alguém que pode ver o passado, presente e futuro simultaneamente. Essa perspectiva provavelmente torna alguém um bom observador e excelente planejador. Por outro lado, uma pessoa "no tempo" é muito associada ao momento. Essa pessoa tem capacidade de realmente aproveitar a vida no momento. Porém, ela pode não se sobressair ao planejar e manter compromissos. Para ela, um compromisso é algo que aconteceu no passado e o planejamento é algo que acontece no futuro. Para alguém com essa característica, faz sentido que esses comportamentos sejam um desafio.

Quando entender *sua* orientação e reconhecer que a outra pessoa é diferente, será mais fácil não fazer julgamentos sobre isso e aceitar que é apenas como ela opera.

Orientação Cultural do Tempo: Monocrônico e Policrônico

As diferenças culturais na orientação do tempo geralmente criam atrito. Eu acabei de me mudar do Vale do Silício, na Califórnia, onde há muita diversidade. Pessoas do mundo todo moram e trabalham lá, portanto, as diferenças culturais sobre o tempo tornam a comunicação um desafio.

Capítulo Seis: Mais do que "Ler a Mente" das Outras Pessoas

O psicólogo e autor Allen Bluedorn, fazendo uma pesquisa sobre o tempo, descobriu que na comunicação, especialmente na comunicação não verbal, há realmente duas divisões maiores para o tempo: monocrônico e policrônico.

O tempo monocrônico é linear. É o caso da Alemanha, Canadá, Suíça, Escandinávia, grande parte da Europa e dos Estados Unidos. Somos muito lineares. Gostamos de cronogramas. Aparecemos na hora marcada para um compromisso porque é importante para nós. Dizemos que tempo é dinheiro e que você não pode voltar atrás. Culturalmente, somos assim. Faz sentido que nos anos 1300 os primeiros relógios tenham sido criados na Europa.

O tempo policrônico é um sistema no qual várias coisas podem ser feitas de uma vez, é uma abordagem mais fluida. O tempo policrônico é comum no sul da Europa, em culturas latinas, entre indígenas americanos e árabes, no México e na Índia. As relações são muito mais importantes nessas culturas ,e há muito menos atenção em considerar cada momento.

Se você estivesse na casa de um amigo em uma cultura do tempo policrônico e houvesse algo acontecendo lá que o fizesse se atrasar para um compromisso, você apenas seguiria em frente e chegaria atrasado, porque a relação é o que realmente importa. Como essa percepção do tempo menos formal é aceita, chegar atrasado não seria o mesmo problema ou insulto como se constituiria em uma cultura do tempo monocrônico.

São generalizações amplas, claro. Contudo, entre as pessoas que você conhece, provavelmente notará que suas diferentes abordagens para o tempo são baseadas na cultura em que estão ou na cultura de onde vêm. Quando moramos na Califórnia, muitas empregadas domésticas eram hispânicas, e alguns de nossos amigos diziam: "As empregadas estão atrasadas de novo. Elas são preguiçosas". Esse julgamento vem de uma orientação linear do tempo, certo? As empregadas não eram preguiçosas. Provavelmente estavam cuidando dos filhos ou visitando um amigo. Elas estavam apenas operando a partir de um conjunto de valores diferente.

Quando comecei a explorar o tempo e querer escrever sobre ele, percebi como ele afeta profundamente as abordagens e crenças das pessoas sobre muitas coisas. E comecei a pensar se uma pesquisa adicional sobre o tempo tinha sido feita recentemente.

Orientação do Tempo: Agora e Depois

Phil Zimbardo, um professor prolífico da Universidade Stanford, escreveu muito sobre Psicologia e, recentemente, falou sobre como o tempo opera de modo diferente na vida das pessoas. (Há uma apresentação animada maravilhosa de seus principais conceitos na TED e no YouTube — conteúdo em inglês.)

Parte do que ele descreve não vai surpreendê-lo, porque esses padrões são algo que provavelmente você notou em sua própria vida e nas interações com outras pessoas.

Ele diz que as pessoas são orientadas ao passado, presente ou futuro. Interessante, não? Se elas são orientadas ao futuro, obviamente são mais focadas no futuro do que no presente ou no passado. São boas em planejar. São muito orientadas no objetivo. Tendem a ter médias altas, ter consciência da saúde e economizar dinheiro. Podem adiar uma gratificação para ter um bom controle do ego e autoestima. Entretanto, como algumas vezes ficam distantes demais no futuro, podem ter problemas para se localizar no presente. Como resultado, podem ser menos capazes de aproveitar as atividades do presente e menos carinhosas com as pessoas ao redor.

Pessoas que são orientadas ao passado de fato estão olhando para o passado. Elas estão relacionando tudo que está acontecendo com o que já aconteceu. Essas pessoas operam basicamente de perspectivas negativas ou positivas do passado. Elas baseiam sua visão de mundo e decisões nessas experiências.

Se, por exemplo, uma pessoa orientada ao passado teve experiencias tristes, dolorosas ou traumáticas que não superou, ela será pessimista. Ela tende a esperar menos do futuro e hesita em correr riscos. Por outro lado, as pessoas que têm passados felizes serão bem otimistas, entusiasmadas e ambiciosas. Elas esperam repetir ou criar uma boa experiência com a qual se sentiram felizes.

Já as pessoas que são orientadas ao presente podem muito bem ser divididas em duas categorias: hedonistas ou fatalistas. Se elas são fatalistas, pensam que o destino é responsável por sua vida, portanto, têm uma vida mais passiva, acreditando que têm pouco ou nenhum poder pessoal. Caso sejam hedonistas, gostam de aproveitar a vida. São impulsivas, espontâneas e correm riscos. Tendem a perder-se no entusiasmo do momento e têm relações apaixonadas. Conclusão: você simplesmente não deseja alguém orientada ao presente em um planejamento.

Capítulo Seis: Mais do que "Ler a Mente" das Outras Pessoas   225

Existem muito mais distinções sutis. Mas sempre se pergunte: "Onde essa pessoa está em relação ao tempo? Ela está pensando e vivendo no passado, presente ou futuro? A orientação ao tempo de alguém impacta o que aprendemos sobre ela, o que escolhemos dizer a ela e o que pode ser possível em relação a ela.

Uma Nova Abordagem: Como Aplicar Sua Compreensão do Comportamento Não Verbal, Crenças e Preferências Pessoais nas Interações com os Outros

Definir sua intenção na compreensão de mundo de alguém pode ajudar a estabelecer uma afinidade, melhorar sua comunicação e aprofundar sua conexão. Você também pode começar a gostar de descobrir os modos como as pessoas são diferentes, em vez de ficar surpreso ou até irritado com as diferenças.

Naturalmente, tentar notar e explorar todas as partes do mundo de alguém pode ser um pouco sufocante, especialmente ao encontrar alguém novo. Veja algo fácil que você pode fazer para praticar e aprimorar suas habilidades.

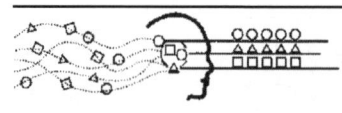

Atividade de Descoberta: Explorando o Mundo Interno de Alguém

Só por diversão, complete as seguintes perguntas para ver o que você já sabe sobre alguém próximo. Agora pense em alguém bem conhecido.

Pessoa:_____

Como ela é em relação ao tempo?

Quando ela descreve algo (especialmente uma experiência que tem emoções associadas), o que sua linguagem diz sobre o sistema representacional que ela está processando? Ela é mais visual, auditiva ou cinestésica?

Quais metaprogramas você nota em seu comportamento? Sua orientação é mais:

- Opções ou Procedimentos?

- Em direção a ou Longe de?

- Proativa ou Reativa?

- Interna ou Externa?

- Geral ou Específica?

- Convergente ou Divergente?

Como ela classificaria os domínios de conteúdo do metaprograma — Pessoas, Lugar, Informações, Atividades e Coisas?

Como você imagina que ela completaria estas frases?

Eu sou_____.

As pessoas são_____.

A vida é_____.

Quais crenças você nota que a pessoa menciona com muita frequência?

Essas crenças parecem dar poder ou limitar?

Naturalmente, as respostas são apenas um ponto de partida. Quando você interagir com a pessoa identificada, tente vê-la com novos olhos. Seja curioso e faça perguntas sobre as informações que faltam e que normalmente você teria recolhido. Quando tiver mais informações, considere quais observações iniciais suas foram acertadas e quais não. (Para ter uma perspectiva de fora, convide a pessoa para fazer a rápida avaliação que você fez no Capítulo 4 para ter um pequeno perfil de seus metaprogramas.)

Nas várias interações seguintes com essa pessoa, observe como a comunicação ou os sentimentos podem ser diferentes em relação ao que eram antes — porque você está saindo de si mesmo e focando em realmente compreender a *pessoa*.

Essa experiência prática o ajudará a usar essas mesmas habilidades de observação e questionamento com as outras pessoas que você conhece ou está encontrando. Observar o que está faltando na comunicação de alguém, recuperar as informações perdidas, descobrir o que alguém realmente deseja, reconhecer seu sistema representacional preferido de processamento, identificar como alguém está em relação ao tempo e diferenciar seus metaprogramas são procedimentos que ajudarão a entender e reconhecer *seu* mundo. O modo de ninguém está errado — é apenas diferente. Essas diferenças refletem a riqueza da experiência humana.

Usar as informações e habilidades aprendidas neste capítulo pode mudar sua vida. E como esse modo de comunicação altera como você toca na vida dos outros, é possível ajudar a tornar o mundo um lugar melhor. No próximo capítulo você aprenderá a colocar essas descobertas para funcionar, podendo até ser mais eficiente e persuasivo.

Ideias Principais

- Comportamentos não verbais, como espaço pessoal, posição corporal e postura, gestos e expressões faciais etc., fornecem informações importantes sobre o mundo interno da outra pessoa.

- Naturalmente (ou com intenção) combinar os comportamentos não verbais de alguém de um modo sutil pode criar uma sensação de segurança e afinidade.

- "Experimentar" os comportamentos de uma pessoa para ver como ela se sente é um tipo de "leitura do pensamento" que permite ao outro entrar no mundo da pessoa.

- Como a linguagem é um atalho linguístico sobre a experiência de alguém, há nela lacunas de informação. O Metamodelo da PNL fornece um processo para reunir os detalhes que faltam.

- "Aproximar" nos ajuda a focar na outra pessoa e entender seu mundo. "Afastar o foco", quando as interações são um pouco tensas, nos permite dar a alguém espaço para respirar e nos dá a oportunidade de ir para a terceira posição para avaliar com objetividade o que está acontecendo.

- Observar as incongruências entre o que alguém está dizendo e como está dizendo (como está seu corpo ou o tom que usa) é como topar com a luz amarela. Vale a pena desacelerar e avaliar a situação antes de se apressar.

- Para melhor ou pior, as crenças filtram nossa experiência. A maioria delas forma-se na juventude e ainda guia nosso comportamento anos depois.

- As crenças podem ser detectadas na linguagem das pessoas.

- Quando descobrimos as crenças, temos uma chance de descobrir como elas nos influenciam.

- Explorar o "objetivo por trás do objetivo" de uma pessoa (o metarresultado) nos permite ter uma ideia melhor do que é mais importante para ela.

- Prestar atenção na linguagem de alguém é um modo de identificar:

    > o canal sensorial preferido da pessoa;
    > os metaprogramas que a influenciam;
    > como ela se relaciona com o tempo.

Para mais informações, acesse: http://eg.nlpco.com/6-1 (conteúdo em inglês), ou use o código QR com seu celular.

**Descobertas, Perguntas, Ideias e Coisas
nas quais Você Deseja Trabalhar**

**Descobertas, Perguntas, Ideias e Coisas
nas quais Você Deseja Trabalhar**

**Descobertas, Perguntas, Ideias e Coisas
nas quais Você Deseja Trabalhar**

CAPÍTULO SETE: EXPRESSANDO-SE COM FACILIDADE

Como posso ajudar as pessoas a entender o que quero dizer?

Descongelar com sua gentil persuasão é mais poderoso do que Thor com o martelo. Um derrete, o outro quebra em pedaços.
— Henry David Thoreau

Grande parte do conteúdo anterior foi dedicada a entender como descongelar as coisas em nós mesmos e nos outros. Aprendendo como processamos nossa experiência, descongelamos nossa base de padrões bem desenvolvida e intencionada. Tornar esses padrões automáticos, e algumas vezes rígidos, mais fluidos, prepara nosso ambiente interno para a mudança e nos permite levar mais conforto e congruência para qualquer interação. E sendo genuinamente curiosos sobre como os *outros* processam, levamos acolhimento, honestidade renovada e compreensão aumentada para as relações.

Este capítulo trata sobre a conexão dos pontos — com base no que você aprendeu sobre si mesmo e sobre os outros — para ajudar a melhorar mais a comunicação e as conexões.

Crônica: Pontos Altos da Jornada Até Agora

Cobrimos muitas coisas juntos, portanto, vamos abrir rapidamente nossos arquivos mentais para podermos conectar facilmente os conceitos anteriores com os novos. Como você está familiarizado com o conteúdo, os seguintes lembretes aparecem como sugestões.

- Trabalhe de dentro para fora. Primeiro, observe o que está acontecendo com você. Use as ferramentas da PNL, especialmente as submodalidades, para mudar suas reações emocionais e melhorar sua experiência pessoal.

- Quando se sentir confortável e congruente, considere o que está acontecendo com os outros à sua volta. Tenha a intenção de focar em estar interessado, não em ser interessante.

- Para sinalizar que você está seguro, use sua linguagem corporal e estenda um pouco o contato visual para mostrar que está aberto e interessado.

- Para entender o que alguém realmente quer dizer e como está em *seu* mundo, use o Metamodelo para preencher as lacunas deixadas pelo atalho linguístico.

- Preste muita atenção nas comunicações não verbais das outras pessoas e espelhe sutilmente um ou dois desses comportamentos correspondendo com sua postura, gestos, ritmo de fala ou tom de voz.

- Observe a linguagem das pessoas, porque ela revelará seus metaprogramas preferidos e canal representacional, sua relação com o tempo e suas crenças — tudo isso lhe dará uma ideia do mundo delas.

- Quando ouvir a crença de alguém, explore os metarresultados e considere como essa crença pode dar poder ou limitar a pessoa.

Como tem praticado esses comportamentos, você aprendeu ainda mais sobre si mesmo e sobre os outros. Este capítulo o ajudará a aumentar suas habilidades e vai apoiá-lo ao fazer conexões com outras pessoas e ser *compreendido*.

Pode ser uma surpresa descobrir que fazer alguém "aderir", tirar sua resistência, para ouvir e considerar que o que você diz realmente não depende muito do que *você* diz para os outros. É mais o que você faz para que *elas* contem a você o que se passa na cabeça *delas* durante o processo.

Um livro chamado *Just Listen* ilustra lindamente esse fenômeno. O autor, Mark Goulston, é um psiquiatra que ensina negociação de reféns a muitas agências diferentes do Governo. Ele está acostumado a lidar com pessoas sob grande estresse. Ele diz que a parte mais importante de se comunicar com outra pessoa é a qualidade de suas habilidades para ouvir — *não* o que você diz.

Então, o modo como você e sua mensagem são recebidos realmente não é influenciado pelo corte de cabelo, roupa que veste ou firmeza do aperto de mão. Está baseado em como a outra pessoa se sente quando está com você. Está baseado no quão segura, interessante e percebida ela se sente e em como *você* a ajudou a se sentir assim. Parece familiar?

Conexão Física: Como o Toque Melhora as Conexões e o Impacto

O toque é um modo de poder influenciar a experiência de uma pessoa ao estar com você *e* sua recordação dessa conexão. Como falamos sobre o poder do toque nos capítulos anteriores, você pode lembrar que as garçonetes, pessoas que recolhem assinaturas e equipes de basquetebol que usam o toque adequado têm resultados melhores. O toque melhorará, sem dúvida alguma, *sua* habilidade de aquecer até as conexões casuais.

Por exemplo, uma pesquisa mostrou que os bebês não se desenvolvem se não são tocados e acariciados quando são pequenos. O cérebro deles não se desenvolverá bem, e eles não ganharão o peso que precisam. Na verdade, o Instituto de Pesquisa do Toque da Universidade da Escola de Medicina de Miami realizou mais de 100 estudos e descobriu evidências dos efeitos importantes do toque — inclusive um crescimento mais rápido dos prematuros, redução da dor, diminuição de sintomas de doenças autoimunes, redução dos níveis de glicose nas crianças com diabetes e melhora nos sistemas imunológicos nas pessoas com câncer. Todos esses benefícios apenas com o toque de uma enfermeira!

O Hospital Infantil de Cincinnati é um dentre os vários centros de saúde principais nos Estados Unidos que agora usam a terapia de toque que cura. Seu diretor disse: "Uma pesquisa demonstrou que os pacientes que receberam a experiência do toque que cura *aceleraram* a cicatrização de feridas, tiveram relaxamento, alívio da dor e conforto em geral".

Além desses detalhes sobre pesquisas e o toque, gostaria de compartilhar um exemplo pessoal de como o toque deixou uma impressão em mim. Você pode lembrar que no meu primeiro encontro com minha esposa ela tocou repetidamente em meu braço no café e disse: "E, Tom, isso foi muito engraçado". Depois de todos esses anos, ainda posso sentir esse ponto em meu braço.

Quando eu estava pensando sobre esse presente, percebi que meu pai era como minha esposa no modo como usava o toque. Ele era um imigrante da Assíria, que foi para os Estados Unidos para ter maior segurança e liberdade religiosa. Era um fazendeiro grande e forte, que foi para a UCLA e jogou futebol. Mais tarde, tornou-se pregador e, por fim, como era um tenor muito talentoso, tornou-se cantor profissional.

Cresci na região de Los Angeles logo depois da Segunda Guerra Mundial e notei que meu pai estava sempre passando seu braço em torno das pessoas e abraçando-as. Naquela época, os homens aqui não faziam isso. Lembro-me de notar que seus amigos e sócios pareciam desconfortáveis quando meu pai os abraçava, então perguntei à minha mãe sobre isso, e ela explicou: "Os norte-americanos não estão acostumados com esse tipo de demonstração como seu pai está".

Mas veja só: todos adoravam meu pai. Todos. Eles ficavam contentes quando ele chegava. Como ele dava às pessoas total atenção, tinha uma habilidade para fazer com que cada uma se sentisse muito especial. Além de ser brilhante e talentoso, era o homem mais bondoso que já encontrei. Ele colocava o coração em tudo o que fazia — e um dos modos de mostrar seu coração era tocar nas pessoas. As pessoas à sua volta se sentiam como me sinto quando estou com minha esposa.

Portanto, qual a relação disso com você e por que deve se importar?

Veja a minha experiência: eu amo meu pai e adoro minha esposa, mas não acho que eles são mais encantadores do que o resto de nós. Bem, talvez um pouco, porque tiveram o *instinto* de tocar nas pessoas e fazer um contato cinestésico. Mas é o toque em si que é realmente mágico.

Desde que adotei o hábito de minha esposa de tocar nos outros, aqueci muito minhas relações em minha família e entre os conhecidos casuais. Eu baterei no ombro de alguém ou tocarei em seu braço quando estiver dizendo algo — sobretudo ao cumprimentar a pessoa, elogiar ou dizer até logo. É mais do que agradável. Parece aprofundar nossa conexão.

Esse novo hábito de tocar também *me* fez sentir mais em casa com as outras pessoas. Sinto que estou mais relaxado porque tive um contato com elas. Sinto como se estivéssemos mais sintonizados um com o outro. Acabo brincando com as pessoas mais do que costumava, mesmo quando estou esperando na fila com completos estranhos. Por causa do toque, acabo fazendo contatos no nível humano, em vez de conexões limitadas ao meu papel em determinada situação.

Portanto, se você ainda não experimentou o toque, comprometa-se em tocar em suas próximas duas ou três interações. Você pode fazer isso de modo tranquilo, um pouco de cada vez, sem que ninguém precise notar, até sentir-se confortável em tocar os outros ainda mais. Tente aumentar o número de vezes em que toca as pessoas à sua volta. Pode ser com a demonstração e frequência com que minha esposa ou meu pai costumava tocar, ou pode ser uma batidinha amistosa, mas experimente.

Como você sabe, a PNL chama esses toques de âncoras. As âncoras, quando feitas dessa forma, exatamente como aconteceu com minha esposa e eu, são pequenos lembretes de que você esteve lá. Nossa pele é cheia de terminações nervosas, então tocar e ser tocado definitivamente nos aproxima. De novo, essas âncoras são subliminais e completamente inconscientes, assim, usar o poder do toque deixará as pessoas com a impressão de que você é mais cordial, mais relaxado ou mais fácil de lidar. Nada mal, certo?

Máscara de Oxigênio Primeiro: Como Administrar *Seu* Estado Interno Mantém o Foco nos Outros

É impossível exagerar a importância de prestar atenção e administrar *seu* estado interno. É como colocar sua própria máscara de oxigênio primeiro, certo?

Confesso, fazer isso não foi fácil para mim. Como disse, sou um cara grande, me movimento rápido e tenho uma voz profunda, e essas qualidades eram um trunfo quando estava nas Forças Armadas. E eu desenvolvi um hábito de ser um pouco tempestuoso e dominador. Então, ao estudar a PNL, fiquei ciente do modo como encontrava as pessoas e quis mudar isso.

Então uma das coisas que fiz durante os workshops da PNL foi aprender como poderia entrar em uma sala e não ser notado. Eu não queria ser uma distração — queria entrar na sala sem que as pessoas notassem.

Pratiquei em uma sala de 15 alunos de PNL que eu estava treinando. Eu saía da sala, fazia uma pausa e, antes de voltar a ela, conscientemente verificava e cuidava de *meu* estado interno. Colocava minha máscara de oxigênio virtual. Eu me acalmava de propósito, me centrava — então abria a porta e entrava disfarçadamente. Dava-me uma nota de acordo com quantas cabeças viravam. E quando consegui fazer isso de modo que a única pessoa que olhou era aquela perto da porta, descobri que tinha dominado essa parte. Eu consegui entrar como um mergulhador experiente entra na água com o mínimo de ondulação.

Para você, gerenciar seu estado interno pode significar aumentar sua energia, em vez de acalmá-la. Se, por exemplo, você tende a ser uma pessoa hesitante ou tímida, poderá querer aumentar sua energia. O modo como faz isso, claro, é pensar na outra pessoa. Imagine-a se sentindo como você. Afinal, poucos de nós têm atenção suficiente. Cada um de nós existe por contra própria, desempenhando e representando papéis diferentes.

As pessoas realmente não esperam que estejamos prestando atenção *nelas*. Assim, antes de encontrar alguém, imagine: "Vou encontrar alguém maravilhoso. Não sei nada sobre a pessoa e será um jogo. Vou aproveitar para aprender o máximo possível sobre ela sem que se sinta como se estivesse na berlinda".

Seu objetivo e sua intenção ao encontrar alguém são realmente o que guia a experiência. Afinal, se você souber o que deseja do encontro e como deseja sentir o processo, terá um foco claro e compensador. Nesse caso, conhecer a outra pessoa é seu objetivo. Isso realmente o libera de se preocupar se você tem algo entre seus dentes, se sua braguilha está fechada ou se está causando uma boa impressão. Acredite, se estiver genuinamente interessado na outra pessoa e mostrar isso, *terá* sua atenção. Ela gostará de estar com você.

Desse modo, assim que estiver controlado, tenha cuidado para evitar a armadilha comum da persuasão. Quando uma pessoa tenta persuadir alguém — quando ela começa a vender, insistir, encorajar e argumentar —, todos esses comportamentos fazem a outra se sentir pressionada. O que está faltando na maioria das interações sociais nas quais uma pessoa se sente pressionada é a oportunidade de respirar, apenas relaxar e ficar à vontade com as pessoas.

Pense nas pessoas que você gosta de ter por perto. Elas são impositivas? Carentes? Narcisistas? Ou são calmas, relaxadas, centradas nelas mesmas e genuinamente interessadas em você? Pense nisso. Sua intenção é ajudar a outra pessoa a se sentir segura, relaxada e à vontade com você. Portanto, em vez de acelerar a energia, recue um pouco para lhe dar algum ar psicológico, e se sentir que está indo rápido demais, "afaste-se" e visite rapidamente a terceira posição para avaliar como está sendo a interação.

Sua capacidade de usar o nome de uma pessoa em uma conversa, usar o contato visual estendido e o toque, e corresponder com seus comportamentos não verbais e linguagem é algo encantador. Assim que a outra pessoa se sente segura e percebida, você pode mostrar mais interesse nela em termos de fazer perguntas sobre o que ela faz, do que ela gosta, como seria se ela pudesse fazer, ter ou ser alguém diferente, e o que *isso* fará por ela. Então ouça e apenas deixe a outra pessoa prosseguir. Isso dará a você mais informações sobre ela mesma — e você poderá fazer perguntas complementares.

As pessoas que estão ocupadas com *suas* histórias e sua conversa sobre "mim, mim, mim" são aquelas que dão a impressão de ser inseguras. Elas geralmente se desligam dos outros porque não parecem estar interessadas em ninguém, exceto nelas mesmas. As pessoas que tentam ser interessantes (e sou culpado por ter sido assim no passado) provavelmente são inseguras. As pessoas seguras de si estão interessadas. Essa é a grande diferença. Estar genuinamente interessado em outra pessoa permite que você se sinta seguro de si. Fornece informações *e* dá a impressão de que você tem domínio sobre si mesmo, é aberto e cuidadoso.

Portanto, quando estiver conversando com as pessoas, além das perguntas aprendidas no Capítulo 5, faça perguntas para saber como elas se sentem ou o que pensam sobre algo, assim como o que elas fizeram no passado ou poderiam querer que acontecesse no futuro. Quando elas responderem, começarão a sentir que você as conhece. E quando você as conhecer, elas ficarão mais confortáveis e compartilharão ainda mais delas mesmas com você. Legal, não é?

**Leis de Trânsito: Dicas Rápidas para
Navegar em um Território Inexplorado**

Antes de explorar as situações desafiadoras, e algumas vezes difíceis, nas quais a persuasão pode parecer mais uma negociação, lembre-se de algumas regras simples.

1. Não interrompa. Quando alguém começar a falar, deixe que prossiga. Seja atencioso para manter o fluxo e controle qualquer desejo de pensar "em voz alta".

2. Nunca contradiga. Se a pessoa disser algo que lhe causa problemas éticos, uma maneira melhor de fazer isso é concordar com seu ponto de vista. Diga: "É um ponto de vista interessante. Eu entendo e imagino se *isso* também seria possível ou se isso tem algum interesse ou validade para você". (Desde que consegui adotar a atitude de que qualquer coisa que alguém diz é interessante e adequado a seu mundo, descobri que não me sinto mais forçado a contradizer ou corrigir a pessoa.)

   Algum tempo atrás, li sobre algo que Thomas Jefferson disse que aprendeu com Benjamin Franklin: "Nunca discorde de outra pessoa. Se provar que ela está errada, terá feito um inimigo para a vida toda, e se ela provar que você está errado, pensará que você é louco". Thomas Jefferson dizia que Ben Franklin era o homem mais amado nas colônias porque era quem menos argumentava. Interessante, não é? E isso concorda com os princípios da PNL.

3. Evite usar as palavras *mas*, *por que* e frases que começam com *você*. Substituir a palavra *e* por *mas* geralmente encoraja uma discussão.

   Veja o motivo: quando você usa a palavra *mas* em uma frase, seu trabalho é negar tudo o que foi dito antes. É possível dizer: "Entendo seu ponto de vista, mas penso diferente". Assim que você diz a palavra *mas*, significa que tudo o que disse antes é mentira, nega tudo em sua afirmação. As pessoas sabem disso, e mesmo assim, muitas a usam — permitindo um impacto negativo em sua afinidade *e* mensagem.

   Como *por que* também é uma palavra que geralmente faz com que as pessoas se sintam desafiadas ou até atacadas, ela pode minar os sentimentos de segurança e conforto que você trabalhou muito para criar. Pense nisso. "Por que você faz isso? Por que você vestiu aquilo? Por que você pensa assim?" *Por que* não apoia os sentimentos de afinidade. Se você precisa usá-la, se não há outro modo de perguntar sobre algo específico, então suavize-a dizendo: "Imagino o motivo. O que você acha?" Palavras muito melhores de usar são *quem, o que, quando, onde* e *como*.

Imagine que alguém (ou até você?) tenha um problema do tipo: "Por que isso continua acontecendo comigo?" ou "Por que eu sempre fico com a pior parte?" Para responder a essa pergunta, a mente inconsciente tem que concordar com o fato de que a pessoa sempre fica com a pior parte, assim, produzirá um motivo, mesmo que não seja verdadeiro. "Por que" significa que não há disputa, portanto, a mente criará um motivo, consolidando mais o sentimento ou a crença.

Embora eu tenha descoberto que as perguntas "por que" eram boas de fazer ao desenvolver um produto — "Por que isso continua estourando?"—, descobri que definitivamente não é útil ao construir relações. Então treinei-me para substituir "Por quê?" por "Como foi?", e recomendo que você lide com isso ou encontre uma alternativa que funcione.

Iniciar uma frase com a palavra *você* tem um efeito menos simples. É possível usar *você* em uma conversa facilmente. "Você está com um lindo bronzeado. Aposto que se divertiu muito nas férias." O problema é que você pode parecer acusador quando *começa* com a palavra *você*. "Você sempre faz isso. Você fez aquilo." A menos que seja um cumprimento, há pouquíssimas frases que começam com a palavra *você* que deixarão as pessoas à vontade.

4. Pegue o nome da outra pessoa e o repita para que possa se lembrar dele, e então use-o durante a conversa.

5. Imite a outra pessoa. Tudo o que você precisa fazer quando ela disser algo é repetir as últimas duas ou três palavras como uma pergunta. Por exemplo, se alguém disser "Estou muito cansado hoje", tudo o que você tem que dizer é "Cansado?", e isso convidará a pessoa a prosseguir e explicar mais sobre aquilo que a deixou tão cansada. Ela ficou fora até tarde? Correu uma maratona? Tem problemas para dormir? Imitar convida a pessoa a dar mais uma ideia de seu mundo.

Você pode imaginar que simplesmente repetir as palavras de alguém fará a outra pessoa se sentir imitada. Porém, se repetir as palavras de volta para ela, *sem* nenhuma interpretação, ela realmente se sentirá ouvida. Você também pode fazer isso como uma conversa. Se, por exemplo, eu perguntasse para alguém "Como está seu dia?" e ela respondesse"Ah, nem pergunte", então eu falaria: "Certo, agora tenho que perguntar. Como foi seu dia? Por que disse isso?"

6. Aprofunde-se. Se você se sentir muito confortável com a pessoa, poderá até dizer "Por quê?" ou "E foi por quê?", e ver o que ela diz. São ótimas maneiras de dizer "por quê?" e levar a pessoa a contar a história. O que você quer é evitar perguntas que tenham uma resposta sim ou não.

7. Abra a porta para a possibilidade. Se alguém disser "Ah, eu não poderia fazer isso", diga: "Ah, sei que é muito difícil, é quase impensável, mas imagine se você *pudesse*?" A ideia subjacente dessa frase é "Concordo com você. Não estou discordando. Concordo que você não pode, mas estou curioso. Imagino como seria se você pudesse".

Veja algo interessante sobre como os seres humanos funcionam. Sempre que ouvimos uma pergunta ficamos inclinados a responder e quase sempre não conseguimos evitar fazê-lo. Mesmo que não respondamos em voz alta, respondemos à pergunta em nossa cabeça.

Por exemplo, se eu dissesse: "Imagino como seria seu pai se ele tivesse cabelo verde. Imagine que seu pai estivesse em uma imagem diante de você; se ele estivesse em pé, talvez a três metros de distância com cabelo verde, seria um verde-claro ou escuro? Eu não sei. Como seria? Suas sobrancelhas combinariam com o cabelo?" Agora seu cérebro está criando imagens — porque é assim que ele funciona.

Perguntas são ferramentas verdadeiramente poderosas para guiar a experiência. Apenas assegure-se de que quando estiver guiando a experiência interna de alguém, faça isso em uma direção que será agradável para a pessoa, para que ela goste de ficar perto de você.

Suponha que alguém me diga como foi seu dia falando: "Meu chefe estava realmente irritado hoje. Acho que está acontecendo alguma coisa. Ele me deu uma tarefa e nenhuma instrução sobre como fazê-la". Eu diria: "Ah, então você recebeu uma tarefa e nenhuma informação sobre como fazê-la". E a pessoa responderia: "Sim", e *então continua-*

ria! O ponto é que ela sentirá que você realmente a entende. Como se sentiu ouvida, provavelmente contará mais.

8. Em algum momento durante o diálogo, eu também poderia dizer: "Se eu fosse você nessa situação, me sentiria muito frustrado ou desvalorizado". Usar as palavras "me sentiria" ajuda alguém a se sentir percebido. Assim que você faz isso, muda de lado, e, em algum ponto na conversa — e isso ocorre repetidas vezes —, a pessoa se inclina em sua direção e começa a falar. Quando isso acontece, é um desabafo. É o ponto no qual vocês podem conversar.

9. Verifique se pode haver um acordo. Se você tiver algo a propor, depois verifique se pode haver um acordo. Por exemplo, você poderia dizer: "Como você se sente quanto à solução?" Se a outra pessoa ficar hesitante ou não quiser chegar a um acordo, pergunte: "Quais mudanças você gostaria de ver que tornariam o acordo mais aceitável e justo?"

Essas nove recomendações o ajudarão a navegar nas águas imprevisíveis da comunicação. Quando estiver ouvindo alguém, lembre-se de que é sempre útil se perguntar: "O que precisa acontecer no mundo dessa pessoa para isso ser verdade para ela?" Essa pergunta não só lhe dará uma dose de empatia pela outra pessoa, como também uma ideia de como ela pode estar se sentindo.

Linguagem Local: Como Se Comunicar de Acordo com as Preferências da *Outra Pessoa*

Como você sabe, nossa linguagem mostra como construímos nossos pensamentos, nossa realidade interna — se é mais com imagens, palavras e histórias, sentimentos, até odores ou sabores. No Capítulo 6 você aprendeu que os predicados que as pessoas usam, seus metaprogramas, como elas referenciam o tempo e as crenças que declaram como fato, revelam o que é verdade para elas. Esses detalhes fornecem pistas de como aprofundar a afinidade e ser persuasivo.

Um antigo ditado diz que "Em Roma, faça como os romanos". Cada um de nós tem maneiras típicas de falar que mostram nossa arena sensorial preferida. Assim que você descobre como alguém está processando sua experiência, pode adaptar sua linguagem para ser mais parecida com a da pessoa, certo? Isso lhe dá muito poder para se conectar com ela, fazê-la sentir que está do lado dela, que a entende. O engraçado é que quando você vai muito longe no mundo de alguém, realmente se torna mais simpático. Você tem genuinamente uma compreensão mais profunda do mundo dela — e, como consequência, um maior apreço por ela como pessoa.

Vamos explorar um exemplo de descoberta e uso do canal de experiência preferido de alguém como revelado nos predicados que a pessoa usa.

Adaptando-se aos Canais Representacionais Preferidos

Imagine que alguém usa muita linguagem visual. "Foi claro como o dia para mim." "Foi o céu mais escuro" ou "Pareceu totalmente errado". Como seria possível mostrar que você está em sintonia com ela?

Se você for uma pessoa muito visual também, será fácil. No entanto, se você for cinestésico, sentirá que é um exagero? (Lembre-se, como um processador cinestésico, você poderia dizer *naturalmente*: "Estou acompanhando" ou "Isso faz sentido para mim".) Mudando de sua preferência natural para a do *outro*, você poderia dizer: "Entendo o que você quer dizer... Posso imaginar que..." ou "É claro como água para mim". E se quisesse explorar mais o que a pessoa estava falando, poderia responder: "Estou tentando ter uma imagem clara do que você está pedindo. Fale mais sobre o que gostaria de ver acontecer. Você pode esclarecer isso?"

Um vendedor de carros poderia dizer para uma pessoa visual: "Este carro parece atender a todos os critérios em sua lista. Você não consegue se ver dirigindo-o? Imagine como seria ótimo usar este carro para suas férias de verão. Eu adoraria ver uma foto de sua família nele quando forem para o Grand Canyon no próximo mês". Se ele não obtiver uma resposta favorável depois de mostrar para a pessoa os recursos do carro, o vendedor poderia falar: "Parece que você está hesitante, que não é *exatamente* o que está procurando. Posso ficar de olho em um carro como este na cor azul-escuro de que você gosta..."

Falar a linguagem de uma pessoa facilita a tarefa de entender a mensagem que você está enviando, porque há menos para ser traduzido para o seu canal de processamento *preferido*.

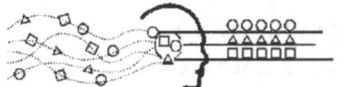

Atividade de Descoberta: Usando Predicados dos Canais Preferidos

---

Então, como você pode aprender a falar a linguagem de outra pessoa? Pratique. Como fazer o ajuste pode não acontecer de modo natural, pense nisso como um jogo. Lide com a linguagem, em vez de ficar preocupado se ela está certa ou errada. Apenas por diversão, leia os itens 1a, 2a e 3a. Então complete os itens 1b, 2b e 3b para produzir uma pequena lista de frases de conversação que geralmente você ouve. Assim, após ler a palavra visual de exemplo, você poderia escrever "Entendo o que você quer dizer" ou "Sinta-se à vontade para olhar em volta" no espaço fornecido em 1b. Você pode consultar (e adicionar) isso sempre que estiver escrevendo ou quiser adaptar sua linguagem ao canal preferido de outra pessoa.

1A: Veja Estes Exemplos de Palavras Visuais

Descritores: *limpo/nublado, claro/escuro, colorido/sem graça, grande/pequeno*
Verbos: *imaginar, prever, ver, assistir*
Substantivos: *visão, fotografia, figura, imagem*

1B: Liste as Frases Visuais de Conversação que Você Consegue Imaginar

_____

_____

_____

_____

2A: Ouça Estes exemplos de Palavras Auditivas

Descritores: *alto/silencioso, harmonioso, dissonante, claro/incoerente*
Verbos: *sussurrar/gritar, ouvir/escutar, cantar, ecoar*
Substantivos: *som/nota, ruído, tenor/tom, altura*

2B: Liste As Frases Auditivas de Conversação Comuns de que Você Consegue Se Lembrar

_____

_____

_____

_____

3A: Experimente Estes Exemplos de Palavras Cinestésicas

Descritores: *assustador/convidativo, caótico/calmo, triste/divertido, bom/mau*
Verbos: *perceber/sentir, alcançar/pegar, beijar/bater, voar/cair*
Substantivos: *impacto, reviravolta, colisão, exploração*

3B: Liste As Frases Cinestésicas de Conversação Comuns que Você Sente que Atingem o Objetivo

_____

_____

_____

_____

Se desejar, acesse: http://eg.nlpco.com/7-1 (conteúdo em inglês) e veja algumas demonstrações e/ou exemplos adicionais.

Adaptando-se às Preferências do Metaprograma

Ajustar seu estilo de comunicação pode contribuir muito para criar harmonia no trabalho ou em casa. Se as preferências do metaprograma de alguém são diferentes das suas, experimente as da pessoa — e demonstre o aumento de sua flexibilidade comunicando-se com as preferências dela. Vejamos um exemplo.

Imagine que sua preferência pessoal seja *específica* e *longe de*, e que seu chefe, que deseja atualizar um projeto no qual você está trabalhando, seja um cara *em direção a* e *geral*. No passado, você notou que quando explicava o que estava fazendo e dava todos os detalhes, ele desviava um pouco a atenção de sua atualização. Você gostaria de evitar essa reação — e de se sentir mais confortável em fornecer as informações que ele deseja. Então o que você pode fazer?

Você poderia se colocar no lugar dele perguntando a si mesmo: "O que é importante para ele neste projeto *e* quais preocupações ele poderia ter?" Ao tentar responder a essa pergunta, você pode refletir sobre o que ele lhe disse quando você pegou o projeto e qual era a visão dele — ou mesmo se lembrar das perguntas que ele fez durante outras atualizações do projeto. Assim que tiver identificado alguns critérios do supervisor relacionados ao projeto, poderá fazer um resumo rápido que permita apresentar sua atualização sucinta em termos dos critérios *dele*. Forneça os pontos altos e fique preparado para dar detalhes relevantes, se perguntado.

Continuando com o cenário, imagine que você precise do apoio de seu supervisor para acelerar o trabalho do gerente de outro departamento que parece que não entregará a parte do projeto do grupo que cabe a ele na data acordada — o que realmente colocará você e sua equipe contra a parede. Caso seu chefe seja do tipo *em direção a* e você for *longe de*, você desejará manifestar sua solicitação de acordo, certo?

Você poderia *querer* dizer: "Realmente é uma aflição para minha equipe quando o departamento de Bill atrasa e dificulta o cumprimento do prazo. Você pode fazer algo?" Porém, seria mais eficiente dizer: "Sei que este projeto é vital para o lançamento do novo produto. É tão empolgante saber que seremos os primeiros em nosso setor a introduzir essa ferramenta inovadora. Você pode ajudar o grupo de Bill a ficar focado no objetivo para que a equipe inteira do projeto possa cumprir o prazo? Quero assegurar que aproveitaremos a maior janela de oportunidade que pudermos". É muito diferente, certo? Qual você acha que fará o chefe encorajar o grupo de Bill a avançar?

Esses tipos de ajustes não são úteis apenas no trabalho — você descobrirá que são úteis em todas suas relações. Imagine que você e seu par desejem comprar uma casa. Nesse cenário, você é *proativo* e *em direção a*. Você encontrou uma casa da qual gosta e está pronto para avançar. Como seu par é mais *longe de* e *externo*, você pode *querer* dizer: "Vamos comprá-la imediatamente. Esta casa é perfeita para nós. Posso nos ver morando nela".

Depois de entrar no mundo importante do outro, você *poderia* falar: "Comprar uma casa é uma grande decisão para nós. Parece que há muitas coisas de que realmente gostamos neste lugar e não acho que nenhum de nós deseja perder a oportunidade. Estou imaginando o tipo de apoio que nos ajudará a ter mais certeza sobre nossa decisão. Sua irmã não acabou de comprar uma ótima casa? Talvez ela tenha algumas ideias, ou Lee, de nosso grupo de leitura, que era corretora de imóveis?" Essa segunda abordagem reflete o mundo importante do outro, e é mais provável que consiga uma resposta favorável do que "Vamos fazer isso", não é?

Adaptando-se às Diferenças de Tempo

Se alguém que você ama ou com quem trabalha tem uma relação muito diferente com o tempo, isso pode criar um conflito sério. Parte dessa discórdia vem do significado que associamos a essas diferenças. Imagine, por exemplo, que você seja alguém que é "através do tempo" e seu melhor amigo seja "no tempo". Por causa dessa diferença, normalmente você fica em um restaurante esperando 20 minutos antes de ele aparecer.

Você poderia interpretar o atraso de vários modos. "Ele não tem consideração. Realmente não deseja estar comigo. Nunca sou tão importante quanto seu trabalho." Qualquer uma dessas coisas *poderia* ser verdade, mas é muito provável que seja porque ele é "no tempo", ele fica preso no momento presente. Ele realmente não tem consciência da hora ou quanto tempo precisa alocar para o processo de parar o que está fazendo e pegar a estrada para encontrar você na hora. Ele está apenas pensando no agora.

Essa diferença pode acabar sendo um empecilho para você. Senão, como poderia adaptar seu comportamento e influenciar a pessoa? Como poderia experimentar como é estar mais no momento presente? O que o deixaria mais confortável nos momentos em que está esperando que ele o encontre? Você poderia levar um livro ou jogar no celular? Se estiver em casa, poderia ter esse tempo para conversar com um amigo por telefone? Como você poderia *desfrutar* da espera para não contar a si mesmo uma história para o motivo de ele estar atrasado ou alimentar emoções negativas que algumas vezes aparecem durante a espera?

Talvez você identifique claramente ocasiões nas quais é fundamental que ele seja pontual — como encontrar seus pais para jantar ou sair para o aeroporto duas horas e meia antes do voo. Talvez seu parceiro seja aberto à ideia de colocar um despertador no telefone 15 minutos antes de precisar sair para encontrar você. Identificar ferramentas não negociáveis e úteis pode ajudar a encontrar um meio-termo, porque pedir para uma pessoa "no *tempo*" ser pontual o tempo todo pode requerer mais incentivo do que vocês dois gostariam.

Falando sobre as Diferentes Crenças

A comunicação sobre crenças é fascinante, só porque a de outra pessoa pode ser muito diferente da sua. Perguntar a si mesmo "O que precisa acontecer no mundo da pessoa para isso ser verdade para ela?" é muito útil em relação às diferenças de opinião — ou diferenças nas crenças.

Como você sabe agora, as crenças estão em grande parte fora da consciência de uma pessoa e são declaradas como fato. Como essas ideias modelam a visão de mundo da pessoa, geralmente são mantidas com carinho — e podem se tornar uma fonte de conflito.

Recentemente tive uma diferença de opinião com um membro da família ,e ele foi muito agressivo com seu ponto de vista. Então eu disse: "E *poderia* ser outra coisa. Estou curioso para saber se você já considerou essas possibilidades". O que eu disse poderia ter melhorado as coisas, mas não.

O clima ficava cada vez mais sombrio, e eu finalmente disse: "Sabe, aposto que você pensa que o estou atacando e sentindo que você está me atacando. Não quero atacar você e aposto que você não quer me atacar. Acho que estamos reagindo, não de coração agora, mas por medo. Poderíamos recomeçar essa conversa e ficar no mesmo lado para compartilhar o que sentimos e o que pensamos?"

E ele respondeu com: "Sim, claro, você está certo. Isso está ficando pesado demais". Ele realmente ficou aliviado quando sugeri isso, e nós dois fomos compensados. (No Capítulo 8 você aprenderá mais maneiras de administrar um conflito.)

Como lembrete, as duas primeiras leis desse processo são críticas quando há atrito: não interrompa e não contradiga. Confesso que, no passado, quando me sentia criticado, contradizia ou ficava na defensiva. Eu me sentia forçado a me defender — ou dar imediatamente à outra pessoa soluções para o problema dela. Aprendi do modo difícil que ter todas as respostas pode fazer uma pessoa conseguir uma estrelinha no ensino fundamental, mas na conversa entre adultos, isso não é apreciado.

O que *é* apreciado com muita frequência é deixar a outra pessoa desabafar. Até ela estar *completamente* vazia, não desejará que você fale. Assim que a pessoa parecer relaxada, diga: "Fale mais". É uma frase mágica.

Em minha vida pessoal *e* profissional, quando digo "Você pode falar mais sobre isso?" ou "Fale mais", a pessoa com quem estou conversando geralmente é responsiva. Expressar minhas solicitações assim me dá muito mais informações, permite que a pessoa se acalme e, algumas vezes, revela o que ela está pensando ou com o que está lutando. Para realmente entender o que está acontecendo com o outro, *continue* a convidar a pessoa para contar mais até ela se sentir completamente ouvida.

Uma Nova Visão: Como o Processo de Reestruturação Expande as Possibilidades

Quando você estiver falando com alguém que está tendo alguma dificuldade, poderá ouvi-lo em sua linguagem e usar uma bela estratégia chamada "Reestruturação". Resumindo, reestruturar é ver a afirmação que alguém fez e, então, encontrar um modo mais positivo de dizê-la.

Por exemplo, se alguém diz "Não consigo fazer nada certo hoje", você poderá falar: "Ah, você não consegue fazer nada certo hoje? Como seria se conseguisse?" Então a atenção dela se desvia para *se conseguisse*, porque as perguntas são um modo muito eficiente de direcionar o pensamento de alguém (inclusive o seu).

Ela tropeçou? Está deixando papéis caírem pelo chão? Sua mente não consegue focar? Disse coisas que desejaria não ter dito? Existem muitos detalhes que faltam. Relembrando a discussão no Capítulo 6 sobre o Metamodelo, este é o lugar para obter mais informações.

Imagine que você consiga algumas informações extras e a pessoa diga: "Bem, eu me sinto um pouco mal hoje. Acho que nada que eu faça dará certo".

Em uma situação dessas eu poderia dizer algo como: "Poxa! Quando tenho essa sensação, fico imaginando se há algo aí em que eu deva prestar atenção". Agora eu a restruturei a partir de um sentimento ruim e de derrota para "Ah, talvez haja uma sugestão interessante ou uma intuição. Devo pesquisar", em vez de apenas dizer: "Pronto, pronto — ignore. Basta tentar esquecer".

É importante realmente ouvir e considerar o que alguém diz. Se a pessoa disse: "Estou cansado de dirigir esse carro velho e malconservado", eu poderia responder: "Sei. E eu acho que você é inteligente por continuar dirigindo esse carro, em vez de investir em um novo enquanto está estudando".

Há muitos modos de mudar o que a pessoa diz — modificando o contexto ou o significado dado — de modo que haja uma nova possibilidade que faça sentido. De qualquer modo, o que você deve fazer é oferecer uma perspectiva diferente sobre o que ela disse — porque precisamos acalmar um pouco as coisas.

Recomendo ser modesto em suas ambições com essas mudanças. Esperar que as pessoas mudem em um segundo realmente não é razoável nem prático. Se você puder acalmar um pouco as coisas quando alguém tem crenças rígidas — se as crenças estão no caminho ou são um obstáculo entre vocês dois — estará oferecendo mais opções.

Algumas vezes fazer uma pergunta cria uma mudança desejada. Talvez você possa ajudar as pessoas a acalmarem um mau humor convidando-as para considerar como se sentiriam se estivessem de bom humor — perguntando o que precisaria ocorrer para ficarem de bom humor — ou investigando que tipo de mudança em seu pensamento resultaria em um bom humor.

Tudo bem, então qual a relação de tudo isso com persuadir as pessoas?

Quando você faz as pessoas se sentirem genuinamente melhores ficando em harmonia com elas e cuidando de seus sentimentos — ou seja, trata-se delas, não de você —, adivinhe o que acontece? Elas se sentem mais à vontade, ficando mais receptivas a você e ao que tem a dizer. Segundo Robert Cialdini, autor do livro *Influence: The Psychology of Persuasion*, esses indivíduos desejarão retornar o favor em algum ponto, porque os seres humanos têm um instinto de reciprocidade.

Então imagine que alguém tenha dito: "Não posso 'X'". Para reestruturar sua afirmação para a pessoa, você poderia dizer: "Ah, então você *quer* 'X'".

Isso pode parecer contraditório, mas veja por que é tão eficiente. Se a pessoa falou "Não posso 'X'", ela deve querer "X", ou não estaria reclamando sobre não ser capaz de poder, certo? Dizendo: "Ah, então você quer 'X'", você concordou com o fato de que ela quer isso: demonstrou entender a pessoa. Ao mesmo tempo, também moveu o foco do cérebro dela de algo que era impossível para algo que ela deseja.

Deixe-me compartilhar um exemplo de reestruturação simples que meu amigo Tom Dotz realizou com uma conhecida em seu restaurante favorito. Enquanto ele estava esperando por seu amigo, a anfitriã apareceu para dizer olá. Quando ele perguntou como ela estava, ela deixou escapar um grande suspiro e disse: "Bem, acabei de fazer 29 anos e realmente não sei o que quero fazer da minha vida".

Como ela pareceu um pouco deprimida, Tom esperava ajudá-la a mudar para um sentimento mais positivo, então perguntou: "Se você soubesse o que *realmente* quer, o que seria?"

Sem pestanejar, ela falou: "Iria para a Escola de Design Parsons e me formaria em Artes". Esse desejo pareceu tão claro para Tom, que ele ficou surpreso e perguntou: "O que a impede?"

Ela respondeu: "Seriam cinco anos, e eu estaria com 34".

Nesse ponto, sua expressão beirava o desespero, então Tom falou: "Então deixe-me ver se entendi. Você quer ir para a Escola de Artes, mas tem 29 anos agora e estaria com 34 quando terminasse, certo?"

"Sim", foi a resposta rápida.

Então ele disse: "Então a verdade é que em cinco anos você estará com 34. Sua escolha é apenas que terá 34 com sua graduação em Artes ou terá 34 sem ela".

Um olhar de surpresa apareceu no rosto dela quando o amigo de Tom chegou à mesa. Nesse momento, a conversa com a anfitriã foi interrompida e ela se retirou. Tom me disse que nunca pensou muito sobre esse rápido diálogo até alguns meses depois, quando voltou ao restaurante. Assim que a anfitriã viu Tom, seu rosto se iluminou e ela correu até ele. Antes mesmo que ele pudesse dizer olá, ela sorriu e disse: "Você mudou minha vida!"

Como pareceu ser uma boa notícia para Tom, ele perguntou: "Como?" Nesse momento, ela descreveu a rápida conversa que tiveram e disse com orgulho: "Graças a você, me candidatei à Parsons. Fui aceita e começo a faculdade no outono! Vou ficar apenas mais três semanas aqui e me mudarei para o leste". Então ela deu um grande abraço em Tom e levou-o com o amigo para a mesa.

Foi só um bate-papo rápido, certo? Como poderia ter tido um impacto tão poderoso a ponto de mudar a vida de uma pessoa? Veja: quando você faz uma pequena mudança na atenção de alguém, isso envolve uma parte inteiramente diferente do cérebro da pessoa. Ela passa de bloqueada a considerar de fato outras possibilidades. E para ajudá-la, quando notar que a pessoa *começa* (em cinco ou dez segundos) a considerar as possibilidades, você poderia dizer: "Sei que você não pode, mas estou curioso: como seria se você *pudesse*?" E então: "Isso parece ótimo. O que seria necessário? Precisaria de mais planejamento ou mais tempo? Ou você precisa de mais conexões ou dinheiro? O que você acha? O que seria necessário?"

Como você viu nos capítulos anteriores, perguntas como "O que você gostaria de fazer?" ou "O que é importante para você em relação a isso?" também abrem a mente das pessoas — e a porta para outras possibilidades.

Quando alguém começa a pensar, o cérebro fica cada vez mais envolvido — a química do sangue muda *e* o humor se altera. Mesmo que você tenha parado após a primeira reestruturação e *não* tenha continuado para explorar as possibilidades, terá deixado alguém com um estado de espírito mais positivo, esperançoso e otimista — quando, antes, a pessoa era negativa, desconectada e limitada.

Veja por que até uma pequena reestruturação pode fazer uma grande diferença: quando alguém tem raiva ou está frustrado, não pode ser curioso. As pessoas não têm essas duas emoções ao mesmo tempo, e a curiosidade é o curso natural da criatividade — não a raiva e frustração. Você tem muito mais neurônios disponíveis quando está curioso sobre algo.

Remoção da Supercola: Como Afrouxar e "Desgrudar" as Crenças

Mesmo que a curiosidade seja uma ferramenta poderosa para "desgrudar" a si mesmo ou outra pessoa, uma crença arraigada pode ser ainda mais poderosa. Algumas crenças têm uma aderência muito forte. Portanto, se eu fosse ajudar alguém com dificuldades, a primeira coisa que faria é esmiuçar a crença em si. Como a crença é expressa? Em outras palavras, qual é a realidade que a pessoa vê, ouve ou sente?

É uma voz na cabeça dela, uma imagem ou sensação — talvez uma que ela "simplesmente não consegue evitar"? Por exemplo, quando é uma imagem, descobri que quando a pessoa pode realmente vê-la associada à crença, acaba sendo um filme mental fictício que se reproduz sempre. Ela tem impacto porque fica *bloqueada* no inconsciente. Como é geralmente inconsciente, o cliente só tem a percepção dos sentimentos que a repetição mental do filme causa. Então os sentimentos negativos tendem a ser associados a qualquer coisa que esteja acontecendo em sua experiência presente.

Seu Mundo: Entendendo a Crença de Alguém

Vamos explorar um exemplo de como esse processo de esmiuçar uma crença pode se desdobrar. Uma pessoa pode dizer "Tenho pouca autoconfiança", mas eu não sei o que isso significa para ela. Não posso duplicar sua experiência em meu cérebro com base nessa afirmação. Você pode? Provavelmente não. Então eu poderia dizer: "Tudo bem, entendo que você tem pouca autoconfiança. Pode me contar um pouco mais sobre como isso é para você?" Meu objetivo neste ponto é ter informações suficientes e *específicas* para recriar em mim essa experiência e a sensação

Com isso experimento o que ela me diz e vejo como é. Por exemplo, poderia ser um diálogo interno assim: "Tudo bem, então se eu ouço a voz de meu professor universitário, mãe ou qualquer um dizendo que nunca chegarei a lugar algum, e a ouço vindo de trás e acima da minha cabeça, e a ouço como se estivesse para pisar no palco, sim, isso provavelmente me incomodaria. Com certeza, me limitaria".

Então, agora, posso falar para a pessoa: "Tudo bem, entendo. Posso recriar essa experiência em mim mesmo, usando meu corpo e meus próprios sentidos como um instrumento. Agora posso entender e avaliar como você se sente".

O segredo é perceber que as pessoas nos dão relatórios sobre seu processo interno em um nível extremamente condensado porque elas não sabem qual é seu processo interno. Mas quando ajudamos a pessoa a diminuir a velocidade do processo, ela pode dar alguns detalhes-chaves, e podemos fazer perguntas suficientes para compreender como ela cria sua experiência interna para si mesma. Então fazemos duas coisas.

Primeiro, tentamos repetir esse processo em nós mesmos. Experimentamos e continuamos a reunir informações até podermos recriar sua experiência. Segundo, procuramos uma intenção positiva por trás da experiência, porque ninguém tem um inimigo interno. As pessoas têm muitos hábitos que, no presente, não são bem-vindos nem apropriados, contudo, quando encontrar a parte que está mantendo esse padrão, encontrará uma intenção positiva.

Dois Exemplos: Explorando, Encontrando e Mudando uma Crença

Eu tive um cliente de 34 anos que não queria falar em público. Como era professor, ele *tinha* que falar. Felizmente conseguiu encontrar para si mesmo um nicho onde poderia fazer quase todo seu trabalho escrevendo, e quando estava na sala de aula, basicamente lia suas anotações. Ele não fazia uma apresentação.

Ao conversar com ele, descobri que, quando criança, ele havia feito uma apresentação na igreja. Depois, embora achasse que tinha se saído bem, descobriu que sua mãe ficou muito envergonhada dele. Não sei como ele de fato se saiu (provavelmente ninguém sabe), mas inicialmente pensou que tinha ido bem. As pessoas aplaudiram após sua apresentação, mas sua mãe ficou envergonhada porque ele errou algumas pronúncias ou se esqueceu de algo — e ela fez questão de chamar a atenção dele.

Mesmo que a intenção da mãe tivesse sido ajudá-lo a se sair melhor na próxima apresentação, o choque da vergonha dela entrou em sua experiência, e parte de seu cérebro disse: "Cara, nunca mais vou fazer isso de novo". Portanto, por décadas ele carregou essa inibição ao falar em voz alta na frente de um grupo.

Quando ele e eu trabalhamos juntos, descobrimos essa peça do diálogo interno e conseguimos entender que sua intenção positiva era impedi-lo de desapontar sua mãe. A mãe tinha estado presente em todas as suas graduações, tinha aplaudido quando ele concluiu seu doutorado, e agora mora em uma casa que ele comprou com seus ganhos como professor universitário.

Embora sua mente adulta soubesse que ela tinha orgulho dele, essa outra parte ainda vinha operando. Assim que ele conseguiu entender que sua crença de infância estava vinculada a tentar protegê-lo como um garotinho — uma proteção de que ele não precisava mais — ,ela acabou, assim como a inibição. A partir daí ele foi capaz de fazer apresentações eficazes, não apenas ler suas anotações e evitar o público.

Por outro lado, trabalhei com um advogado de 38 anos que tinha medo de falar na frente da diretoria. O que o inibia não era uma voz, mas uma imagem. Em nossas discussões exploramos a última vez em que ele havia feito uma apresentação de grupo importante. Ele arquivou a ocasião em sua mente como uma imagem dele em uma daquelas câmaras altas de uma sala de cirurgia da Era Vitoriana. Ele estava no fundo, e os assentos no anfiteatro em torno dele eram elevados — assim, o público estava olhando para ele de cima para baixo, de uma altura de seis metros.

Ele estava no fundo e tinha cerca de um metro de altura. Quando olhava para cima, não havia pessoas nas cadeiras à sua volta. Eram como figuras da Ilha da Páscoa — aquelas estátuas de pedra imponentes de cabeças estranhas —, e os olhos eram vazios.

Quando reproduzi a imagem, pude dizer a ele com sinceridade e compaixão que ver aquilo em minha imaginação me deixou muito inseguro também. Quando examinamos essa imagem inconsciente, conseguimos

Capítulo Sete: Expressando-se com Facilidade

identificar a intenção positiva inicial, atualizar sua autoimagem *e* o modo como ele pensa e sente ao se dirigir à diretoria ou qualquer pessoa revestida de autoridade.

Quando estamos tentando ajudar a nós mesmos (ou outra pessoa) a processar de modo diferente, é um engano achar que há uma solução pronta para cada situação. Não há.

Porém, como muitas dessas situações podem ser rastreadas a causas semelhantes, você só precisa de um pequeno conjunto de ferramentas para ajudar a fazer essas mudanças. Todos nós estamos apenas saboreando nossas lembranças, conversas e conclusões de experiências passadas. Nós as generalizamos para poder operar nelas no futuro usando os princípios que definimos para com nós mesmos. "O mundo é assim ou é assim que o mundo sempre me tratará."

Em uma tentativa de automatizar esse comportamento — como automatizamos amarrar os sapatos —, fazemos suposições que podem, algumas vezes, nos limitar. Portanto, sempre é inteligente dizer "Fale mais", em vez de focar em uma técnica ou solução. Você descobrirá que sua curiosidade voraz para entender como o outro ser humano funciona é um dom.

Entender é sempre uma questão relacionada ao *processo* de alguém. Como é fácil ser seduzido por palavras e conteúdo, podemos sinceramente nos relacionar com a experiência de alguém e ficar empolgados em ir diretamente para uma solução. Replicar o processo da outra pessoa em termos sensoriais é sempre o segredo para realmente entender a realidade dela.

Como agora você entende como sua própria mente funciona, lembrará quando a pessoa falar sobre seu processo, que também pode ser dividido em sensações, sons, imagens, sabores e odores. Então, quando uma pessoa faz uma reclamação muito geral do tipo "Bem, sabe, não entendi o trabalho, não posso fazê-lo", você reconhece que é um modo limitado demais com o qual você não pode fazer nada.

Afinal, quando as pessoas generalizam sobre seus limites, elas se retiram da experiência humana. O que você deseja fazer é levar a pessoa até a última vez em que realmente teve os sentimentos que está descrevendo para que possa experimentá-los de novo. Nesse ponto, ela poderá contar o que está acontecendo. Ela não consegue contar no início, assim, você terá que guiá-la até lá.

"Quando foi a última vez que isso aconteceu com você?"

"Ah, aconteceu na semana passada."

"É? Fale mais." Então você assiste e ouve. Você ouve as palavras, como elas são escolhidas e as suposições na linguagem dela. Você faz isso porque está tentando se tornar a pessoa — entender como ela cria essa sensação para si mesma.

Minha experiência de desfazer as crenças e explorar as dificuldades mostra que a primeira, segunda e terceira etapas em geral envolvem uma reclamação expressa em um alto nível como "Estou deslocado. Não estou envolvido". Você terá essas conclusões abstratas, que deve reduzir a imagens, sons e sensações específicos e que pode reproduzir em sua própria mente e corpo. Assim que fizer isso, terá as informações necessárias para se ajudar — ou ajudar outra pessoa — a fazer uma mudança positiva.

É Mais ou Menos Assim: Como as Metáforas e Histórias Apoiam as Mudanças

A metáfora é outra maneira poderosa e divertida de ajudar as pessoas a mudarem ou alterarem suas atitudes e atenção. Não é por acaso que estamos contando histórias uns para os outros desde a época em que as tribos se sentavam em volta de fogueiras. Eles olhavam para as chamas e contavam o que tinha acontecido na caça, com o bebê em casa quando o marido estava fora caçando e o que fulano e sicrano disseram ou fizeram.

Se você pensar, há milhares e milhares de histórias em sua vida — histórias da família, do trabalho, da comunidade, do mundo. Vejamos uma história simples como João e o pé de feijão. A mãe de João fala para ele vender a vaca porque eles precisavam de dinheiro, precisavam de lenha, e ele foi convencido a trocar a vaca por três feijões mágicos.

Então ela bateu nele com uma colher de pau, colocou-o na cama sem jantar e ficou de coração partido porque perdeu a vaca e o idiota voltou com feijões. Ela os atirou pela janela, e, na manhã seguinte, havia um enorme pé de feijão.

João, já que não era bem-vindo à mesa do café da manhã, fica curioso e sobe no pé. Ele sobe, sobe, fica acima das nuvens e chega a um reino mágico, onde tudo é muito maior do que lá embaixo onde mora. As cadeiras são maiores e tudo é maior — claro, é um lugar onde vivia um gigante.

A harpa, que é cativa do gigante, conta onde o gigante mantém o ouro e ajuda João a escapar. Assim, quando eles voltam para o pé de feijão, são caçados pelo gigante, que está gritando que vai matá-los, e então João corta o pé de feijão, o gigante cai e é destruído.

Ao ouvir isso, em algum momento você pensou que era o gigante? Provavelmente não. Você assumiu a identidade de João. Você partiu e foi levado a trocar a vaca por feijões. Voltou para casa, foi para a cama sem jantar e, na manhã seguinte, subiu no pé de feijão.

Veja por que isso acontece: o cérebro humano geralmente se identifica com o herói. Cada um de nós é a estrela de nossa própria vida, certo? Todos nós sabemos isso. É mais do que um lugar-comum. É uma realidade psicológica operacional: cada um de nós vive no centro de um mundo que é criado em nossa própria mente. Algumas vezes somos tirados desse mundo — se estamos no cinema, assistindo TV, imersos em um livro ou estamos com outra pessoa —, mas geralmente estamos no centro de um mundo criado por nós mesmos.

Por que isso é importante agora? Nós preenchemos a lacuna de uma alma, de uma mente a outra, de um coração a outro, com nossos sentidos e habilidades sobre as quais falamos até agora. Estendemos a mão e nos tocamos. Olhamos nos olhos uns dos outros. Temos afinidade. Compartilhamos nossas experiências.

Um dos modos mais bonitos e neutros de trocar informações é contando uma história. A maioria das histórias é interessante, certo? Porém, se a história é contada por um narcisista, ela é sobre "eu, eu, eu" — e provavelmente não será muito interessante.

Pode ser uma história que aconteceu com você e não seja sobre você, você, você. É sobre algo que aconteceu. Se você for um simples mortal na história, poderá ficar impressionado, surpreso, envergonhado, com medo, frustrado, e a outra pessoa acompanhará porque se sentirá do mesmo modo.

As histórias podem entreter, informar, educar e unir as pessoas. Você pode usar as histórias para ajudar alguém a mudar. Como sabe, quando tentamos *persuadir* alguém, geralmente a pessoa se sente pressionada e, então, recua. Você, por sua vez, pode querer tentar mais. Essa pressão pode se tornar um círculo vicioso no qual ninguém consegue ganhar. O que você precisa fazer é voltar um pouco e talvez se afastar para a terceira posição para verificar as coisas com objetividade. Mas em algum ponto, se quiser *provar* algo, poderá simplesmente contar uma história.

Era Uma Vez: Um Exemplo

Eu costumava sugerir que minha filha adulta fizesse certas coisas. Afinal, sou de uma geração mais velha. Sei como muitas coisas acabam, mas isso não significa nada, porque (surpresa!) ela quer comandar sua própria vida. Não está interessada em me deixar mandar na vida dela ou me deixar ter uma segunda chance em mandar na minha, e ela está certa.

Portanto, o que aprendi a fazer é ouvir e — como uma reflexão posterior — dizer: "Veja, não sei se isso funcionará com você, mas deu certo comigo uma vez. É algo que você pode pensar ou não. Você decide". E apenas deixo assim.

Algumas vezes, uma história sobre o desafio e sucesso de *outra pessoa* é até mais eficaz do que uma história sobre sua própria experiência. Se eu tiver um exemplo relevante, poderei dizer: "Sabe, tive uma cliente com um desafio parecido no trabalho. Ela não é você, e sua situação é diferente, mas o que aconteceu foi o seguinte..."

Então eu contaria a história da mulher que estava sendo cantada pelo chefe, alguém que levou o crédito pelo trabalho roubado *dela* ou um cara cujo cliente tinha expectativas absurdas. Eu contaria alguma história que se relacionasse com a situação de trabalho que estávamos discutindo.

Veja o lado bom da história: minha filha poderia dizer a si mesma ou dizer em voz alta para mim "Pai, eu não preciso de nenhuma ajuda. Eu cuido disso. Obrigada, Posso lidar com isso. Sou uma mulher crescida", o que é verdade, porque ela é uma mulher incrível. Porém, mesmo que esteja protestando em silêncio, ouvirá a história de qualquer modo, por educação. E quando ouvir a história, se identificará com a outra cliente sobre a qual eu estava falando e experimentará o que a outra cliente experimentou. Experimentará um sucesso. Portanto, em sua mente, não importa sua atitude, ela terá experimentado a solução.

Um Livro e Sua Capa: Como a Aparência e o Ambiente São Pistas para Outros Mundos

Não direi que as pessoas são como um livro aberto, porque enquanto algumas são fáceis de entender, outras permanecem um mistério. Contudo, a capa do livro vai atraí-lo e refletirá algo sobre a qualidade da leitura em si, e o mesmo acontece com as pessoas.

Veja outro exemplo de como a metáfora funciona em nossa vida. Digamos que você saia para jantar com amigos e está acompanhado de alguém que não conhece, o amigo de um amigo. A pessoa é apresentada como alguém que você talvez queira conhecer melhor, talvez porque vocês poderiam se ajudar profissionalmente, porque você deseja aprender uma habilidade que a pessoa tem, porque vocês têm interesses e conexões em comum ou por alguma outra razão pela qual a pessoa é alguém que você estaria interessado em conhecer melhor.

Como cada um de nós está na metáfora, uma das primeiras coisas que você deve fazer é apenas olhar para a pessoa. Nossas vidas inteiras são uma metáfora para o que acreditamos e como vivemos. Cada um de nós conta para si mesmo uma história sobre nossa vida e nos vestimos de acordo com essa história interna. Nossa escolha de roupas, cabelo, joias, sapatos — *tudo* reflete essa história. Embora algumas vezes possamos sentir que essas escolhas são impostas a nós, elas não são. Em uma vida na qual há milhões de escolhas livres, as pessoas ficam surpresas com a consistência com a qual essas escolhas reforçarão suas metáforas pessoais.

Um Exemplo: Aparência Pessoal

Darei um exemplo. Gosto do conforto pessoal. Tive muitos empregos nos quais ficava em pé o dia inteiro. Trabalhei na área de prestação de serviços e em cargos de gerenciamento por cerca de 45 anos, geralmente indo de um lado para o outro. Portanto, costumava calçar muitos mocassins. Sou casual, claro. Não uso camisas brancas engomadas e gravatas. Agora, uso Merrells, que são sapatos confortáveis que posso colocar e tirar com facilidade. Visto Levi's, calças cáqui ou cargo e gosto de usar camisas com dois bolsos na frente. São práticos para mim. Sou um cara que teve muitas ocupações diferentes que sempre envolviam ferramentas, portanto, gosto de carregar muitas coisas comigo.

Então, o que isso faz de mim? Faz de mim um tipo explorador, uma pessoa que gosta de aventuras, como safáris. Tenho uma faquinha no bolso com uma pequena lanterna acoplada, uma caneta legal que faz coisas diferentes, uma minúscula chave de fenda que serve para máquinas e meus óculos. Você entendeu, não é? Tento estar pronto para quase tudo, como um escoteiro. Você poderia dizer muitas coisas sobre mim pelo modo como estou vestido e como me apresento, e essas observações o ajudariam a saber como me abordar para que me sinta à vontade e interessante, certo?

Um dos modos de conhecer outra pessoa é perguntar sobre algo que ela tem no escritório ou em casa, ou sobre algo que está usando. "É muito interessante esse seu colar. Estou fascinado por ele. Como você o escolheu?". E então ela contará. Foi dado de presente ou a pessoa o adquiriu em certo lugar, mas no que você está realmente interessado é em fazer a pessoa contar o que *ela* valoriza em relação à posse. Os fatos importantes que ela contar sobre isso permitirão que você saiba muito sobre seus valores e quem ela é.

Um Exemplo: Pertence Pessoal

Tive um sócio nos negócios que era um advogado habilidoso, bem posicionado e de perfil conservador, e fomos amigos por décadas.

Durante os anos em que ele deu assistência jurídica em várias de minhas empresas, notei que sempre usava a mesma caneta. Era uma caneta de prata elegante com linhas cruzadas. Eu nunca tinha visto uma assim antes, então, certa vez, perguntei sobre ela.

Um grande sorriso iluminou seu rosto, e ele começou a contar como a caneta — não essa caneta em particular, mas uma muito parecida — tinha sido dada a ele por sua esposa quando foi aprovado no exame para a ordem dos advogados e como ele a teve por anos a fio. Ela era fabricada pela Cross, e ele a adorava. Mas um dia ele a perdeu e não quis que sua esposa soubesse, então entrou em contato com a Cross e tentou conseguir outra. E como a empresa não a fabricava mais e ele não conseguiu achar outra, descobriu alguém para fazer uma caneta personalizada que fosse exatamente igual!

Essa história me deu uma impressão inteiramente nova de seu amor pela esposa, seu apreço pelo apoio e consideração dela. Também me permitiu saber que as pequenas coisas eram realmente importantes para esse homem. De novo, uma pergunta inocente abriu um mundo inteiro da realidade de outra pessoa para mim.

Como você pode ver, lidar com histórias é divertido. Quando você planejar contar uma história, veja se o protagonista é interessante. Provavelmente, você ou alguém conhecido. E interessante não quer dizer alguém de um romance, é alguém como você e eu. Conte uma história sobre alguém que pareça real e sobre algo que aconteceu que lhe despertaria o interesse. O ideal é que essa história contenha uma ou duas ideias principais que deseje compartilhar com o ouvinte.

Essas informações poderiam ser: "Eu conheci alguém que estava no mesmo aperto que você e a pessoa se saiu bem", "Conheço alguém que estava no mesmo aperto que você, tudo foi um pouco estranho por um tempo e a pessoa sobreviveu. É possível sobreviver", "Conheço alguém que teve a mesma oportunidade que você e desistiu, e veja o que lhe custou", ou "Conheço alguém que teve o mesmo problema que você, e veja como ela resolveu".

Ao examinar minha própria experiência e ouvir sobre a vida das outras pessoas, descubro que estamos bem até sermos realmente *convencidos* de algo, e assim que isso acontece desligamos todas as outras possibilidades. É quando surgem os problemas. Existem muitas maneiras de você poder usar uma metáfora ou uma história para suavizar suas conversas com as pessoas e diminuir a adesão a uma convicção que as está limitando. Apenas contar uma história é um confronto muito menor do que contradizer diretamente alguém. Isso deixa a pessoa mais livre para fazer suas próprias escolhas sem ter que sentir que "entregou os pontos".

Relações Tóxicas: Como Pessoas Difíceis Sobrecarregam Seus Recursos Pessoais

Você pode estar pensando: "Legal, posso fazer esse tipo de exploração com facilidade e combinar com o modo de alguém processar, ou usar a reestruturação ou metáfora para ajudar muitas pessoas". Sim, você pode — e, no entanto, ainda descobrirá que fazer esse investimento de energia não compensará com todas as pessoas. Portanto, vamos conversar um pouco sobre as pessoas tóxicas.

Em minha visão de mundo, uma pessoa tóxica é alguém que é basicamente chato e inconveniente. Pode ser um valentão ou um crítico que se sente bem colocando-o, ou a outras pessoas, para baixo. Talvez um chorão contumaz que realmente não está interessado em *nenhuma* solução, preferindo reclamar porque para ele isso basta. Ou um tipo ou outro de psicopata. Quem sabe, um interesseiro, sem nenhum interesse real além do que pode tirar de você. Pode ser um narcisista. Ou alguém que basicamente está congelado na primeira posição, quase que exclusivamente egocêntrico.

Lembra das primeira, segunda e terceira posições perceptivas? Como analisamos, a primeira posição é "Sei quem eu sou. Eu sou eu, e você é você. Somos diferentes, e sei o que sinto". É uma posição muito autêntica, porém, poderá ser infantil se for a *única* posição que a pessoa tem.

A segunda posição é "Agora estou sentindo *por* você. Agora estou pensando que se fosse você, e se o que lhe aconteceu ocorresse comigo, eu me sentiria muito como você". É a posição na qual você tem grande empatia e compaixão por outra pessoa.

A terceira posição é uma posição de apuração dos fatos em que é possível fazer uma avaliação. Essa posição é do tipo desassociada, porque você não está envolvido emocionalmente com o que está avaliando. Você pode ser bem-intencionado, pode ser gentil, mas não é sugado pelas emoções do momento.

Muitas pessoas tóxicas não têm a segunda posição. Carecem de empatia. Não conseguem sentir o que é ser outra pessoa. Elas nem mesmo estão interessadas na outra pessoa. Essa capacidade foi suprimida quando eram crianças. Como analisamos antes, é necessário sanidade e saúde para conseguir flutuar entre todas as três posições de modo adequado, e isso simplesmente não é possível para a maioria das pessoas tóxicas.

Então o que fazer com as pessoas tóxicas que estão em sua vida? Se você deseja viver de modo mais fácil e feliz, é mais inteligente e simples retirá-las de sua vida onde e quando puder.

Com frequência as pessoas que estou treinando encontram-se em uma relação com uma pessoa tóxica e, por um motivo ou outro, não conseguem libertar-se dessa condição. Talvez a pessoa tóxica seja um parente, funcionário ou alguém que elas *precisam* suportar. Nesse caso, meu conselho é: "Tudo bem, mas não espere mudar essa pessoa. Apenas saiba que a relação com ela sempre será uma via de mão única, na qual ela pede e você dá". Apenas deixar clara sua escolha de tolerar a pessoa, *sabendo* que ela não mudará, ajudará a livrá-lo de alguns efeitos ruins de tê-la em sua vida.

Por outro lado, se você for o supervisor de um funcionário tóxico, trabalhe com recursos humanos para melhorar o desempenho ou despeça-o. Como você bem sabe, um funcionário tóxico afetará a equipe inteira e o ambiente de trabalho de uma maneira negativa. Ele quase sempre arrasta todos ladeira abaixo até seu nível rasteiro de comportamento e, comumente, afasta os bons elementos. É importante corrigir a situação com rapidez, mesmo que deslocar e substituir a pessoa tenha um custo. Se a pessoa tóxica é o chefe, provavelmente vale a pena procurar outro emprego, mesmo com uma economia ruim.

Quando a pessoa tóxica é um membro da família, é um desafio que requer bons limites. Isso significa que você precisa entender e novamente aceitar que há algumas pessoas que você não consegue ajudar nem mudar.

A pessoa pode não conseguir mudar ou pode não perceber que precisa mudar. Você pode dar informações. Algumas vezes, pode mudar sua atenção — mas isso é tudo. As pessoas precisam viver suas próprias vidas, fazer suas próprias atividades, fazer suas próprias escolhas.

Comunicar seus limites *pode* ser feito de modo humano e com amor — e ainda por cima resolver o problema. Por exemplo, você pode dizer: "A situação é assim para mim. Quando você faz isso, é inconveniente para mim, portanto, não quero que faça mais isso". Ou "Quando você faz isso, eu me incomodo e, assim, não posso mais fazer aquilo com você". Agindo dessa maneira você não está condenando ninguém, está apenas apontando qual é seu limite e por que não pode mais fazer determinada coisa.

Os melhores limites são aqueles que não são defensivos nem ofensivos, apenas existem.

Foram muitas as pessoas para quem eu já disse: "Sinto muito. Eu não tenho tempo para isso".

Em resposta, algumas vezes elas disseram: "Não é importante para você?"

"De fato, não, não é. É importante para você e eu entendo, mas com minhas responsabilidades e neste momento em minha vida, sinto muito, mas não consigo ter tempo para isso." Quando isso acontecer, normalmente você recomendará uma alternativa — uma conexão, um livro, workshop ou site.

Sou mais velho agora e parei de bater minha cabeça contra a parede da toxicidade. Por muitas vezes minhas intenções eram boas, mas estava tentando ajudar as pessoas a viverem suas vidas ou estava realmente tentando viver a vida delas *por* elas.

Como resultado, meus investimentos de energia pessoal não funcionavam bem. Eu sofria, e, algumas vezes, as pessoas mais importantes em minha vida sofriam também. Quanto às pessoas tóxicas, você tem que definir limites — calcule quantas delas estarão em sua vida e quanto tempo ou outros recursos você gastará com elas, e não tenha nenhuma expectativa de que terá algo de volta.

Conectando os Pontos: Ligando os Principais Conceitos e Habilidades às Oportunidades

Este capítulo centrou-se em conectar os pontos — entender como se basear nas coisas observadas sobre o mundo interno de alguém —, portanto, você pode até se comunicar melhor com as pessoas conhecidas — e aquelas que virá a conhecer.

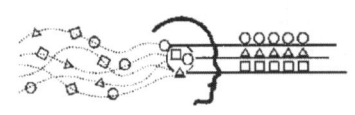

Atividade de Descoberta: Aplicando Suas Descobertas Sobre o Mundo de Outra Pessoa

---

Veja uma atividade que o ajudará a aplicar seu conhecimento e observações nas interações com alguém já conhecido. No Capítulo 6 você escolheu uma pessoa próxima e respondeu várias perguntas que o convidaram a olhar e explorar o mundo interno desse indivíduo. Identificou o modo como pensa que a pessoa se relaciona com o tempo, seu canal representacional preferido, padrões de metaprogramação e algumas crenças que a ouviu expressar.

Volte para as anotações feitas no Capítulo 6. Para *cada* uma das respostas dadas, liste, pelo menos, duas coisas específicas que você poderia fazer para "experimentar" o mundo da pessoa ou melhorar a comunicação com ela.

Então, quando interagir com a pessoa, use essas etapas em potencial com prudência e abertamente, e observe como muda sua experiência e o teor da interação.

Essa atividade vai ajudá-lo a colocar em prática o que aprendeu neste capítulo. Desafiar-se com consistência todo dia para lidar com pequenas mudanças em sua linguagem aprofundará sua compreensão e apreço por seu poder. No Capítulo 8 você aprenderá a basear essas habilidades para colaborar e resolver conflitos de modo mais criativo.

Ideias Principais

- Fazer alguém parar de resistir a ouvir e passar a considerar é algo que depende mais do que você *lhe* conta do que o contrário.

- Recuar ou "afastar o foco" dá a alguém ar e espaço psicológico para respirar quando parece estar tenso ou sentindo-se pressionado.

- Perguntar "O que precisa acontecer no mundo dessa pessoa para isso ser verdade para ela?" é um modo fácil de se colocar no lugar de alguém e ter uma ideia de sua experiência interna.

- Para falar a linguagem de alguém, é útil se adaptar e espelhar *suas* preferências, seu canal representacional preferido, seus metaprogramas e sua orientação em relação ao tempo.

- As crenças estão, em grande parte, na consciência de uma pessoa e são declaradas como fato. Como essas ideias modelam a visão de mundo da pessoa, em geral são mantidas com amor e podem tornar-se uma fonte de conflito, ou de estreita concordância e afinidade.

- Quando alguém está bloqueado ou parece estar lutando com uma crença limitadora, reestruturar é um modo simples, sutil e eficiente de sugerir uma perspectiva mais positiva.

- Desfazer uma crença para entender como ela é expressa (imagens, sons etc.) e a intenção positiva associada aumenta a possibilidade de afrouxar a crença para que ela possa ser atualizada.

- Quando uma pergunta é feita, a mente humana não consegue evitar e cria uma resposta. Fazer perguntas que abrem possibilidades envolve mais o cérebro do ouvinte — que, por sua vez, muda a química do sangue e seu humor.

- As metáforas e histórias são maneiras poderosas e divertidas de mudar a atenção e atitude de alguém. Compartilhar um episódio ou uma história geralmente funciona bem porque o ouvinte instintivamente se relaciona com o protagonista e não consegue evitar experimentar a situação e a solução enquanto ouve.

- Como todos nós vivemos nossa vida na metáfora, a aparência, os brinquedos e o ambiente (além da linguagem) de uma pessoa fornecem uma visão de seu mapa único do mundo.

- Os conflitos internos que foram reduzidos a um relatório condensado do tipo "Estou muito desconectado" são generalizados e abstratos demais para trabalhar. Encontrar uma experiência específica (uma recente é ideal) pode fornecer informações sensoriais suficientes para "experimentar" a realidade da outra pessoa.

- Se estabelecermos afinidade suficiente, a maioria dos indivíduos responderá bem a nós. Eles aceitarão nossos esforços para espelhar os comportamentos não verbais, combinar os predicados e linguagem do metaprograma, assim como afrouxar e reestruturar as crenças, geralmente tornando a vida mais interessante e divertida para ambos.

- Nossos esforços para ajudar alguém a mudar podem nem sempre ser bem-vindos e apreciados. Algumas vezes é porque podemos ter lido mal a extensão de nossa afinidade (e a permissão que nos dá) ou nos inserimos de maneira inadequada.

- Outras vezes, nossos esforços não são aceitos porque algumas pessoas são tão autofocadas que chegam a ser tóxicas. Reduzir a quantidade de contato com tais indivíduos ou manter limites claros pode proteger nossa energia e nos permitir centrar no que é importante em *nossos* mundos.

Para mais informações, acesse: http://eg.nlpco.com/7-4 (conteúdo em inglês), ou use o código QR com seu celular.

Descobertas, Perguntas, Ideias e Coisas nas quais Você Deseja Trabalhar

_____

_____

_____

_____

_____

_____

_____

_____

_____

_____

_____

_____

_____

_____

_____

_____

_____

**Descobertas, Perguntas, Ideias e Coisas
nas quais Você Deseja Trabalhar**

Capítulo Oito: Colaborar e Resolver Conflitos com Criatividade

Como chegamos até lá?

Criatividade é como ver o mundo através de um caleidoscópio. Você vê um conjunto de elementos, os mesmos que todos veem, mas remonta essas partes e peças flutuantes em uma nova possibilidade instigante.
— Rosabeth Moss Kanter

Na PNL, pensamos que escolher é melhor do que não ter escolha. A curiosidade e a criatividade são caminhos para mais escolhas — elas permitem que você lide com as diferentes partes de qualquer situação e descubra novas possibilidades. Neste capítulo você aprenderá a desenvolver o conhecimento e as habilidades aprendidos até agora e aplicá-los em oportunidades para colaboração, inovação e resolução de conflitos.

Um Exemplo Desconcertante

Para definir a estrutura de exploração que faremos, veja uma história. Isso aconteceu durante o ano em que eu viajava *muito* — ficava em muitos quartos de hotel, muitos restaurantes, aeroportos — para muitas cidades diferentes. E como estava *esperando* ver algo, não vi o que estava bem na minha frente.

Depois de um tempo, quando se anda muito de um lado para o outro, espera-se que certas coisas — como o porta-toalhas de papel no banheiro dos homens — funcionem de certo modo. Nos banheiros públicos, há dispositivos de plástico na parede perto da pia, certo? Alguns têm pequenos sensores, e quando você move suas mãos na frente deles e *apenas* do modo certo, eles cospem uma tolha pequena e insignificante. Outras vezes, há um botão na frente ou na lateral — e ele é sujo, porque todos, com as mãos molhadas, têm que pressionar o mesmo botão.

De qualquer modo, eu estava na pia do banheiro masculino com as mãos molhadas. Quando movi as mãos e nada aconteceu, repeti o gesto, agora mais perto. Nada! Então, movi-as *sob* o lugar onde as toalhas saem. Nada *ainda*. Depois, movi as mãos bem *na frente* do objeto. De novo, nada! Fiquei pensando: "Essa droga está quebrada?"

Então vi uma pequena coisa redonda prateada ao lado. Pensando que era um botão, pressionei. Era um rebite. Depois, pressionei em uma placa com a marca registrada que acabou sendo outro rebite.

Sendo um engenheiro bem-sucedido e viajante experiente, olhei na abertura onde as toalhas saem e pensei: "Posso puxar uma mesmo com a máquina quebrada?" Eu via a ponta de uma toalha saindo, então puxei e ela apareceu.

Funcionava como um porta-toalhas de antigamente — era exatamente isso. Era um porta-toalhas antigo que se *parecia* com os novos — sem botões ou sensores, apenas uma abertura onde você pega e puxa uma toalha de papel.

O que realmente me chocou é que o *mais simples* era a *última* coisa que me ocorreu, não a primeira. Como eu estava no piloto automático, esperando algo, não vi o que *poderia* ter visto se tivesse tentado o mais simples primeiro ou tivesse sido curioso.

Depois dessa experiência, fiquei imaginando: "Com que frequência fico no piloto automático? Com que frequência *suponho* que sei como algo, ou alguém, funciona? Com que frequência suponho que sei o que *estou* fazendo ou qual é o modo *certo*?" Muitas, ao que parece. Consciente disso, comecei a observar meus comportamentos e como as outras pessoas estavam se comunicando e agindo. Ajustei meus filtros para observar expectativas e desafios não especificados, e para ficar curioso sobre o que eu observava.

Descobri que não faltam exemplos! Mas em vez de contar todos os baques e mágoas que testemunhei, gostaria de compartilhar um exemplo *contrastante*.

Indo na Mesma Direção: Colaboração Efetiva Usando o Modelo do Resultado Bem Formado

Um colega de turma da PNL era gerente sênior na Hewlett-Packard quando aprendeu a criar Resultados Bem Formados. Na época, ele estava administrando uma unidade de negócios de US$500 milhões e geralmente imaginava o quanto mais sua equipe poderia conseguir se todos estivessem realmente sintonizados no mesmo canal. Ele disse que, algumas vezes, sentia que o trabalho era como praticar canoagem. Ele explicou que, como não estavam remando *juntos*, a viagem tinha calmarias desnecessárias, quedas verticais perigosas e pontos de navegação difíceis. E, ele disse, estavam perdendo muita camaradagem e diversão para controlar águas profundas.

Mesmo que tivessem conhecimento e estivessem motivados, ele sempre ficava surpreso com as pessoas sem sincronia em relação à visão de um projeto, produto, divisão ou até da empresa inteira. Elas nem sempre viam o todo. E de sua posição favorável na organização, ele nem sempre via ou entendia os desafios que inibiam o progresso para objetivos específicos.

Usando as perguntas do Resultado Bem Formado com seus colaboradores diretos (e os deles), ele conseguiu tornar os elementos e obstáculos para o sucesso mais visíveis. No contexto de uma oportunidade específica na Hewlett-Packard, ele e sua equipe responderam:

- O que desejamos especificamente?

- Como saber quando conseguimos isso — e quando conseguirmos, o que mais vai melhorar?

- Sob quais circunstâncias, onde, quando e com quem queremos ter esse resultado?

- O que ainda nos impede de ter o resultado desejado?

- De quais recursos (existentes e talvez outros) precisamos para nos ajudar a criar o que queremos?

- Como chegaremos lá e qual é o primeiro passo para conseguir o resultado?

O processo de explorar a oportunidade juntos o ajudou a estimular uma comunicação honesta sobre os objetivos e problemas, esclarecer as principais iniciativas, filosofia e objetivos da empresa, encorajar a criatividade, recompensar a colaboração e propor soluções úteis.

Como os funcionários ficaram revigorados e os resultados foram excelentes, ele e sua equipe foram notados. Outros gerentes ligaram para descobrir o que ele estava fazendo de diferente. Em muito pouco tempo, vários gerentes da HP em todos os Estados Unidos adotaram esse modelo. Sempre que começavam uma nova iniciativa ou se viam frente a frente com um desafio, aplicavam as perguntas do Resultado Bem Formado. Esse modelo não só forneceu uma trilha produtiva para percorrer, como também ajudou a criar uma linguagem comum de liderança na empresa — até internacionalmente!

Como viu no Capítulo 2, o modelo do Resultado Bem Formado funciona bem quando usado em seus próprios problemas — e funciona bem nas situações de equipe ou grupo. Na verdade, ilustra belamente a filosofia de Henry Ford de que "se todos avançarem juntos, o sucesso cuida de si mesmo".

Criatividade: Como a Imaginação Expande as Possibilidades

O modelo do Resultado Bem Formado convida você e outras pessoas a serem criativos, certo? Ele exige que você visualize o que quer, antecipe os problemas, comunique-se com os outros e chegue a uma solução compartilhada. *Esse* tipo de criatividade multiplica suas opções.

Aí está essa palavra: *criatividade*. Notei que alguns de meus clientes associam criatividade a experiências desagradáveis na escola. Se é assim com você, é possível que esteja pensando: "Não, espere. Não *sou* criativo. Não sei desenhar. Não sei representar. Não sou a pessoa mais engraçada na sala". Felizmente, esses antigos parâmetros caducaram. Como adulto, se você não for um artista por profissão, a criatividade geralmente consiste em usar a imaginação, lidar com elementos e possibilidades diferentes.

Um Estudo: Criatividade Inexplorada

Vamos rever a situação do porta-toalhas por um minuto. Apenas me imagine em pé lá, com as mãos molhadas, agitando-as sem parar. Mas, como você sabe, isso não funcionou para ligar a tal máquina em particular. Eu disse a mim mesmo "Bem, *tem que* haver um botão", o que me levou a pressionar tudo na máquina que parecia ser um botão. Porém, simplesmente puxando a toalha que estava aparecendo, consegui o que queria. Foi a coisa mais fácil do mundo, certo? Mas não para mim — porque eu tinha *feito uma suposição* de que sabia o que estava fazendo. Eu supus que conhecia a natureza da coisa.

Mesmo que essa experiência tenha sido esclarecedora, também foi desconcertante. Afinal, sou um engenheiro treinado. Sou bem criativo. Tenho patentes de alguns produtos complexos, inovadores e muito procurados. Todavia, como não estava no laboratório ou em minha oficina de criação, não disse para mim mesmo: "Ah, seja criativo, Tom". Foi diferente. Porque eu estava no banheiro dos homens e realmente não estava pensando muito. De fato, mal estava presente, quem dirá ficar *inteiramente envolvido* na tarefa.

Liberando os Recursos Internos

Assim, parte de ser criativo é lembrar-se de tudo que você é e de todos os recursos e possibilidades que você tem. Como sabe, o trabalho interno vem primeiro. Quando quiser acessar sua criatividade, use o mesmo processo que usaria se estivesse se preparando para entrar em uma sala com estranhos, participar de uma negociação ou intermediar uma resolução de conflitos entre membros da família ou colegas. Relaxar e abandonar seus filtros o ajudará a entrar em um estado mental mais criativo.

A próxima coisa a fazer quando decidir que quer ou precisa ser criativo é desbloquear-se. Para tanto, comece percebendo que, seja qual for o problema considerado, ele *não* faz parte de você. Ele não é *você*. Nem mesmo é sobre você. Ele está lá fora em algum lugar. Portanto, coloque-o lá longe. Usando a desassociação para se separar dele, poderá vê-lo facilmente de uma pequena distância. Agora poderá colocá-lo de lado, de cabeça para baixo, acrescentar coisas, separá-lo e vê-lo com cores diferentes. Você pode começar a lidar com o problema, qualquer que seja ele.

Para que sua criatividade e confiança fluam, também é útil lembrar as vezes em que você foi criativo, as vezes em que encontrou soluções eficientes para um desafio. Se acessar tais lembranças for difícil, pense nas situações em que fez parte de uma equipe criativa e como a sinergia poderosa de trabalhar em conjunto o ajudou a encontrar respostas inovadoras.

Conselho de Especialista: A Estratégia de Criatividade de Disney

Daqui a pouco compartilharemos uma abordagem que foi identificada pelo líder em PNL, Robert Dilts. Em seu livro *Strategies of Genius*, ele explorou os processos criativos únicos de diferentes talentos. Usando os princípios da modelagem PNL, teve sucesso ao entrar na cabeça desses talentos e descobrir o que realmente acontece com eles. O que eles estão dizendo para si mesmos? O que estão pensando? O que estão vendo?

Robert ficou tão bom nessa abordagem, que não só a usou com pessoas que conhecia e entrevistou, como também com as lendas criativas na História. Em sua série de três livros, ele modelou Einstein, Aristóteles, Mozart, Leonardo da Vinci, Jesus, Tesla e Disney.

Como você sabe, Walt Disney foi uma das pessoas mais criativas que viveu no século XX. Disney foi um produtor de cinema talentoso, diretor, roteirista, animador, dublador e empresário. Não só criou Mickey Mouse, Pato Donald e Pluto, mas também animou o conto de fadas alemão "Branca de Neve e os Sete Anões" e nos apresentou muitos outros filmes. Além de fazer filmes, nos anos 1950 voltou-se para a TV *e* criou a Disneylândia — o primeiro parque temático do mundo. Graças a seu talento para o entretenimento, Disney foi até escolhido para ser o chefe da delegação das Olimpíadas de Inverno de 1960.

Hoje, a Walt Disney Company tem seu próprio canal de TV, artistas musicais, produções de patinação no gelo, cruzeiros — e quem sabe o que mais será criado!

Há alguns anos tive o privilégio de passar várias horas com os números três e quatro na hierarquia da Disney Company. Conversei com Mike Vance, que projetou a Disney World na Flórida, e Ken Carr, que projetou o Epcot Center, ao lado. Ambos compartilharam muitas histórias sobre Walt Disney que combinam perfeitamente com a visão de Robert Dilts sobre o homem. É apenas outro modo de validar o processo de criatividade de Disney — que você achará incrível. Então veja.

Embora, inicialmente, a criatividade de Disney fosse intuitiva, com o tempo ele desenvolveu um processo de se conectar com seu talento especial. Quando estava tentando conceber algo novo, assumia três papéis que ele isolava: o do Sonhador, do Realista e do Crítico. O motivo para seu sistema funcionar tão bem é este: ele assumia esses papéis *um de cada vez*. *Mantinha o Realista e o Crítico em seus lugares até estar satisfeito com o papel do Sonhador.*

SONHADOR

Primeiro ele *se tornava* o Sonhador. Dizia que tinha uma cadeira especial na sala, o Sonhador aparecia e se sentava nela — e o Sonhador sonhava. Ele aparecia com uma viagem maluca, digamos, Piratas do Caribe. Enquanto sonhava, imaginava tudo o que desejava que fizesse parte dessa experiência.

A viagem passava por igarapés. Havia lagostins, banjos, cobras e crocodilos, luzes foscas, piratas e "Ho, ho, ho!", tesouro enterrado, espadas e moedas de ouro, areia — tudo o que ele quisesse.

Nesse papel ele apenas fazia anotações sobre tudo o que poderia pensar que fizesse parte daquele sonho, pois é o que o Sonhador faz. Sua função é sonhar. Não é seguir com "Sim, mas..." Então, é isso, apenas o Sonhador.

REALISTA

Então, o Sonhador saía de cena, e entrava o Realista, que sentava em uma cadeira *diferente*. O Realista também não dizia: "Sim, mas...". Ele dizia: "Ah, entendo... e sei como você poderia fazer isso acontecer. E poderíamos usar isso aqui. Não, provavelmente você não pode ir para o Caribe, passar por Anaheim [uma cidade da Califórnia] e colocar isso em Piratas do Caribe, mas veja algumas coisas que *poderíamos* fazer".

"Poderíamos ter sons de insetos gravados e fazer os vaporizadores aumentarem o nível de umidade. Poderíamos fazer o ar aquecido explodir, então se juntássemos a viagem, poderíamos fazer com que parecesse ter acontecido nos Trópicos." O Realista é a pessoa que pega os conceitos e os torna reais.

Agora, claro, alguns limites seriam aplicados, certo? Por exemplo, o Sonhador pode sonhar com a antigravidade, e o Realista não pode fazer a antigravidade, mas pode criar uma viagem onde se *sente* que o chão foge sob seus pés. Portanto, o Realista é a pessoa que realiza o sonho.

Crítico

Então, o Realista fica de lado, e a próxima pessoa a entrar é o Crítico. De novo, nenhum "Sim, mas...". O Crítico apenas diz: "Humm, é um processo interessante. Vejamos, temos seguro contra terceiros? Existe algum modo de essa umidade sair do umidificador e causar um curto nos circuitos elétricos?" O Crítico considera os fatores ecológicos, coisas que poderiam ser uma preocupação, caso o Sonhador e o Realista consigam o que imaginaram.

Então, de novo, não há nada excepcional nesse processo — e nunca precisa haver. Estive em muitas sessões de livre debate em pesquisas de mercado e desenvolvimento de produtos que se transformaram em brigas de rua porque as pessoas estavam atirando umas nas outras. Isso não é criatividade.

A criatividade na estratégia de Disney é adorável, não é? É toda *positiva*. É completamente focada em possibilitar o maior sonho — significando que o Sonhador não pode ter medo de nada. Ele precisa ser totalmente apoiado.

Inovação: Como Usar a Estratégia de Disney com Grupos

Mesmo que a "Estratégia de Disney" tenha sido concebida e usada inicialmente por um *indivíduo*, mais tarde se tornou parte essencial de como a empresa opera. Não só a estratégia tinha um fator crítico que permitiu à Disney Company manter sua posição de inovadora no ramo do entretenimento, como também revelou-se peça fundamental de treinamento de liderança premiado oferecido no Instituto Disney. Hoje, muitas pessoas, equipes e empresas usam essa abordagem para criar novos produtos e serviços, melhorar os existentes e resolver problemas.

Se você quiser usar essa estratégia com um grupo para criar algo novo ou resolver um problema, veja algumas recomendações.

ORGANIZAÇÃO

A Disney facilitava essa atividade usando três salas diferentes: uma para a etapa Sonhador, outra para a etapa Realista, e uma terceira para a etapa Crítico. Se você não tiver instalações adequadas para usar salas separadas, poderá designar três áreas distintas em uma sala — uma para cada papel.

PAPÉIS

Como cada papel nessa estratégia é essencial, a maioria das empresas escolhe fazer com que todos os participantes desempenhem todos os três — enquanto outras organizações algumas vezes escolhem dividir os participantes em três equipes e fazer com que assumam um *único* papel. Embora esse segundo método seja razoável e requeira menos tempo, fazer com que *todos* se movam em sequência com papéis diferentes e estados mentais associados é *muito melhor*, porque oferece uma experiência mais robusta e de colaboração — e produz resultados ainda melhores.

Compreender os diferentes papéis é fundamental para desempenhar eficazmente cada papel e facilitar a estratégia como uma atividade em equipe. Na página a seguir há um excerto das instruções criadas por Keith V. Trickey, que desenvolveu um plano profundo para usar a Estratégia de Disney com *grupos*.

Diretrizes dos Papéis para a Estratégia de Disney

Sonhador: a pessoa para quem todas as coisas são possíveis

Abordagem: Deseja fazer
Perguntas a considerar:
- Por que você está fazendo isso? Qual é a finalidade?
- Quais são os benefícios?
- Como saberá que conseguiu?
- Onde deseja estar no futuro?
- Quem você quer ser ou com quem quer ser parecido?
- Quais temas deseja considerar?
- Quais elementos dos temas deseja explorar?

Fisiologia: Cabeça e olhos procurando, postura simétrica e relaxada

Realista: aquele que classifica as coisas

Abordagem: Como fazer
Perguntas a considerar:
- O que farei?
- Como a ideia será implementada especificamente?
- Como saberei se o objetivo foi atingido?
- Quem, além de mim, está envolvido (restrições de tempo)?
- Quando será implementada cada fase?
- Quando o objetivo geral será concluído?
- Onde cada fase será executada?

Fisiologia: Cabeça e olhos apontando para a frente, postura simétrica e centrada

Crítico: aquele que identifica as peças que não se encaixam

Abordagem: Chance de melhorar
Perguntas a considerar:
- Como todos os elementos se encaixam?
- Quais elementos parecem desequilibrados?
- Quais partes não se encaixam com o objetivo geral do projeto?
- Quais partes do projeto estão pouco desenvolvidas?
- O quanto isso é possível dentro do período de execução?
- Por que cada etapa é necessária?

Fisiologia: Olhos para baixo, cabeça baixa e inclinada, postura inclinada

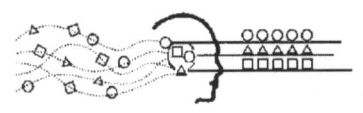

**Atividade de Descoberta:
Aplicando a Atividade de Disney em
Uma de Suas Oportunidades**

Vamos aplicar a Estratégia de Disney em sua vida. Pense em um problema que você vem tentando resolver — ou algo novo que vem procurando criar.

Qual é a oportunidade?

Daqui a pouco você terá a chance de explorar essa oportunidade do ponto de vista do Sonhador, do Realista e do Crítico. Poderá fazer isso imaginando um de cada vez, e fará anotações no final — ou imagine uma etapa por vez e faça suas anotações após cada uma.

Fique confortável e pense em um momento em que foi fácil para você propor novas ideias — um momento em que conseguiu imaginar as coisas que queria —, um momento em que conseguiu sonhar muitas possibilidades.

Agora talvez você imagine uma cadeira vazia, e logo o Sonhador aparecerá. Convide-o a dar ideias sobre a oportunidade que você identificou.

Observe e lembre-se do que o Sonhador queria...

Agora pense em uma ocasião em que você foi ótimo ao planejar algo — você conseguiu antecipar e organizar tudo, todos os detalhes — um momento em que foi fácil realizar todas as etapas necessárias para conseguir o que queria.

Talvez em sua imaginação você veja uma cadeira vazia diferente, e logo o Realista aparecerá. Quando aparecer, convide-o a considerar as fantasias do Sonhador e imagine como tudo seria possível — quais etapas você poderá realizar para fazer essas coisas acontecerem.

Observe e lembre-se do que o Realista recomendou...

Agora visualize em sua mente outra cadeira vazia, e logo o Crítico aparecerá. Convide-o a considerar as recomendações do Realista e identifique quais preocupações você tem que precisariam ser tratadas antes de ficar totalmente satisfeito com os planos/soluções. Quais perguntas adicionais você tem para o Sonhador ou o Realista?

Observe e lembre-se de quais perguntas ou preocupações o Crítico levantou...

Se desejar, acesse: http://eg.nlpco.com/8-1 (conteúdo em inglês) e veja algumas demonstrações e/ou exemplos adicionais.

A criatividade pode ser aplicada em qualquer situação, certo? Portanto, você poderia experimentar essa abordagem quando estiver imaginando... uma festa que deseja dar... uma nova abordagem com seu chefe... uma conversa específica com seus filhos... como convidar alguém para um encontro... qualquer coisa! Existem inúmeras situações em que pode usar esse processo de três cadeiras consigo mesmo. Assumindo os papéis do Sonhador, do Realista e do Crítico, e alternando-os, você poderá fortalecer seus músculos criativos e expandir suas escolhas.

Contra a Parede: Como o "Processo de Integração de Conflitos" Apoia uma Solução de Problemas Criativa

Albert Einstein realmente acertou quando disse: "Os problemas não podem ser resolvidos pelo mesmo pensamento que os criou". Embora a maioria de nós tenha ouvido essas sábias palavras, ainda ficamos bloqueados em nossos padrões quando surgem problemas e sentimos que estamos contra a parede — incapazes de nos mover. Quando estamos em conflito — com nós mesmos, outra pessoa, ideia, processo, tecnologia ou até uma máquina —, a curiosidade e a criatividade são a chave para encontrar alternativas que melhoram nossas experiências de estar no mundo.

Quando você pensa em conflito e criatividade, pode vê-los como coisas muito diferentes. Entretanto, muito do que falamos em termos de criatividade aplica-se ao conflito também — e veja o motivo: lembra-se do que contei sobre o porta-toalhas? Eu estava no piloto automático e *supus* que sabia como aquela coisa funcionava, mas minha expectativa estava errada e minha estratégia não funcionou. Eu me limitei.

Quando comecei a pensar sobre o conflito, percebi que quando estou interagindo com alguém — se entrar com noções preconcebidas de quem é a pessoa e o que ela provavelmente vai pensar, fazer ou dizer —, limito minhas opções para lidar com ela.

Relaxando as Posições

Quando existe um conflito, geralmente é porque as pessoas estão bloqueadas em suas posições. Para possibilitar a comunicação, a primeira etapa é sempre ajudar as pessoas a se libertarem. Podemos ajudá-las a liberar sua postura defensiva recuando, respirando profundamente e abandonando as expectativas.

Imagine que alguém esteja lutando com algum tipo de problema. A pessoa está bloqueada. Quando fica assim, realmente está se sentido bloqueada *fisicamente*, com se estivesse congelada no lugar. Nossa linguagem, de fato, estrutura isso assim, mas não é realmente *ela* que está bloqueada, é? É um tipo de problema, algo que tem que superar, algo que está ficando cada vez maior em sua imaginação e provavelmente assumindo o controle.

O truque aqui é desassociar a pessoa do problema pondo-o literalmente de lado e, algumas vezes, colocando-o fisicamente "longe", em um bloco de folhas ou quadro de avisos para que, juntos, possamos vê-lo. Isso nos permite ficar do mesmo lado, encarando, juntos, o problema que está "longe".

Agora, como isso funciona quando você está lidando com as pessoas que estão se engalfinhando? Como executivo sênior, vi isso acontecer várias vezes, portanto, deixe-me mostrar o processo descrevendo uma situação específica e destacando as etapas críticas de ação.

Um Exemplo: Resolução de Conflitos

Em minha indústria no Vale do Silício, o ambiente de trabalho era, normalmente, um lugar muito feliz, mas não na manhã em questão. Assim que cheguei com a primeira xícara de café na mão, a recepcionista parecia um pouco nervosa e disse: "Glenn e Susan o esperam na sala de reuniões".

Pensei: "Ah, isso não vai ser muito divertido". Eram os dois vice-presidentes que sempre estavam em disputa um com o outro — provavelmente por motivos oriundos de suas funções diferentes. Como Susan era do marketing, queria que a empresa sempre fosse uma espécie de herói para o cliente — e eram constantes suas tentativas de reduzir preços e agilizar as entregas. Já Glenn, que cuidava das operações, vivia tentando aperfeiçoar e aumentar a consistência de nossos processos, e como você pode imaginar, não gostava de exceções nem de surpresas.

Eles estavam esperando por mim na sala de reuniões — de cara feia e sentados frente a frente. Depois de respirar fundo e dar um profundo suspiro, sentei onde eu poderia ver os dois com facilidade. Eles estavam com as cabeças abaixadas, fingindo estudar documentos.

Estendi a mão e a coloquei nos respectivos documentos. Então disse: "Parem por um minuto. Estou aqui para ajudar. Deixem-me fazer uma pergunta". Ambos olharam para cima, e eu disse para Susan: "Primeiro as damas. Qual é o problema?"

Ela respondeu: "Bem, você quer que eu alcance estes objetivos de marketing, certo? Então, estamos fazendo promessas para nossos clientes, e sempre que eu faço algum progresso, ele me impede".

Eu disse: "Ah! Tudo bem, entendo que você esteja muito infeliz em relação a isso".

Ela falou: "Sim, estou me sentindo enganada. Não sei como podemos ter êxito com ele no comando".

Agora as coisas estão realmente esquentando, pensei, e então falei: "Tudo bem. Glenn, qual é o problema?"

Ele disse: "Bem, sou o gerente de operações. Devo ser o protetor da empresa, certo? Isso significa supervisionar a produção, controlar os custos e ter prazos de entrega razoáveis. Mas Susan entra aqui constantemente com pedidos de última hora. Ela passa direto pelo meu escritório, vai até o supervisor e lhe diz para colocar coisas na fila e terminar logo — e ela nem monitora o serviço. Ela nos levará à falência".

Minha atitude foi: "Isso será divertido!"

Então eu disse: "Tudo bem, entendi. Deixe-me fazer uma pergunta, Glenn. Se Susan voltasse atrás e lidasse com as coisas exatamente como você deseja, o que seria bom para você? O que isso faria pela empresa?"

Ele começou a listar imediatamente os benefícios. "Bem, estaríamos em uma base econômica firme. Teríamos lucro. As pessoas não teriam que fazer horas extras. Não compraríamos mais do que precisamos porque eu poderia estocar exatamente o que foi pedido. Não haveria essas malditas correrias".

Então falei: "Tudo bem. Tirando o que não teríamos de fazer, como *seria*?"

Ele pensou um pouco e disse: "Bem, teríamos um aumento nos lucros, uma margem de lucro melhor, um estoque menor, maior giro no estoque e menos horas extras".

Respondi: "Certo. Susan, se essas coisas fossem possíveis, isso seria bom para nós?" E ela disse: "Claro que seria! Não estou questionando isso. Tudo isso seria bom. O problema é que não conseguiremos vendas assim".

Eu disse: "Tudo bem, Susan. Agora quero saber, se fizermos tudo o que você deseja, inteiramente do seu jeito — se mantivermos cada promessa que nossos representantes fizeram e se os encorajarmos a conseguir pedidos —, como seria para a empresa?"

Ela respondeu: "Bem, venceríamos todos os concorrentes. Seríamos conhecidos como heróis. Não só teríamos o melhor produto do mundo, como também entraríamos em mais lugares — portanto, teríamos mais recomendações. A empresa cresceria mais rápido".

Então falei para Glenn: "Você discorda de alguma coisa que Susan disse?" E ele falou: "Bem, claro que sim! Não podemos fazer desse jeito".

Respondi: "Certo. Não estou falando sobre *como* ela gostaria de cuidar disso. Estou falando sobre seus objetivos. Há algo de errado com os objetivos dela?" E ele disse: "Não, todos nós queremos isso. Temos o melhor produto. Queremos mais usuários— e queremos ser heróis —, é isso o que todos nós queremos".

Eu falei: "Tudo bem, então vocês dois concordam que queremos margens de lucro decentes, menos custos em termos de horas extras para o pessoal da oficina, todo o estoque de que precisamos, mas sem excesso, e ser heróis para nossos clientes. Vocês dois concordam com isso, certo?"

Eles pareciam pensar: "Como ele vai tirar esse coelho da cartola?" Então sorriram um para o outro e para mim quando compartilharam a pegadinha de que, de algum modo, eu tinha entrado na armadilha e agora o problema era meu.

Mas eu disse: "Tudo bem, é o seguinte. Preciso fazer algumas ligações. Vamos fazer isso. Vamos passar metade do dia nisso. Enquanto eu faço as ligações, gostaria que vocês viessem para o mesmo lado da mesa e colocassem seus blocos de notas aqui, de frente para o quadro branco".

Assim que eles ficaram de frente para o quadro branco, eu disse: "Agora, um de cada vez, coloquem no quadro três ou quatro maneiras de podermos fazer *tudo* isso. Vejam o que é possível. Apenas escrevam o máximo de coisas que puderem, e eu voltarei em meia hora. Então no almoço veremos isso juntos. Resolveremos isso de modo a termos o máximo possível do que cada um deseja para a empresa, porque acho que os dois estão certos. Precisamos atingir os objetivos que vocês identificaram para a empresa".

Quando saí, eles não estavam mais discutindo. Estavam comparando as anotações para descobrir o que poderiam fazer que não fosse mutuamente exclusivo — o que os colocou no mesmo lado da mesa de modo comportamental, não apenas fisicamente. No início, eles estavam do mesmo lado da mesa contra mim, porque pensavam que eu tinha caído na armadilha e resolveris o problema. Contudo, a verdade é que o X da questão volta para a sabedoria de Einstein — não se pode resolver um problema no nível do pensamento que o cria.

Como isso se traduz em nosso comportamento? O nível do pensamento que criou o problema é que Glenn estava tentando proteger seu processo, os níveis do estoque e sua responsabilidade de horas extras da oficina. Susan estava tentando proteger seus objetivos pessoais e os objetivos do departamento em aumentar as vendas, melhorar o serviço e a reputação entre nossos clientes. Infelizmente, como cada um deles estava tentando cumprir seus objetivos às custas do outro, nada aconteceris.

Vi isso centenas de vezes. O nível no qual as pessoas estavam argumentando não produzia nenhuma solução. Nas empresas, geralmente há conflito entre os responsáveis pela logística, como contadores e operadores, que têm que controlar as coisas, e os realizadores, como a equipe de marketing e vendas.

Por causa das personalidades necessárias para ter êxito nessas áreas diferentes, esses grupos geralmente criam estereótipos indelicados uns dos outros. A verdade, porém, é que nenhum negócio sobrevive sem excelentes talentos e domínio nas duas áreas. Você precisa ter crescimento e ser agressivo, *e* precisa ter controle. Toda organização precisa de músculo e cérebro, e você precisa disso dentro de si mesmo também.

Revisão do Resumo do "Processo de Integração de Conflitos"

Veja algo interessante. O modo como lidei com Glenn e Susan é um "Processo de Integração de Conflitos" clássico. Vamos dividi-lo em partes. Eu olhei a situação e vi que eles estavam absolutamente inflexíveis. Não havia nenhum interesse real ou possibilidade de resolução, porque eles tinham um equilíbrio completo e perfeito em termos de conflito.

Então virei para um deles e disse: "E se *isso* funcionasse, se fizéssemos do seu jeito, de que modo isso seria ainda melhor ou mais importante? Como isso seria bom para nós, para os negócios?"

Susan respondeu: "Bem, se fizermos assim, teremos crescimento e uma boa reputação, faremos mais vendas e teremos ótimas recomendações — tudo de bom".

Virei para Glenn e disse: "E se fizéssemos do seu jeito, como seria para nós?"

Ele falou: "Teríamos margens de lucro mais altas e menos custos com horas extras, melhor controle do estoque e uma operação mais fluida. Tudo de bom".

Reunindo dados para encontrar o objetivo por trás do objetivo (metarresultado), consegui com que cada um aprovasse o resultado do outro. Você se lembra de como Glenn e Susan estavam afastados no começo da reunião? O objetivo inicial dele era fazer com que Susan concordasse com ele e parasse de entregar pedidos urgentes. O objetivo inicial dela era fazer com que Glenn concordasse com ela e tornasse todo o processo e procedimentos dele mais flexíveis e responsivos às reivindicações dela. Esses resultados iniciais eram totalmente opostos.

Mas quando perguntei a Susan sobre o objetivo por trás do objetivo, ela me deu um resultado muito positivo para a empresa — e Glenn conseguiu entender isso. Quando perguntei a Glenn sobre seu objetivo por trás do objetivo, seus metarresultados foram operações mais azeitadas, menos custos, melhor controle do estoque — e Susan conseguiu reconhecer isso. O que você faz, com as perguntas certas, é levar os objetivos a um nível no qual ambas as pessoas, ou todas, possam concordar. Em geral, essa abordagem produz objetivos que qualquer pessoa com a cabeça no lugar pensaria ser uma boa ideia.

Contudo, só é possível começar a explorar os metarresultados quando as pessoas ficarem desbloqueadas. Quando elas estão em conflito, ficam presas. Têm uma mentalidade individual que diz: "É o único modo de prosseguir. Tudo mais é idiotice".

Então você pode estar imaginando o que aconteceu depois de Susan e Glenn começarem a propor soluções. Quando voltei de minhas ligações, eles disseram: "Precisamos de um pouco mais de tempo. Não estamos prontos para você ainda" — o que, claro, eu estava ansiando ouvir.

Por volta de 11h30, voltei e disse: "Como estamos indo?" E eles responderam: "Ainda precisamos de um pouco mais de tempo". Então, pedi almoço para nós. Quando os sanduíches chegaram, voltei e comi com eles e ouvi o processo enquanto eles trabalhavam nele. O que eles propuseram foi uma estratégia na qual pudemos realmente fazer uma promessa ainda mais extraordinária *e* cobrar por ela.

Como tornamos a oferta desse serviço algo extraordinário, Glenn reteve certa parte de nossos recursos e nosso processo para que pudéssemos acomodar tudo. Ele ficou contente porque havia uma estratégia *e* estávamos recebendo um pagamento adicional por isso. E mais, oferecer essa opção nos tornou realmente heróis para nossos clientes, porque eles perceberam que poderiam ter um serviço extra se quisessem pagar por ele (que é uma tradição razoável e comprovada). Eles resolveram a questão de modo brilhante e apoiaram os *dois* conjuntos de objetivos.

Esse conflito ocorreu entre dois profissionais experientes e apaixonados, que, mesmo disputando entre si, tinham um profundo respeito pelo outro. Essa estratégia exata de explorar e concordar com os metarresultados pode funcionar bem quando várias pessoas estão envolvidas — ou quando há apenas uma.

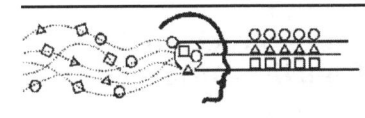

Atividade de Descoberta: Identificando Um de Seus Conflitos

Para aumentar a compreensão e domínio desses conceitos, vamos aplicá-los em sua vida. Então pense em um conflito ou mal-entendido recente que teve com alguém. Pode ter sido sobre uma situação no trabalho, um jantar com um amigo ou um problema familiar.

Pare um momento e volte no tempo — pense no que você estava pensando, observe o que estava observando. Quando tiver acesso a essas imagens, sons e sensações, responda às perguntas a seguir.

Com quem você estava falando?

Qual era o foco da discussão?

Qual era seu ponto de vista? O que *você* queria?

O que ter ou fazer aquilo que você queria lhe daria de mais importante ainda? (Como lembrete, esse metarresultado pode ser algo que é bom para você, para uma relação específica, para sua equipe, família ou empresa.)

Em retrospectiva, que ponto de vista ou sensações inibiram sua capacidade de expressar os aspectos positivos de seu metarresultado?

Quando você pensa no assunto agora, recorde se houve outras ocasiões em que teve essas sensações ou pensamentos limitantes. Se houve, identifique, pelo menos, dois passos que você poderia dar no futuro se sensações e pensamentos semelhantes aparecessem.

Se desejar, acesse: http://eg.nlpco.com/8-4 (conteúdo em inglês)e veja algumas demonstrações e exemplos adicionais.

Batalhas Internas: Como Aplicar o "Processo de Integração de Conflitos" nos Conflitos Internos

A maioria dos conflitos que temos com outras pessoas contém algum aspecto de conflito interno, não é? Mas nem todos os conflitos envolvem a interação com outra pessoa. Digamos que você tenha um conflito consigo mesmo — ou conhece alguém que tenha. Normalmente é do tipo "Por um lado, quero fazer isso — mas por outro, quero fazer aquilo".

Veja um com o qual luto: "Por um lado, quero passar mais tempo com minha família, porque o tempo passa muito depressa e as crianças estão crescendo. Por outro, quero me sobressair em minha carreira, o que significa que preciso fazer horas extras. Então, como sigo em frente?"

Esse era meu conflito, mas agora, enquanto descrevo o Processo de Integração de Conflitos, imagine que você o tenha. Primeiro vamos explorar o processo juntos usando meu exemplo. Depois você terá uma oportunidade de aplicá-lo em um conflito interno que queira resolver.

Comece focando em um lado — como fiz com os problemas de Susan. Eu começaria com o lado cujos objetivos foram mencionados primeiro — em meu caso, foi passar mais tempo com a família. Então imagine que você esteja em meu lugar. Onde essa sensação está — em qual parte de seu corpo? De onde a sensação vem?

Quando você se acalmar e entrar em si, terá essa sensação. Então permita que ela apareça e convide-a para viajar até sua mão esquerda. O motivo para isso é que você conversará com essa sensação ou parte do corpo. Nessa situação você não tem Glenn e Susan em uma mesa de reunião, tem duas partes conflitantes em sua própria psique — e precisa fazer com que se separem para que possa se comunicar com elas individualmente.

Primeiro dirijo toda minha atenção à parte que deseja passar um tempo com a família, todo o amor, saudade e diversão das crianças — algo de valor muito elevado. Foque nessa parte agora — reúna as sensações associadas e permita que elas fluam por sua clavícula, desçam pelo ombro esquerdo, pelo braço, passem pelo cotovelo e o punho até sua mão esquerda, como se fosse real, como se tivessem alguma substância.

Enquanto a substância se reúne em sua mão esquerda, você pode imaginar que ela tem algum tipo de peso e esse peso realmente assume uma forma, algum tipo de símbolo, talvez como um avatar, que comunica a você nesse momento o que essa necessidade ou impulso poderia ser. Então você olha para isso, seja lá o que for.

Quando fiz isso e olhei para minha mão, o símbolo que vi era dos ursinhos das crianças com uma orelha meio rasgada. Assim, fiquei com esse ursinho marrom na palma da minha mão esquerda.

Olhe para sua mão esquerda e agradeça a essa parte. "Muito obrigado por vir. Estou feliz por você estar aqui." Isso ajuda a tornar mais real o processo do subconsciente.

Agora você volta para dentro de si e pensa sobre o *outro* impulso que também era muito importante — aquele que disse: "Quero me sobressair em minha carreira, e isso significa que preciso de horas extras para desenvolver habilidades que possibilitem realmente me tornar tudo o que posso ser. Quero ser melhor nisso e, assim, preciso passar mais horas com um orientador sênior da área, estudando ou apenas experimentando mais coisas".

Localize onde está esse segundo "impulso" em seu corpo. Quando senti-lo, permita que siga na direção oposta. Deixe-o subir até seu ombro direito, descer pelo braço, passar pelo cotovelo, ir até o punho e se reunir na palma da mão direita virada para cima.

Quando ele se reunir ali e ganhar peso, você dará uma olhada e verá algo. Não sei o que será para você. O que *eu* vi foi uma pasta com um laptop, que estava fechada e pronta para partir.

Portanto, agora temos dois objetos separados que nos lembram duas motivações diferentes — um em cada mão. Agora os temos metafórica e simbolicamente sentados à mesa de reuniões, um diante do outro, na sala onde entrei com Susan e Glenn.

Nesse instante posso virar para o ursinho em minha mão esquerda e dizer: "Se eu pudesse passar todo o tempo que gostaria com minha família e estar com as crianças, o que isso faria por mim?" E ele responde: "Bem, você desenvolveria laços muito mais fortes com sua família. Seus filhos cresceriam pessoas melhores. Seriam mais bem comportados, mais seguros de si e mais independentes. Pedirão conselhos e orientação a você, e não para pessoas que encontram na escola. Sua esposa ficará contente. E você ficará satisfeito consigo mesmo como homem e pai".

Então, depois de ouvir o que o símbolo em *sua* mão esquerda tem a dizer, agradeça. "Tudo bem, muito obrigado — parece bom para mim". Agora estou pronto para ir para o outro lado — que para mim é representado pela pasta com o laptop —, e digo: "E se eu pudesse passar mais tempo no trabalho desenvolvendo minha carreira, o que isso faria por mim?"

Esse lado diz: "Você terá mais dinheiro. Terá mais reconhecimento. Avançará mais em sua carreira e, finalmente, terá mais controle sobre seu tempo para que possa tirar mais férias com sua família ou fazer o que quiser". Então, eu falo: "Tudo bem, obrigado por compartilhar isso — parece muito bom também".

Em seguida, faremos a mesma pergunta que fiz a Glenn e Susan. Desta vez, digo para o ursinho: "Você consegue entender os benefícios que a família usufrui quando eu tenho mais reconhecimento, mais crescimento, mais dinheiro e mais controle sobre meu tempo e minha carreira ao investir algum tempo para desenvolvê-la?". E ele responde: "Com certeza".

Então falo para a pasta: "Você consegue ver o benefício para mim como ser humano se eu tiver esse enriquecimento de passar um tempo com meus filhos e ser o cara que deveria ser, permitindo que minha esposa e eu estejamos presentes para formar laços que nos servirão quando eles forem adolescentes?"

O cara com a pasta responde: "Com certeza. Penso no futuro o tempo todo".

Na situação do trabalho, deixei Susan e Glenn sozinhos na sala para permitir que lidassem com o processo por si mesmos. Aqui, o que faremos é permitir que esses dois objetos em nossas mãos se juntem lentamente. Como agora eles se aprovam e se entendem, apenas permitimos que se juntem. E enquanto se juntam lentamente, nossas mãos se encontram em forma de concha, contendo essas duas representações diferentes, neste exemplo, o ursinho e a pasta. O que acontece depois? Elas se unem, se misturam e rodopiam.

Quando fazem isso e abrimos nossas mãos, há nelas um terceiro objeto. Não sei o que seria para você, mas há um terceiro objeto. Quando olho para

Capítulo Oito: Colaborar e Resolver Conflitos com Criatividade

baixo, vejo uma barraca em um acampamento. Parece um pouco estranho. Então, digo: "É algo novo. Vocês se uniram. A que conclusão chegaram?"

O que a barraca no acampamento diz é: "Invista tempo agora enquanto as crianças estão dormindo — você ainda é jovem, pode dormir menos — e invista algumas horas da noite agora, mas não quando elas estiverem acordadas. Você tem que se esforçar um pouco mais agora para poder passar algum tempo e estar disponível para seus filhos, para não perder eventos importantes ou as horas antes da hora de eles dormirem. Você está com eles, e *depois* investirá um tempo sozinho mais tarde, à noite, para avançar profissionalmente, de modo que, quando eles ficarem mais velhos, você terá dinheiro, evolução e poder, e conseguirá sair de férias com a família e fará parte da vida deles".

Eu penso: "É muito bonito!" Ouça o que sua parte combinada tem a dizer, levante as mãos em forma de concha e segure-as contra o peito — e permita que esse novo objeto volte ao seu peito com a respiração — e permita que ele flua por seu corpo inteiro.

Essa é uma integração. Não é uma resolução nem um compromisso forçado. Uma integração significa elevar o conflito a um nível superior e descobrir o que é importante sobre cada uma dessas coisas. Não queremos perder nada. Na PNL, tentamos não remover nem perder nada — apenas mudamos e adicionamos coisas.

O que acontece quando *você* está bloqueado dentro de si e deseja resolver o problema? Precisa fazer a mesma coisa que fiz com Glenn e Susan em meu escritório. É apenas você, portanto, precisa encontrar um modo de separar essas duas partes de si mesmo nas duas partes que estavam competindo, e então permitir que elas se vejam de uma pequena distância para que possam avaliar o que cada parte está tentando realizar em seu nome, a pessoa que as possui e deu energia a ambas. Nessa etapa você pode chegar a um acordo facilmente quando foca no *que*, não no *como*.

Assim, quando você as unir, será como aconteceu no momento em que voltei para a sala de reuniões com Glenn e Susan e comemos sanduíches juntos. Naquele momento eles se uniram e conseguiram me contar ideias novas e brilhantes que tinham sobre oferecer o programa de entrega especial acelerado por um preço que não destruiria o processo da empresa. Como eles estavam endossando sinceramente essas recomendações, eu pude dizer que tinham realmente se unido.

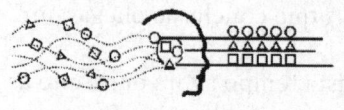

Atividade de Descoberta: Aplicando o "Processo de Integração de Conflitos" em Uma de Suas Oportunidades

Talvez, ao ler isto, você tenha se lembrado de um problema que vem enfrentando. Como é um processo delicado e profundo, faça isso em um espaço privado onde não será interrompido. Pronto?

Pense em um problema não resolvido que é importante para você. Realmente entre na experiência de estar em conflito, para que possa ver o que está vendo, ouvir o que está ouvindo e sentir o que está sentindo.

Quando o conflito se apresentar, separe as diferentes partes que estão competindo.

Identifique onde uma das partes ou sensações está em seu corpo e convide-a para fluir pelo corpo para que possa aparecer e apresentar-se em sua mão. Quando acontecer, agradeça por estar presente. Se essa parte fosse uma imagem, como seria?

Agora observe onde a *outra* parte ou sensação está em seu corpo e peça que flua por seu corpo para que possa aparecer e apresentar-se em sua *outra* mão. Quando aparecer, agradeça por estar presente. Se essa parte fosse uma imagem, como seria?

Vire para a parte em sua mão esquerda e a convide a contar o que ela deseja. Quando acontecer, diga: "Obrigado por me contar isso".

Em seguida, veja a parte em sua mão direita e a convide a contar o que ela deseja. Quando acontecer, diga: "Obrigado por me contar isso".

Depois pergunte a uma das partes: "O que aconteceria se você conseguisse o que deseja que é *ainda mais* importante?"

Então faça à outra parte a mesma pergunta.

Agora permita que as partes se vejam de uma pequena distância — para que possam avaliar o que a outra está tentando fazer em seu nome. (Se você descobriu o metarresultado de cada uma, deverá ser fácil chegar a um acordo em que ambas desejam o que a outra está tentando realizar.) Agradeça às duas partes por estarem querendo ver a intenção da outra.

Então, respirando profundamente, aproxime lentamente suas mãos para que as partes se juntem literalmente também. Permita que as partes se misturem e combinem.

Abra as mãos e observe a nova imagem que resulta dessa fusão. Agradeça a essa nova parte por existir e querer operar em seu nome.

Depois leve lentamente a nova imagem em suas mãos até o centro do seu peito e permita que a imagem entre em seu corpo e seja totalmente integrada. Respire fundo e observe como você se sente diferente.

Se desejar, acesse: http://eg.nlpco.com/8-7 (conteúdo em inglês) e veja algumas demonstrações e/ouexemplos adicionais.

Na PNL, reconhecemos que você não tenta resolver o problema no nível do argumento — porque não chegará a lugar algum. A Integração de Conflitos clássica requer que você faça as coisas de um modo diferente — e talvez um pouco além disso — até conseguir metarresultados com os quais seja fácil acordar. Você pode fazer isso dentro de si mesmo — ou pode ajudar outra pessoa que tem um conflito com o qual está lutando sozinha.

A Importância dos Metarresultados na "Integração de Conflitos"

No passado, quando as empresas me contratavam para ajudar a lidar com um conflito, geralmente queriam que eu o "intermediasse", como se eu fosse um tipo de juiz. E eu dizia: "Veja, não sou um juiz. Não conheço seu negócio. Vamos fazer o seguinte: vamos explorar cada lado sem argumentar sobre suas posições quanto ao problema. Estou certo de que *elas* já foram bem expressadas — portanto, esqueça. Apenas me diga: se você vencer, o que a vitória traria?" Então, administrando a discussão para manter o foco longe das reclamações e posições, os participantes propunham uma lista de resultados atraentes.

Algumas vezes, para alcançar um metarresultado com o qual todos poderiam concordar, precisei levar as coisas a um outro nível e dizer: "Tudo bem, e se você conseguir realizar *isso*, qual benefício ainda maior traria para a empresa — ou o que isso faria para a empresa que é ainda mais importante?" Então eu examinava o outro lado e dizia a mesma coisa. Mesmo quando há mais de dois lados, essa estratégia funciona como mágica.

Como Aumentar a Comunicação Durante a "Integração de Conflitos"

Suponha que você esteja em uma situação em que as pessoas estejam em conflito por tanto tempo que a "luta" se tornou pessoal. Elas parecem se odiar e se prejudicaram de diferentes maneiras. O que você faria?

O segredo é descontrair. Cheguei a fazer isso com Susan em um momento diferente, no início da relação deles, porque ela e Glenn estavam sempre em conflito. Uma dia, quando eles estavam realmente se atacando, eu disse para ela: "Estou curioso, Susan. Gostaria que você respondesse a uma pergunta. Quero que você faça uma espécie de leitura de pensamento. Se eu perguntasse a Glenn o que o frustra mais ao trabalhar com você, o que acha que ele diria?"

Ela parou e disse que não queria fazer aquilo, e eu respondi: "Qual é! Basta dizer. Não acho que você tenha dúvidas".

Ela riu e disse: "Bem, ele diria que sou desorganizada e exigente — que sou uma prima-dona. Provavelmente diria que quero tudo do meu jeito, que não tenho disciplina e nenhum respeito por ele".

Aí falei: "Tudo bem. Se fosse verdade, o que isso o impeliria a fazer?"

Ela sorriu um pouco nesse momento, e ele estava sorrindo porque percebeu que a tinha apanhado. E ela disse: "Bem, provavelmente ele seria um pouco teimoso e um tanto irracional".

E ele retrucou dizendo: "Eu não sou irracional". Agora, pelo menos eles estavam conversando.

Então virei para ele e fiz a mesma pergunta. "Se eu fosse perguntar a Susan o que a frustra mais ao trabalhar com você, o que ela diria?" E ele começou a me dar uma resposta espirituosa, mas o pressionei e lhe disse: "Qual é, seja justo. Faça

Capítulo Oito: Colaborar e Resolver Conflitos com Criatividade

isso direito. Você sabe a verdade. Todos nós sabemos a verdade — é só perguntar por aí".

Então ele foi sincero e me disse o que pensava que ela diria: que ele é autocrático, ditador e rígido, não se importa muito com a realidade e só quer saber dos números. Eu disse: "O que isso a faria fazer?" E ele respondeu: "Bem, ela é uma mulher muito determinada e realmente dedicada, portanto, passaria por cima de mim". Então ele riu e disse: "Poxa, é o que ela faz".

Nesse ponto, quando entenderam que se valorizavam mutuamente, a tensão começou a diminuir e as coisas ficaram mais leves. Quando você estiver em uma situação de conflito — se as pessoas não estiverem prontas emocionalmente para lidar com o problema, se estiverem em guerra a ponto de querer ver sangue —, a melhor coisa a fazer é esperar um momento e acalmar os ânimos.

Pedindo a cada pessoa ou equipe para contar qual seria a reclamação da outra pessoa ou equipe sobre *ela*, você conseguirá uma descontração real no diálogo, e *então* poderá voltar ao problema.

Para resumir rapidamente, os princípios desse processo determinam que você separe as pessoas dos problemas. Como somos seres emocionais, geralmente parece uma ameaça pessoal quando temos uma diferença. Realmente não importa qual é a diferença. Se for "Ah, você esqueceu de colocar o ponto no *i*", isso será uma ameaça pessoal. Qualquer crítica pode ser um território arriscado — não só para fazer, mas também receber —, porque somos muito ligados a nos proteger.

Se você quiser ter sucesso nesse negócio de comunicação, *terá que se colocar de lado*, como um espelho e receptor. Você coloca seus medos de lado porque percebe que são tão automáticos quanto os de qualquer pessoa. O que estamos tentando fazer aqui é trabalhar em um nível mais alto — conosco e com as outras pessoas.

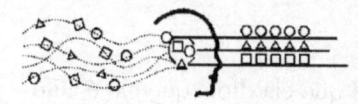

Atividade de Descoberta: Examinando Como Você Fica Bloqueado e Dificulta as Coisas

Como *a única variável que podemos controlar em qualquer situação somos nós mesmos*, vamos aproveitar a oportunidade para examinar nosso próprio comportamento. Por um momento, volte ao conflito explorado anteriormente neste capítulo, na atividade chamada Identificando Um de Seus Conflitos.

Agora volte ao começo do conflito e faça uma pequena leitura mental.

Diga para si mesmo: "Se eu fosse perguntar o que é mais desafiador sobre interagir comigo, o que seria dito?"

O que surgiu?

Diga para si mesmo: "Tudo bem, se isso fosse verdade, e se eu fosse assim, o que isso me faz querer fazer?"

Observe o que surgiu — e o que você aprendeu ao ficar no lugar da outra pessoa. Como essa nova consciência muda seus sentimentos e o que é possível?

Estratégias Diferentes? O que a "Integração de Conflitos" e a Negociação Têm em Comum

Como você pode ver, as diferenças de opinião e sentimentos acalorados são naturais. Portanto, a resolução de conflitos e a negociação são assuntos atuais desde que me lembro. Apesar de gostar muito de aprender e ser interessado em negócios há décadas, provavelmente perdi muito mais do que ganhei com negociações. Mesmo assim, sempre continuei tentando aprender — perguntando a mim mesmo: "E se fosse assim? O que aconteceu aqui? Houve alguma parte do processo que fazia algum sentido? As partes boas podem ser repetidas? E o que posso fazer diferente na próxima vez para evitar as partes ruins?"

Visão Geral: Negociação

Vamos falar sobre as estratégias de negociação, porque há muitas por aí. Por muitos anos, o princípio de ganho mútuo foi a base da negociação eficaz. Logo após eu ter sido apresentado a esse conceito, tive que fazer uma transação de vendas com a SmithKline Beecham. Embora agora ela seja afiliada da Glaxo, na época era uma grande empresa independente. Eu estava em uma reunião com o diretor executivo de compras, e ele disse: "Será como o projeto de negociação de Harvard". E eu pensei: "Que ótimo, ganho mútuo!" Significava que ele tentaria ser humano, e eu deveria tentar não ser teimoso.

Então aqui estão os fatos. Em qualquer negociação você acabará em algum lugar entre o que deseja e o que a outra pessoa deseja. Ambas as partes ficarem ou não contentes com esse resultado final realmente não tem nenhuma relação com o fato de elas terem tudo o que queriam.

Interessante, não é? Se for uma negociação comercial, haverá pelo menos quatro partes na mesa — não importa quantos participantes estão presentes fisicamente. Aqui estão as partes interessadas: primeiro, existem os interesses das entidades, as duas empresas. Naquele caso, havia minha empresa e a grande empresa farmacêutica — e havia o comprador e eu. A empresa dele queria mais por menos dinheiro. A minha queria mais dinheiro por menos serviço. Estávamos em completa divergência. Qual seria o meio-termo?

Negociação *não* é uma Integração de Conflitos. Negociação é um jogo que você precisa avaliar como tal. Naturalmente, para ganhar, você tem que entender o jogo *e* ter habilidades. Embora o resultado desejado seja diferente, *muitos* dos princípios da Integração de Conflitos — além das habilidades da PNL como a âncora, linguagem corporal, espelhamento dos predicados e metaprogramas etc. — são muito úteis na negociação também.

Dicas de Negociação

Ao se encaminhar para a sala de reuniões, prepare-se. Como em qualquer interação, você quer deixar sua energia em um estado relaxado, calmo e receptivo *antes* de entrar na sala, porque provavelmente haverá muitas pessoas lá. Talvez sejam "executivos", talvez sejam representantes de sindicatos ou membros da família. Não importa quem, são pessoas com um objetivo — assim como você.

Embora seja preciso ser realmente claro quanto ao resultado, seu objetivo e abordagem devem ser flexíveis. Como você não tem ideia sobre como será a negociação, tem que aceitar que não pode controlar o resultado dela. Na verdade, pode não haver nenhum resultado. Você pode decidir que precisa ir embora e dizer: "Obrigado, mas nada feito". É necessário considerar todos os resultados possíveis para poder sentir-se confortável quando surgirem essas opções. Assim, nunca ficará desesperado — o que é fundamental.

Em qualquer negociação há quatro recursos em jogo e na mente de todos: tempo, dinheiro, energia e emoção. Quanto mais tempo, mais energia, mais emoção e mais dinheiro forem gastos durante uma negociação, mais valiosa ela fica, e isso torna o resultado *exponencialmente* mais importante.

Se você entender que esses aspectos são parte inerente de uma negociação, então perceberá que, se não tiver pressa nem inquietação, já terá a seu favor uma das grandes variáveis em jogo. Se você puder dispor de tanto tempo quanto quiser, o outro lado se sentirá pressionado com isso.

Além do tempo, há dois outros elementos importantes que você pode otimizar. Um deles, o mais importante, é a quantidade de informações relacionadas ao problema. Quem tem mais informações sobre ele? Como você pode reunir informações adicionais? Sempre será vantajoso se você (ou as pessoas que trabalham para você) estiver muito preparado para entender, precisa e completamente, tudo sobre o problema — os vários modos como ele poderia ser resolvido e os custos associados.

Outro elemento dos mais importantes, e isso é compreensível, é *quem* tem o poder. O que isso significa? O que significa o poder? Neste caso, significa o poder de tomar uma decisão — portanto, quem tem o poder nessa situação? A resposta para isso pode oscilar — em parte porque a pessoa pode não querer que você saiba quem tem o poder, e em parte porque participantes diferentes podem estar competindo pelo poder durante a negociação.

Em geral, a pessoa que está na posição de vencer é o indivíduo que tem mais tempo, mais informação e mais poder ou autoridade pessoal em seu lado da mesa. O poder de ir embora a qualquer momento é uma das maiores vantagens que você pode ter.

E mesmo que queira vencer, será melhor se fizer tudo o que puder para ser um comunicador charmoso, amistoso, sincero, colaborador e compreensivo. Você se sairá melhor se usar todas essas habilidades com as pessoas que acabou de conhecer e com as pessoas que ama. Essa abordagem é mais humana e mais fácil para você.

Do mesmo modo, você deve entender que em uma negociação, sua posição inicial é a de nenhum compromisso. No final, haverá *alguma* adaptação. Você deseja ter espaço para fazer concessões. Então comece com o final em mente *e* permita-se ter uma flexibilidade suficiente. Podem ser apresentadas várias maneiras de chegar aonde você deseja ir sem ter que desistir de muitas coisas realmente importantes para você.

Eu não gosto de jogar pesado e tento não fazer isso. Mas quando as negociações ficam difíceis, sou famoso por dizer: "Vamos fazer o seguinte: imagine que há uma granada na mesa. Eu vou puxar o pino e, então, vou colocar sua mão sobre ela para segurá-la, e vou colocar minha mão sobre a sua. Agora vamos negociar até que ambos estejamos satisfeitos com o resultado — ou até que fiquemos cansados a ponto de soltar a granada de mão e ela nos exploda".

As pessoas riam com isso, mas viam que eu estava totalmente comprometido — que eu usaria o tempo necessário para chegar a um acordo. Eu não estava desesperado, apenas disposto. Acontece o seguinte: quanto mais disposto você está, mais mostra que tem controle do tempo.

Benefícios Adicionais de Usar os Metarresultados em Negociações

Como você pode imaginar, metarresultados, que são as partes fundamentais da Integração de Conflitos, também podem ser muito úteis em negociações. Embora esses princípios possam ser aplicados em uma negociação com um adolescente para usar o carro da família no final de semana, usaremos um exemplo comercial no qual há duas ou três questões na mesa.

Talvez estejamos falando sobre prazo de entrega *versus* preço *versus* incluir outros produtos quando o cliente compra em grande quantidade. Então haverá uma exigência, e eu estou atento. O que eu diria antes de fazer concessões, antes de dizer sim para qualquer coisa — na verdade, em geral não digo sim para nada até ver a transação completa —, o que eu faria é perguntar: "Se fizéssemos *tal coisa,* como isso beneficiaria sua empresa?"

Por que estou perguntando? Porque quero ouvir a pessoa falar mais e quero ver sua linguagem corporal. E se houver mais de uma pessoa representando os interesses da empresa, quero ver se elas se olham ou se alguém fica surpreso com o que a outra pessoa diz. Porém, ainda mais importante que tudo isso é que desejo saber quais são os metarresultados delas.

Metarresultados não são coisas simples — descobri-los requer que você ouça com cuidado e faça perguntas complementares relevantes. Se, em resposta à minha pergunta sobre como isso beneficiaria a empresa, a pessoa disser: "Bem, se conseguirmos um preço mais baixo, será importante porque temos uma política interna que não nos permite gastar mais que isso sem um tipo de aprovação especial do conselho, o que atrasaria a compra de seus produtos", eu teria aprendido algo, certo? Mas ainda preciso saber mais. Então perguntaria: "E se vocês conseguissem uma entrega rápida, o que é importante para vocês nesse caso? Como funcionaria?"

Caso a pessoa responda "Isso significa que podemos fazer o pedido mais tarde e ainda colocá-lo em nosso projeto", saberei que é um fator de conveniência fazer o pedido mais tarde. Um outro fator é a burocracia. Se eu puder conseguir um preço um pouco menor e uma entrega com prazo maior, isso funcionará para mim.

Como descobri quais são seus metarresultados, isso é algo que sei e eles não. Entendi *por que* eles estão pedindo certas coisas. E mesmo que possa parecer, algumas vezes, que estão me encostando na parede, eles estão pedindo coisas por um motivo específico. Todos sempre pedem. É um jogo com muitas variáveis desconhecidas e em risco. Parte de seu trabalho é descobrir esses elementos.

Um dos cursos de negociação de PNL que fiz foi ministrado por um ótimo sujeito, um advogado com grande senso de humor. Ele foi para o quadro negro e disse: "A negociação é um ganho mútuo". Então escreveu uma citação, e eu pensei: "Ah, será interessante". Depois ele escreveu no quadro "ganho mútuo" deste modo: "GANHO mútuo".

Ele falou: "A negociação é um jogo, e o objetivo é vencer o jogo. É bom chamar a outra pessoa de parceiro na negociação, porque a pessoa é seu parceiro em um jogo, mas também é um adversário em termos de negociação". Quando você consegue ser realista quanto a isso, ainda pode ser muito humano e imparcial. E quando conseguir manter isso em mente, se lembrará de que não está tentando tirar tudo o que a pessoa tem e que nunca deve humilhá-la, fazer com que se sinta mal consigo mesma ou mostrar-se arrogante.

Recebi um ótimo conselho de um instrutor que foi presidente de minha empresa. Ele sempre me dizia: "Veja por outro lado. Fique no lugar do *outro*". Como eu sempre estava muito focado e intenso quando trabalhávamos juntos, precisava que ele me lembrasse de ver o outro modo, de analisar o ponto de vista da outra pessoa.

Portanto, muitas das habilidades na PNL tratam disso, não é? Elas tratam de ver do ponto de vista da outra pessoa. Agora, não significa que você vive a vida da outra pessoa ou faz seu trabalho. Não significa que você tem que concordar com o ponto de vista dela. Significa apenas que você desenvolve a compreensão e o apreço por sua posição. Isso lhe dá percepção, empatia e mais opções em termos de como atender às necessidades dela — e as suas.

Quando estiver negociando, é tão importante aprender sobre a outra pessoa quanto é quando você está conversando com um amigo, ente querido ou colega. Vivemos em um mundo cercado de outros seres humanos. Quanto mais pudermos aprender sobre eles, menos preocupados ficaremos sobre nós mesmos e mais eficazes seremos.

Emoções Poderosas: Como Facilitar as Discussões com Pessoas que Estão Chateadas

Nos capítulos anteriores falamos de como lidar com pessoas e situações difíceis. Vamos explorar isso um pouco mais agora. De vez em quando preciso lidar com pessoas que estão com raiva. Talvez eu as tenha deixado com raiva ou elas estivessem com raiva quando pegaram o telefone ou entraram na sala, mas isso não importa para mim. Eu poderia acusá-las de terem levantado com o pé esquerdo ou de não terem recebido amor suficiente ultimamente, mas isso não seria útil. Independentemente do que deixou a pessoa com raiva, você tem que trabalhar com o ser humano à sua frente.

Então, quando estou interagindo com alguém que está de mau humor ou com raiva — ou com raiva de mim —, a primeira coisa que quero saber é como ela se sente. Eu não me sinto atacado quando alguém está com raiva. Sinto apenas que a pessoa está com raiva. E quero saber como ela se sente. Quanta raiva ela sente?

Eu poderia dizer: "Se eu pudesse adivinhar, diria que você está com muita raiva. Pode ser porque eu demorei a ligar duas semanas atrás". Ou, se eu não tenho nenhuma pista, diria: "Parece que você está mesmo rancorosa. Você pode me contar o motivo?", e deixo seguir. Lembre-se, queremos ajudar as pessoas a desabafar. Até desabafarem, até aliviarem a pressão, não conseguirão ouvir nem se comunicar de fato, portanto, deixe-as desabafar.

Quando parecer que a pressão acabou, você pode dizer: "Fale mais". Ou pode fazer a pergunta "É por causa de...", e deixar seguir. Depois pode perguntar "Você está muito chateado?", e deixar a pessoa contar. Em seguida, diga: "Há alguma coisa que eu possa fazer para mudar a situação?"

"Bem, não. Eu só queria que você ouvisse — é tudo. Eu precisava aliviar a pressão. Muito obrigado."

Assim que ela for ouvida, provavelmente ficará pronta para que você seja ouvido. Ou dirá: "Sim, você pode. Pode manter suas benditas promessas. Quando você disser que me ligará certa hora, ligue na hora".

Eu gostaria de poder dizer que nunca respondi na defensiva para conseguir informações. Sou culpado por explodir de volta com: "Bem, você não é melhor" ou "Veja, isso estava acontecendo. Se você for adulto o suficiente para entender...". Tive muitos comportamentos reativos pelos quais tive que pagar um preço.

Então, quando estiver interagindo com alguém perturbado ou pessoas que geralmente são difíceis, é importante lembrar que elas estão desconfortáveis. Estão envolvidas em algo que é difícil para elas. Assim, não responda com seu próprio desconforto. Apenas entenda o que está acontecendo e que são elas as pessoas que têm problemas, não você nem eu.

Antes de poder se comunicar com a pessoa sobre algo que é de seu próprio interesse, precisa fazer algo para descontraí-la. O segredo aqui é não rotular a pessoa de antemão. "Ah, esse cara é um chato. Ele quer tudo no mundo."

Você não pode fazer isso. Não pode dizer: "Ah, ele é preguiçoso. Se tivesse tido tempo para fazer X antes, não teria problemas agora".

Abandone seus julgamentos. A maioria de nós vive sob telhados de vidro, certo? Se puder aceitar isso, não importa se você não é tão imperfeito quanto o outro pobre coitado. No momento, queremos fazer uma aliança com a pessoa. Como queremos trabalhar *com* ela, não queremos ficar na defensiva. Estamos lá para servir e ouvir.

Em minha mente agora posso ouvir: "Certo, você vai aceitar tudo? Vai ser um capacho? O saco de pancadas? A pessoa não vai respeitar você". Esse diálogo vem de um antigo mapa do mundo. É simples de entender, mas não é verdadeiro.

Venho praticando uma comunicação bem sofisticada com as pessoas há quase duas décadas e aprendi que tentar entendê-las sinceramente faz o respeito delas por você aumentar e seu nível de estresse diminuir. Quando você não precisa se defender, acertar as contas ou qualquer coisa assim, pode ser muito mais humano ao lidar com os outros. A posição mais poderosa é aquela em que você não precisa se defender.

Agora, é divertido levar bronca, ser ofendido ou até receber a carga emocional de alguém? Claro que não. Mas, e daí? Se você aceita a tarefa de se comunicar com os seres humanos, tem que aceitá-los como são. Algumas vezes, isso inclui mau hálito ou falta de educação, e outras inclui sentimentos muito ruins. Seja o que for, você se preocupará com a pessoa de qualquer modo, porque todas essas situações são temporárias.

Quando chateada, uma pessoa é muito parecida com um paciente em uma sala de emergência. Sentindo muita dor ou tomada pela emoção, ela está no modo lutar ou correr. Não está pensando, está *sentindo*. Então, quando estiver com ela, não foque em ficar nervoso, ter medo ou ficar na defensiva. Pelo contrário, atente para a pessoa. Quanto mais habilidoso você puder ser, mais útil será *e* mais valorizado se tornará.

Então, se depois de deixar a pessoa desabafar completamente ficar claro que não há nada que possa fazer quanto a isso — se for algo que a pessoa tinha que tirar do peito e agradecer a você —, poderá seguir ou dizer: "Estou curioso: o que é impossível nessa situação, mas que você realmente desejaria?"

Isso faz duas coisas pela pessoa. Primeiro, você ainda está falando sobre algo "lá longe". De fato, quando ouço minha própria linguagem, eu provavelmente diria "O que é impossível neste caso?", porque isso deixaria as coisas ainda mais distantes na cabeça da pessoa. Então deixe que ela diga o que é impossível. Em seguida, você poderia dizer: "Tudo bem, o que possibilitaria isso?" É uma pergunta muito simples e poderosa: "O que *tornaria* isso possível? "

Fazer esse tipo de pergunta — "Como seria se acontecesse? Como seria se você pudesse? Como seria se resolvêssemos nisso?" — muda a base inteira de pensamento da impossibilidade para o desejo. Acho que compartilhar a sabedoria de Nelson Mandela geralmente inspira as pessoas a adotarem a possibilidade. Ele disse: "Sempre parece impossível até ser feito".

Como você sabe, esse tipo de pergunta cria uma resposta fisiológica importante no cérebro humano. Elas realmente acionam mais neurônios. A pessoa, então, realmente tem mais capacidade mental com que trabalhar porque quando é impossível, é impossível. É como prender o pé em uma armadilha. Tudo o que você pode fazer é puxar a armadilha e sentir dor.

Mas se você imagina que algo é possível, não está mais focando na impossibilidade, está focando em: "Poxa", como seria? E o que possibilitaria isso? Humm, o que precisa ser reorganizado? Talvez haja um pouco mais de espaço de manobra do que imaginei". A mente começa a relaxar, e então é possível avançar e considerar opções.

Estratégia Inesperada: Uma Abordagem para Considerar Quando *Você Está* Chateado

E se for *você* a pessoa que está chateada? Talvez haja alguém em sua vida que seja um problema, o desaponta um pouco ou não assume responsabilidades. Essa pessoa pode ser um membro da família, colega de trabalho, cliente ou revendedor. No meu caso, encontrei mais desafios desse tipo no trabalho do que em casa. E quando alguém que trabalhava para mim fazia besteira, eu costumava chamar a pessoa em meu escritório e dizia: "Qual é seu problema?" Não é a reação ideal, certo?

Algo melhor a fazer — e é algo que tentei apenas algumas vezes antes de me aposentar, mas funcionava como mágica — é chamar a pessoa e dizer: "Sabe, estou pensando sobre você e as tarefas que lhe passei. Acho que lhe devo desculpas".

Como a outra pessoa está esperando ser repreendida, isso a deixa surpresa. Ela fica pensando: "Hein?"

E digo: "Sim, quanto mais penso nisso, imagino que você sente que não o levo em consideração, apenas imponho as coisas. Eu lhe dou prazos irreais — não sou solidário com seus problemas pessoais —, e você deve achar que não consegue cumprir a tarefa, e quando a cumpre, não é reconhecido. Quero que você saiba que eu sinto muito por criar uma situação assim. Peço desculpas e vou melhorar".

A pessoa fica esperando porque está pensando: "Isso é uma daquelas 'técnicas do sanduíche' de psicologia". Sabe, o tipo de coisa em que você faz um elogio, uma crítica, depois um elogio.

O que estou recomendando é um tipo de abordagem diferente. É onde você não faz um elogio, faz um pedido de desculpas com conteúdo e, então, agradece à pessoa por seu tempo. Em outras palavras, você fez o inesperado e fez a pessoa se sentir ouvida. Fez seus sentimentos serem percebidos e não pediu nada a ela. E pronto.

Quando as pessoas têm esse tipo de experiência com você, é como uma "redefinição" — e ela voltará a ser sua melhor versão. Se ela quiser conversar mais com você, torne o processo seguro e convidativo também.

Se uma oportunidade tem a ver apenas com você, com outra pessoa ou com um grupo, agora você tem vários modos novos e eficientes de facilitar uma colaboração criativa e a Integração de Conflitos. Embora essas estratégias sejam úteis para a maioria das pessoas, recomendo que você considere usar essas abordagens com pessoas que são difíceis às vezes, mas não com pessoas que são naturalmente tóxicas. Isso o ajudará a manter sua integridade pessoal e o controle de sua vida.

Sempre que estiver interagindo com outras pessoas, uma experiência mais positiva ocorre se for curioso e criativo. Criatividade significa multiplicar as opções. Grande parte do que falamos neste livro inteiro trata sobre a questão de aumentar suas opções.

Quando se pensa sobre a vida, as coisas que nos incomodam e magoam, e as coisas que lamentamos, geralmente são limitações, ocasiões e lugares nos quais acreditamos que nossas escolhas foram restringidas. A PNL trata de criar *mais* opções para que você possa ter mais do que realmente deseja.

Ideias Principais

- Ter expectativas ou estar no piloto automático filtra as informações, o que limita o pensamento e as opções.

- O modelo do Resultado Bem Formado (Capítulo 2) pode ser usado sozinho, com um parceiro ou grupo.

- Criatividade é multiplicar as opções. As pessoas podem liberar e acessar mais facilmente seus talentos criativos quando calam o diálogo interno, relaxam e abandonam seus filtros.

- Parte do talento de Walt Disney era utilizar seu Sonhador, Realista e Crítico internos separadamente e em sequência sempre que queria criar algo. Ele usava cada um desses papéis mentais de um modo positivo e colaborador. Sua estratégia pode ser usada sozinha ou com um grupo.

- As pessoas envolvidas em um conflito geralmente ficam bloqueadas, e suas emoções assumem o controle, o que as coloca em um modo de lutar ou correr.

- Aprender o objetivo por trás do objetivo de alguém permite que você entenda o que é realmente importante e, em geral, facilita encontrar um denominador comum.

- Assim que as pessoas em conflito conseguem concordar com os objetivos mútuos ou metarresultados, elas podem trabalhar juntas para atingi-los de um modo aceitável para ambas.

- O mesmo tipo de processo de classificação e identificação dos objetivos por trás dos objetivos pode ser usado para ajudar alguém que tem um conflito interno. Assim que as partes conflitantes da pessoa encontram um denominador comum, as etapas restantes do Processo de Integração de Conflitos podem ser usadas para resolver o problema.

Capítulo Oito: Colaborar e Resolver Conflitos com Criatividade 311

- Se um conflito já dura algum tempo, a luta pode se tornar pessoal, e a "diplomacia acaba". Nessas situações, ajuda perguntar a cada parte: "Se eu fosse perguntar à outra pessoa o que é mais difícil ao interagir ou trabalhar com você, o que você acha que ela diria?" Em seguida, ampliaríamos a resposta dela perguntando: "Tudo bem, se fosse verdade, então o que isso faria *a pessoa* querer fazer?" Claro, faríamos as mesmas perguntas à outra parte. Essas indagações permitem que elas vejam e despersonalizem os comportamentos que estavam julgando.

- Embora a negociação seja um jogo no qual alguém deseja vencer e vencerá, alguns aspectos do Processo de Integração de Conflitos ainda são úteis — tais como centrar-se, usar as habilidades da afinidade para fazer as pessoas falarem, afastar-se, observar comportamentos não verbais e padrões de linguagem e aprender sobre os objetivos por trás dos objetivos.

- Uma preparação eficiente de qualquer negociação inclui considerar *todos* os resultados possíveis — inclusive "nenhum acordo" — para que os sentimentos de desespero não conduzam os comportamentos e decisões.

- Na maioria das negociações comerciais existem, pelo menos, quatro conjuntos de interesses envolvidos — os da outra pessoa e os seus, assim como os de ambas as empresas.

- Os quatro recursos no jogo, na maioria das negociações, são tempo, dinheiro, energia e emoção. Se a pessoa não tem pressa em concordar e implementar uma solução, ela pode conseguir colocar o tempo a *seu* favor.

- Em qualquer negociação é fundamental ter acesso a todas as informações relacionadas aos problemas — e entender quem, no outro lado da mesa, tem autoridade para tomar uma decisão.

- Ao lidar com pessoas difíceis, é importante ajudá-las a se sentir ouvidas e percebidas fazendo perguntas, deixando que a pessoa alivie a pressão, nomeando a emoção e, então, fazer com que pare de ficar bloqueada e passe a considerar as possibilidades.

- Se alguém está chateado com outra pessoa, um modo muito inesperado e eficiente de abordá-la é dizer: "Estive pensando sobre as expectativas que eu tinha sobre você e acho que lhe devo desculpas.

Quanto mais eu penso sobre nossa situação, imagino que você deve sentir que não o levo em consideração...". Isso ajuda a outra pessoa a se sentir percebida, não acrescenta nenhuma nova exigência e a libera para voltar a ser sua melhor versão.

Para mais informações, acesse: http://eg.nlpco.com/8-13 (conteúdo em inglês), ou use o código QR com seu celular.

**Descobertas, Perguntas, Ideias e Coisas
nas quais Você Deseja Trabalhar**

**Descobertas, Perguntas, Ideias e Coisas
nas quais Você Deseja Trabalhar**

_____
_____
_____
_____
_____
_____
_____
_____
_____
_____
_____
_____
_____
_____
_____
_____

**Descobertas, Perguntas, Ideias e Coisas
nas quais Você Deseja Trabalhar**

Capítulo Nove: Mantendo o Impulso com a PNL

E depois?

Sua vida não será melhor do que os planos que você faz e a ação que toma. Você é o arquiteto e construtor de sua vida, fortuna e destino.
— Alfred A. Montapert

Uma pesquisa recente sugere que muitos de nós compramos livros, mas nunca os lemos. Pagamos mensalidades em academias, mas nunca vamos. Compramos roupas que nunca usamos, assim como ferramentas poderosas. A lista, como você pode imaginar, continua.

Tendo chegado tão longe neste livro, você já é uma exceção. Demonstrou seu comprometimento genuíno em melhorar sua vida. Sei que, ao usar os princípios e técnicas da PNL que explorou, você experimentou algumas mudanças pessoais positivas — e espero que esteja motivado *a continuar* a melhorar suas novas habilidades.

Destaques da Jornada: O que Você Aprendeu

Antes de recomendar maneiras de fazer isso, vamos voltar um momento e refletir sobre alguns destaques do território que cobrimos juntos. Você aprendeu sobre:

- Os principais pressupostos da PNL

- Como você "trabalha" usando seu corpo, cérebro e mente

- Como usa todos os cinco sentidos para processar, classificar e armazenar suas experiências

- Como observar a incongruência em si mesmo e nos outros

- Como sua mente usa um atalho para captar, filtrar, entender e administrar os dados que recebe

- O poder das âncoras visuais, auditivas e cinestésicas intencionais e não intencionais

Com base nesses fundamentos, você descobriu:

- Como mudanças sutis nas submodalidades podem gerar grandes mudanças em suas experiências lembradas, presentes e futuras

- A importância de onde *você* está na experiência, se está associado ou não

- Novas maneiras de evitar e minimizar o estresse pessoal

- Modos de se motivar e se desbloquear quando está distraído, procrastinando ou resistindo a fazer algo específico

- Os comportamentos não verbais que podem fornecer pistas para o que está acontecendo com outra pessoa e formas de ela estar no mundo

- Maneiras de criar boas conexões com os outros criando afinidade facilmente, demonstrando interesse e fazendo com que a pessoa se sinta percebida

Você descobriu também:

- Como as pessoas processam de modo diferente e que, ajustando *suas* preferências naturais — sistemas representacionais, noção de tempo, metaprogramas etc. —, elas podem se comunicar com mais facilidade e eficiência

- O poder das crenças — e como as crenças de cada indivíduo modelam sua experiência, decisões, interações e identidade

- Os modos como os conflitos ocorrem e como aumentar a colaboração para ter relações mais agradáveis e resultados bem-sucedidos

Capítulo Nove: Mantendo o Impulso com a PNL

EXPERIÊNCIAS PRÁTICAS: TÉCNICAS E ESTRATÉGIAS DA PNL COM AS QUAIS VOCÊ TRABALHOU

- Criando uma âncora
- Trocando as submodalidades
- Melhorando seu autoconceito
- Espelhando/Correspondendo
- Reestruturando
- Usando metáforas
- Fazendo perguntas do Resultado Bem Formado
- Usando:
  – Processo da Troca Auditiva
  – Processo de Integração do Movimento dos Olhos
  – Processo da Integração de Conflitos
  – Instalação do Desvio da Curiosidade
  – Estratégia de Disney
  – Processo do Chocolate Godiva

Próximas Etapas: Opções para Maior Desenvolvimento

A esta altura você pode ficar tentado a colocar este livro na estante e passar a um novo recurso que o ajudará a continuar a melhorar sua vida e ter mais do que deseja. Antes de fazer isso, considere: ao explorar a PNL, você *já* estabeleceu uma excelente base para fazer mudanças pessoais poderosas. Por que não fazê-lo a partir daí?

Em vez de buscar o próximo livro ou um curso online, como seria se você pudesse expandir *ainda mais* como usa a PNL?

Descobri que quanto mais aprendo sobre a PNL, mais aprendo sobre mim mesmo — e mais opções tenho para fazer mudanças bem-sucedidas em mim mesmo e em minha vida. Se você vem fazendo anotações ou mantendo um diário sobre suas descobertas e sonhos, já deve ter uma lista de mudanças que gostaria de fazer. Escolha uma. Quando tiver feito progresso nela, escolha outra. Você entendeu.

O objetivo é manter a PNL no primeiro plano de sua vida ocupada — usar os princípios e processos com frequência suficiente para que se tornem parte de como você pensa e opera. Se isso parece muito trabalhoso, não precisa ser. Apenas cinco a dez minutos todo dia, e você poderá fortalecer seu conhecimento e habilidades. Esse pequeno investimento pode compensar muito.

Caso você seja o tipo de pessoa que gosta de ter um caminho a percorrer, criamos um Guia de 21 Dias que pode ajudá-lo a começar. É possível usar o guia impresso no final deste capítulo ou acessar uma versão online (em inglês), na qual você pode digitar. Naturalmente, é apenas um guia — você pode fazer as atividades em sequência ou saltá-las. Pode até repetir todas as atividades — apenas usando um foco diferente.

Na Introdução eu informei que a *PNL é mais importante hoje do que nunca*. Como a tecnologia nos mantém em constante conexão, somos estimulados continuamente por informações e interações com os outros a ponto de mal termos tempo de pensar. Aprender sobre a PNL lhe deu uma ideia de seus padrões de pensamento pessoais — e o ajudou a administrá-los e, se quiser, mudá-los. E você aprendeu maneiras inteiramente novas de lidar com as outras pessoas e entender como *elas* estão pensando e se sentindo. Ótimas ferramentas para o caminho à frente, não é?

Eu gostaria de deixá-lo com um pensamento final, bem expressado por Samuel Johnson: "A vida não oferece maior prazer do que a superação de dificuldades, passando de um sucesso para outro, formando novos desejos e vendo-os serem satisfeitos".

Agora você tem novas ferramentas para fazer exatamente isso. Desejo a você uma jornada empolgante e recompensadora — e gostei da oportunidade de ter compartilhado a minha com você.

Guia de 21 Dias

Os Próximos Passos para Criar a Pessoa que Você Deseja Ser

Este guia é adaptado, com a permissão generosa da NLP Comprehensive, do livro *NLP: The New Technology of Achievement*.

O melhor momento para consultar esta parte do livro é *após* ter lido todos os capítulos. Este guia se baseia nas ideias e técnicas da PNL exploradas no livro e aplica-as de *novas* maneiras. Continuar a lidar com essas ideias e processos aumentará o domínio dessa técnica inovadora e permitirá que você as integre como um modo de navegar a vida naturalmente.

Mesmo que existam atividades recomendadas para cada dia, não há regras que digam que você não pode fazer mais de uma por dia, contanto que dê a cada atividade toda a atenção que ela merece. Assim que tiver concluído o programa, poderá querer voltar aos dias que achou mais úteis ou dos quais gostou mais e repeti-los, para ter um benefício maior. Ou poderá querer voltar aos dias que pareceram não oferecer grande coisa a você e repetir essas oportunidades que poderiam produzir resultados diferentes ou revelar algo sobre si mesmo. Você também pode simplesmente repetir o programa inteiro desde o início. Faça qualquer uma das atividades com a frequência desejada, até que todos seus objetivos sejam alcançados ou você sinta que aprendeu tudo o que este livro tem a oferecer, o que vier primeiro.

Para mais informações, acesse: http://eg.nlpco.com/21-1 (conteúdo em inglês), ou use o código QR com seu celular.

Semana 1: Buscando Seus Objetivos

Dia 1: Descobrindo Suas Coordenadas Atuais

Para chegar a algum lugar você precisa saber aonde deseja ir, certo? *Também* é fundamental saber onde você está agora, para que possa organizar um curso desse ponto até a realização de seus sonhos.

Quase todos nós, provavelmente sem mesmo pensar, dividimos nossa vida entre o que gostamos e não gostamos. O cofundador da PNL, Richard Bandler, observou que, embora sejamos claros sobre aquilo de que gostamos e não gostamos, provavelmente não notamos que podemos subdividir nossos gostos e antipatias em *coisas de que gostamos ou queremos, mas não temos* — por exemplo, um carro novo, férias ou promoção — e *coisas de que não gostamos ou não queremos e temos* — como quilos a mais, pavio curto ou animais de estimação mal comportados.

Para começar, considere o que você realmente gosta em sua vida. Podem ser realizações importantes — como ter muito sucesso, receber sua primeira "nota 10" ou conseguir uma promoção importante —, e também pode ser o mais simples dos momentos — ouvir o barulhos das ondas, ver uma criança dormir, saborear um sorvete de chocolate. Torne a lista tão longa e cheia quanto seu tempo permitir.

Para simplificar o processo, você pode usar a folha de registro a seguir ou uma das versões online. Assim, complete a coluna 1, indicando as coisas que você *quer e tem* em sua vida.

Agora, a pergunta mais esperada: o que você *tem* que *não quer* em sua vida? De uma forma ou de outra, muitos de nós passamos grande parte de nossa vida nessa pergunta. Quando considerá-la, sinta-se à vontade para incluir os quilos extras, hábitos problemáticos, congestionamentos de trânsito, dias em que seu chefe é um imbecil ou qualquer coisa que "estrague sua festa". Complete a coluna 3 da folha de registro, tornando a lista tão longa e cheia quanto seu tempo permitir.

E agora a pergunta da PNL: o que você *quer* em sua vida que você *não tem*? Esta é a hora de anotar sua "lista de desejos". Comece em qualquer lugar — seu trabalho, casa, vida amorosa, finanças, o que for. Inclua seus sonhos importantes e também anote ao menos alguns sonhos do dia a dia — céus ensolarados, lençóis limpos ou café fresquinho. Na coluna 2, anote as ideias e torne a lista tão longa quanto seu tempo permitir.

A coluna final é a categoria menos considerada: o que você *não quer* em sua vida e *não tem*. Se você for como a maioria das pessoas, provavelmente não passou muito tempo considerando essa possibilidade, portanto, pare por alguns minutos agora. Há coisas óbvias, como uma doença terrível, dívidas esmagadoras, uma criança inválida, dor crônica, incapacidade de trabalhar etc. Existem também muitas outras coisas que você nunca pensou em querer e não quer experimentar — saltar de asa delta, ser condenado à prisão, viajar para um local com lixo tóxico etc. Inclua vários exemplos em sua lista também. Capture essas ideias na coluna 4 na folha de registro.

Folha de Registro Descobrindo Suas Coordenadas Atuais

*Siga as instruções na página anterior para
completar cada coluna abaixo.*

1 Querer e Ter	2 Querer e Não Ter	3 Não Querer e Ter	4 Não Querer e Não Ter

Veja suas quatro listas. Verifique se há, pelo menos, vários itens em cada coluna e se cada item anotado é real e específico.

Assim que tiver revisado e aperfeiçoado sua lista completa, responda as perguntas feitas a seguir.

Vendo as listas de novo, observe:

- Qual lista é a mais longa e qual é a mais curta
- Qual lista foi a mais fácil de criar e qual foi a mais difícil
- Qual lista pareceu mais familiar e qual pareceu menos

Quando você olha as listas, está comparando itens de igual importância ou acha que há itens "enormes" em uma lista e "pequenos" na outra?

Agora, qual lista chama mais sua atenção atualmente?

Quando você examina suas respostas, como se sente em relação a elas?

Você gosta dos itens em suas listas ou deseja mudar alguns deles?

Quando for dormir à noite, deixe que sua mente vagueie em como as coisas são e como *gostaria* que fossem. Se qualquer coisa importante surgir, acrescente à lista.

Dia 2: Descobrindo a Direção de Sua Motivação e Suas Prioridades
---

Ontem você descobriu suas coordenadas atuais. Hoje focará em duas das listas criadas: o que você *Quer e Não Tem* e o que *Não Quer e Tem*. Qual lista ocupa mais sua atenção atualmente? Lembra-se do metaprograma que descreve a direção da motivação de uma pessoa como *longe de* ou *em direção a* (nos capítulos 4 e 6)? A lista *Querer e Não Ter* é outro modo de descrever uma motivação *em direção a*, enquanto *Não Querer e Ter* é outro modo de descrever uma motivação *longe de*. Observe qual lista é mais importante para você agora. Comece com essa lista primeiro. Reveja os itens e priorize-os. O que você mais deseja mudar? O que deseja mudar em seguida — e depois disso? Use qualquer sistema de classificação desejado.

Após terminar de priorizar sua primeira lista, faça o mesmo com a segunda.

Assim que tiver priorizado as duas listas, considere qual mudança, se a fizesse, faria a *maior* diferença em sua vida. Pode ser um dos classificados em primeiro lugar, mas pode também parecer, a princípio, ser um item de menor importância. Por exemplo, quanta diferença faria em sua vida se você começasse cada dia de bom humor? Qual mudança pequena, mas significativa, você poderia fazer agora em seu dia que encorajaria isso — o café com leite perfeito, um almoço saudável, música alto astral, conversa estimulante, sapatos confortáveis? Reveja suas prioridades de novo para identificar os itens que têm mais probabilidade de produzir a *maior* mudança assim que forem alterados. Coloque um asterisco ou destaque os itens.

Dia 3: Transformando Seus Temores em Sonhos

Olhe de novo sua lista priorizada para o que você *Não Quer e Tem*. Se for uma de suas maiores listas, a atividade de hoje será ainda mais importante. Quando alguém tem uma direção de motivação *longe de* bem desenvolvida, a pessoa naturalmente presta muito mais atenção ao que *não* gosta e *não* quer. Embora isso possa ser motivador, a pessoa acaba não tendo muita satisfação. Quando ela se distancia do que não gosta, fica aliviada e menos estressada, mas não fica empolgada, satisfeita ou realizada. Para experimentar uma sensação de realização, uma pessoa *longe de* precisa de uma reorientação da atenção. Ela pode se beneficiar muito ao redirecionar a atenção do que *não* é desejado para o que *é* desejado. Essa atividade, usando os itens já listados, vai ajudá-lo a explorar como redirecionar sua atenção do que você não deseja para o que deseja.

Copie os itens de sua lista *Não Querer e Ter* recém-priorizada para a próxima página.

Em seguida, pegue cada item que você *Não Quer e Tem* e pense em uma frase positiva que signifique o mesmo para você, mas que seja algo que você *Não Tem e Quer*. Por exemplo: se você *Não Quer e Tem* alguns quilos a mais, provavelmente você *Não Tem e Quer* um corpo mais esguio e musculoso. Se você *Não Quer e Tem* um trabalho sem futuro, então *Não Tem e Quer* trabalhar com mais oportunidades. Crie uma transformação para cada *Não Querer e Ter* em um novo *Não Ter e Querer* que o satisfaça. Anote cada transformação para uma futura referência.

Folha de Registro Transformação de Temores em Sonhos

Não Querer e Ter	*Transfor-mado em um novo*	Não Ter e Querer
por ex., alguns quilos a mais	⇨ ⇨ ⇨ ⇨	um corpo mais esguio e musculoso

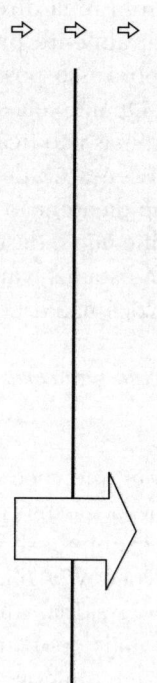

Dia 4: Transformar Seus Sonhos e Desejos em Objetivos Possíveis

Revise sua lista *original* de *Não Ter e Querer* e a nova lista *Não Ter e Querer* de ontem. Compare as duas listas e mescle-as de acordo com suas prioridades atuais. Você pode querer organizá-las em uma nova ordem. Naturalmente, quando considerar novos itens, sinta-se à vontade para adicioná-los à lista.

Para mais informações, acesse: http://eg.nlpco.com/2-1 (conteúdo em inglês) ou use o código QR com seu celular.

Folha de Registro do Resultado Bem Formado

1. **O que você deseja especificamente?** *Descreva seu resultado ou situação desejada de um modo positivo e sensorial que tenha um tamanho adequado e também expresse O QUE MAIS ter ou conseguir o resultado fará por você (Metarresultados).*

_____

_____

_____

_____

2. **Como você saberá que conseguiu o que deseja?** *Determine se a "evidência" na qual você está focado é adequada e oportuna (breve e comum o suficiente).*

_____

_____

_____

_____

3. **Sob quais circunstâncias, onde, quando e com quem você deseja ter esse resultado?** *Reflita sobre o(s) contexto(s) no(s) qual(is) você deseja obter esse resultado e avalie a ecologia para que possa considerar como conseguir o resultado pode afetar outras áreas, aspectos ou pessoas em sua vida.*

_____

_____

_____

_____

4. **O que ainda o impede de ter o resultado desejado?** *Identifique e explore qualquer sentimento, pensamento ou circunstância que pareça inibir o movimento em direção ao resultado.*

_____
_____
_____
_____
_____

5. **De quais recursos você precisará para ajudá-lo a criar o que deseja?** *Determine quais recursos você JÁ tem que o ajudarão (conhecimento, dinheiro, conexões etc.). Considere os recursos extras de que precisará para avançar.*

_____
_____
_____
_____
_____

6. **Como chegará lá?** *Identifique as etapas razoáveis para ajudar a conseguir seu resultado, considere várias opções para chegar onde deseja ir e determine o PRIMEIRO passo que dará.*

_____
_____
_____
_____

Dia 5: Tornando Seus Objetivos Irresistíveis

A maioria de nós é seduzida pelo que achamos atraente. Isso satisfaz nossa atenção e direciona nossas decisões e comportamento. Agora que você transformou seus sonhos e desejos em objetivos *possíveis*, pode torná-los tão irresistíveis que você será naturalmente atraído por eles. Lembre-se de *apenas* usar as etapas a seguir com os objetivos que você estudou totalmente com as perguntas do Resultado Bem Formado, porque é possível tornar irresistíveis os objetivos insensatos ou impossíveis. (Um amor platônico e sonhos extravagantes são dois exemplos.) Há usos melhores de sua energia e tecnologia.

Pegue um objetivo de alta prioridade em sua lista e comece visualizando-o em sua imaginação e vendo-o *já* concretizado. Se o objetivo ainda não for um filme, faça com que tenha a forma de um filme agora. Aumente o tamanho e brilho das imagens, acrescente cores vivas e dimensão. Observe como isso intensifica o modo como você fica atraído pelo objetivo. Continue a aumentar o tamanho do filme, o brilho e a cor enquanto as sensações de atração estão se intensificando até se estabilizarem. Então, segure-as nesse ponto. Acrescente uma música rica, empolgante, de alto astral, ao filme do objetivo. Faça com que a música tenha um som envolvente, para que venha de todas as direções. Ouça as vozes fortes, solidárias e encorajadoras torcendo por você no futuro. Desfrute totalmente esse filme mental e sensações associadas.

Ao concluir *completamente* um exemplo e tendo experimentado sua eficácia, você conseguirá estudar outros objetivos facilmente com esse mesmo processo sempre que quiser.

Dia 6: Criando um Sucesso Inevitável

Criar um sucesso inevitável significa colocar o cérebro no caminho de conseguir seu objetivo de tal modo que trabalhe nele o dia inteiro — estando você consciente ou não. Se você imaginou nitidamente que já atingiu seu objetivo *e* previu um possível caminho para chegar lá, fica muito mais fácil percorrer o caminho real.

Este é o processo de "segmentar" uma jornada nas etapas reais necessárias para chegar até lá. Para tanto, você precisará se imaginar indo para o futuro para se tornar "a pessoa" que *já* atingiu o objetivo.

Quando se tornar momentaneamente o "você" futuro que já atingiu o objetivo, poderá visitar o que agora é seu passado e rever as ações e decisões que inevitavelmente levaram a essa realização. Quando revir os passos dados, notará recursos diferentes que o ajudaram no caminho.

Então, com esse itinerário em mente, volte para o presente para planejar seu futuro e tomar as ações necessárias.

Ao concluir *completamente* um exemplo e tendo experimentado sua eficácia, você conseguirá identificar com facilidade as etapas e os recursos necessários para atingir um objetivo importante.

Dia 7: Apreciando o Resto de Sua Vida

Os 7 Hábitos das Pessoas Altamente Eficazes, livro de Stephen Covey, identifica a importância da renovação pessoal — física, mental, social/ emocional e espiritual. Contudo, com o alcance sempre crescente da tecnologia, as exigências da vida parecem expandir-se bem além das horas disponíveis em um dia. Enquanto fazemos malabarismos e lutamos para manter o ritmo, muitos de nós movem o descanso e a renovação para o final da lista. Essa decisão tem um preço — para nosso bem-estar e nossos relacionamentos.

A atividade de hoje é tão importante quanto a de cada um dos demais dias neste guia. Ela cria uma base para uma consciência elevada, apreço e ação positiva. Lembrando do Dia 1, você verá uma lista intitulada *Ter e Querer*. São as coisas que você deseja em sua vida e já tem. Na pressa para manter o ritmo, crescer e realizar, geralmente é fácil esquecer as boas coisas em sua vida e até que ponto você chegou.

Reserve um tempo hoje para rever essa lista em detalhes. Observe aquilo de que você realmente gosta em sua vida. Passe um tempo com os itens que o atraem. Saboreie-os. Se achar que fazer isso o leva a ligar para outra pessoa, enviar uma mensagem, sentar do lado de fora, reservar um momento para meditar ou orar, ou fazer algo para que esses itens apareçam com mais frequência no futuro — ótimo! Quando você começar a enumerar e avaliar o que *Tem e Quer*, poderá notar que outras coisas que você tem, aprecia ou gosta aparecem. Sinta-se à vontade para incluí-las em sua lista.

Quando tiver revisto totalmente sua lista *Ter e Querer*, examine a semana ou mês anterior em sua imaginação e observe o que você fez com este livro e programa para melhorar a qualidade de sua vida e a si mesmo. Observe as atividades concluídas, o que você aprendeu e conseguiu. Considere o que poderia fazer por si mesmo agora para apreciar ou comemorar o investimento e progresso feitos.

Semana 2: Comunicação Persuasiva

Dia 8: Encontrando e Transmitindo Sua Missão

Comunicar sua missão de vida é falar o que está em seu coração. Homens e mulheres que vivem segundo suas missões de vida são naturalmente carismáticos. Eles têm uma clareza, persuasão e comprometimento cativantes originados em sua visão. Todas as técnicas de comunicação não são nada diante das palavras simples ditas por alguém que realmente acredita nelas.

Antes de fazer o exercício de hoje, é útil ter passado pelo menos dois objetivos prioritários totalmente pelo modelo do Resultado Bem Formado. Você precisa transformar esses objetivos em futuros cativantes, enriquecendo-os de modo visual, auditivo e cinestésico. Se não fez isso ainda, faça-o hoje.

Ao concluir, tenha cada um desses objetivos importantes em mente simultaneamente e faça a si mesmo as seguintes perguntas.

- O que esses objetivos têm em comum?

- Quais temas ou elementos aparecem em todos ou na maioria deles?

- Como esses objetivos expressam sua paixão de vida?

- Como eles expressam seus valores e princípios mais profundos?

Anote, desenhe ou até encene suas respostas.

Lembre-se, você está pesquisando sua missão de vida. Não é algo que você decide, é algo que *surge em você*. Reserve um tempo para explorar o que motiva profundamente o que é mais importante para você. Isso pode levar mais tempo do que você alocou para concluir a atividade de hoje. Comece agora e descubra o que "brota" em você — hoje, assim como nos dias e semanas futuros. As visões surgem dos sonhos, devaneios e pensamentos espontâneos. Seja curioso sobre como descobrirá sua visão.

Assim que tiver uma ideia de sua missão, compartilhe-a com alguém. Expressá-la ajudará a aprimorar a missão e servirá como um convite para outras. Quem poderia querer participar de sua missão ou, pelo menos, encorajá-lo, caso a conheça?

Dia 9: Ouvindo com Afinidade

Como você sabe, ouvir é o segredo para criar afinidade e compreensão. O tipo de escuta que nota como o outro vê, ouve, sente e pensa demonstra a intenção e o convida a entrar no mundo do outro.

Quando alguém está *cara a cara* com você, há uma quantidade incrível de informações sendo comunicadas: palavras, gestos, emoções e pistas inconscientes. Embora a comunicação pessoal seja mais completa, no contexto atual grande parte de nossa comunicação é feita por telefone, e-mail ou mensagens.

Hoje, pratique suas habilidades de ouvinte e a criação de afinidade quando estiver ao telefone. Ao ouvir outra pessoa falar, lide com a fala na mesma velocidade ou ritmo *dela*. Experimente usar os padrões de entonação *dela*. Se a voz da pessoa for uniforme, deixe *sua* voz uniforme. Se ela for expressiva, tente falar de modo expressivo.

Veja algo que você pode fazer para criar afinidade por telefone ou e-mail. Mantenha a seguinte lista de palavras de "processo" à mão e comece a "retornar" para quem entrou em contato usando os mesmos tipos de palavras. Para obter mais detalhes sobre como se comunicar no canal representacional preferido de alguém, consulte o Capítulo 7.

Palavras Genéricas ou Não Especificadas:
Saber, Entender, Acreditar, Notar, Descobrir, Considerar, Comunicar

Visuais:
Ver, Olhar, Assistir, Dar uma Olhada, Imaginar, Aparecer, Revelar, Perceber

Auditivas:
Ouvir, Escutar, Contar, Perguntar, Soar, Em Sintonia, Tonalidade, Sussurrar

Cinestésicas:
Sentir, Tocar, Segurar, Pegar, Contatar, Empurrar, Alcançar, Impressão

Palavras que *Implicam*...

Visualização:
Cor, Faísca, Contraste, Brilho, Foto

Som:
Dissonância, Estalo, Silêncio, Orquestrar, Barulho

Sentimentos e Sensações:
Pesar, Curioso, Quente, Macio, Impacto

Dia 10: A Mágica do Alinhamento Físico

Segundo o Capítulo 5, 93% do conteúdo emocional da comunicação cara a cara são não verbais, portanto, as palavras são apenas 7% de uma comunicação. Com cada pessoa que você encontra cara a cara, pratique combinar com sua linguagem corporal e seus gestos. Se ela se mover de modo lento e deliberado, faça o mesmo. Se ela se mover com rapidez ou muitos gestos, mova-se com seu ritmo e acrescente alguns gestos parecidos com os dela.

Para ter uma experiência completamente diferente, primeiro *não combine* com um comportamento não verbal da outra pessoa (mover rápido quando ela se move lentamente, gesticular muito quando ela não gesticula), então, após a afinidade ter começado a diminuir, restabeleça-a de novo combinando com seus ritmos e gestos.

Dia 11: O Segredo das Sensações Maravilhosas

Hoje, torne sua missão secreta encorajar alguém que você encontrar a se sentir melhor. Você pode cumprimentar a pessoa, apenas sorrir ou tocar com gentileza (e adequadamente) em seu braço ou ombro. Experimente com abordagens diferentes em situações diferentes. Anote seus resultados no final do dia.

Você também pode encorajar a si mesmo. Veja como:

- Qual emoção, se você pudesse experimentá-la várias vezes todo dia, tornaria sua vida mais suave e maravilhosa?

- Quais são as três coisas que você poderia fazer para encorajar essa emoção em si mesmo?

- Como começará a integrar essas três coisas para que possa desfrutar de sua emoção escolhida com mais frequência?

Dia 12: Entendendo os Valores do Coração

Segundo a atividade do Dia 9, ouvir é muito mais do que o ato físico de escutar. Hoje, foque suas habilidades de ouvinte da PNL em observar, entender e explorar os valores sinceros dos outros.

Em suas interações, ouça os objetivos e valores das pessoas. Repita em voz alta o que você ouve sobre os objetivos e valores delas para lhes dar uma oportunidade de confirmar ou esclarecer sua compreensão. Pergunte o que é importante sobre alcançar seus objetivos e valores. Quando obtiver o(s) metarresultado(s) delas, buscará valores mais elevados e mais profundos, os valores sinceros. Ouça, de fato, o que elas dizem. Quando fizer isso, notará que existem muitos valores sinceros diferentes e todos com uma importância única para os indivíduos que os têm.

Como os valores mantidos profundamente conduzem os objetivos e as escolhas das pessoas, você pode até querer iniciar um arquivo de valores sinceros para as pessoas com quem você interage com frequência. Ao aumentar a perspicácia de notar e entender os valores, provavelmente descobrirá que esses são critérios importantes que devem ser atendidos antes de uma pessoa se comprometer totalmente com algo. Uma das coisas mais poderosas que você pode fazer é ajudar as pessoas à sua volta a encontrar modos de expressar seus valores sinceros. Quando as pessoas expressam seu coração e sua paixão, também liberam seus talentos.

Dia 13: Encontrando Motivação e Orientando

Um pai, professor, gerente ou outra pessoa revestida de autoridade dá às pessoas por quem é responsável objetivos claros e positivos com uma evidência de realização mensurável. Assim, todos em uma parceria, equipe ou família não só sabem quais são os objetivos, como também como reconhecer quando eles foram alcançados.

Os líderes bem-sucedidos *também* comunicam como os objetivos e valores da empresa estão alinhados com os objetivos e valores sinceros de todos os indivíduos envolvidos.

Reveja a lista de objetivos, valores e valores sinceros do dia anterior. Escolha um ou dois indivíduos de quem você reuniu informações sobre seus objetivos sinceros e valores.

Pergunte o que a realização de seus objetivos e valores sinceros fará por eles, e então ouça a orientação de motivação expressada em suas respostas. O que você nota? Eles querem conseguir ou realizar algo — aproximando-se ainda mais do comportamento *em direção a* — ou querem alívio e relaxar ao ficar *longe de*? Observe se eles estão mais interessados em resolver os problemas (motivação *longe de*) ou buscando os objetivos (motivação *em direção a*).

Tenha consciência disso sempre que estiver dando instruções ou orientação. Isso lhe permitirá comunicar-se com as pessoas de maneiras que elas entenderão e gostarão muito mais rapidamente. Para obter mais detalhes, reveja o Capítulo 7.

Dia 14: Valorizando o Amor no Mundo por Você

Neste dia de descanso, reserve um tempo para refletir sobre as pessoas em sua vida que amam e cuidam de você. Obviamente, você tocou em suas vidas de algum modo.

Em sua imaginação, visite cada uma e imagine como seria *ser* essa pessoa, e então observe o que ela mais gosta em *você*.

Muito provavelmente você notará coisas que fizeram juntos e maneiras de "estar presente" para essa pessoa amada, até então. Você pode ter em mente algumas situações importantes ou eventos compartilhados.

Também pare um momento para observar como sua presença — em silêncio, na brincadeira, com seriedade e apenas por existir — também tocou essa pessoa. Quando você se der uma oportunidade de avaliar a perspectiva dessa primeira pessoa amada, faça isso de novo com outra pessoa importante em sua vida. Se o tempo permitir, faça esse processo de avaliação com *várias* pessoas amadas.

Quando tiver imaginado isso com pelo menos duas pessoas amadas, note qualquer padrão de apreço. Elas são diferentes do que você esperava antes da atividade? Reserve mais um tempo e permita-se absorver o máximo que puder da aceitação, reconhecimento, apreço e afeto que você acabou de descobrir. Se for preciso ligar para alguém, enviar uma mensagem, parar um momento na meditação ou oração ou fazer algo para que essa experiência apareça com mais frequência no futuro — ótimo! Aja de acordo com as ações que o inspiraram e veja o que acontece.

Semana 3: Programa de Desempenho Máximo

Dia 15: Saindo das Limitações e Entrando nos Recursos

Muitas pessoas, quando pensam em realizar seu desempenho máximo, geralmente voltam sua atenção para os obstáculos que supõem estar bloqueando seu caminho. Henry Ford uma vez disse: "Se você acha que pode ou não pode, está certo". É verdade, não é? Alcançar o desempenho máximo tem muito mais relação com o modo de *pensar* sobre nossa experiência do que com nossa experiência real.

Para demonstrar isso para si mesmo, comece observando como você "codifica" mentalmente as lembranças positivas e negativas em sua vida. Você está associado (às lembranças como se elas estivessem acontecendo agora) ou desassociado (observando a si mesmo em uma TV ou tela de cinema) em suas lembranças? Reserve um tempo suficiente para exemplificar *várias* lembranças. Você pode até querer listá-las.

Com frequência e inadvertidamente as pessoas codificaram muitas de suas lembranças negativas de forma associada, então as experimentam de novo, e às sensações negativas, com grande impacto em momentos inapropriados. Por exemplo, ao falar para um grupo, elas podem reviver claramente um constrangimento social, ou lembram de rejeições anteriores ao explorar uma nova relação.

Agora vejamos o outro lado. Tente descobrir se você está associado às suas lembranças positivas e nas quais saiu-se bem resolvendo algo ou se comportando de maneira engenhosa. É bastante comum as pessoas codificarem-nas, sem querer, de forma desassociada, e com isso tornam seus próprios recursos inacessíveis para elas mesmas. Ambos os códigos de memória podem ser alterados para melhor.

Comece pensando em uma lembrança negativa que seja específica e associada. Quando recomeçar a experimentá-la, imagine claramente a si mesmo saindo dela. Agora veja essa lembrança de certa distância, rodeada por uma grande moldura preta e um vidro grosso separando o que está na moldura pesada da imagem e o que está fora dela. Examine a imagem emoldurada para confirmar que o você mais jovem daquela época está mesmo naquela imagem e que o você atual está fora dela. Percebe como as sensações são diferentes agora?

Fique à vontade e repita o processo com outra lembrança negativa associada que você deseje mudar. Se houver algumas, faça um plano para modificar várias delas a cada dia até ter mudado todas.

Dia 16: Amplificando o que É Excelente

Um modo de alcançar a excelência é remover as barreiras e as dificuldades do caminho até seus objetivos. Outro é amplificar tanto a excelência, que as barreiras se tornam apenas pequenos solavancos na estrada.

Escolha uma área de sua vida na qual já se sobressaiu. Encontre um evento real e específico, uma lembrança de excelência pessoal agradável de recordar — e reviva-o. Quando começar a revivê-lo, também comece a *amplificá-lo*. Torne-o maior, mais brilhante, mais colorido e irresistível.

Enquanto usufrui profundamente essa excelência, onde você gostaria de experimentá-la em seu futuro próximo? Imagine claramente isso acontecendo agora.

E onde gostaria de experimentar esse recurso no futuro mais distante? Leve esse recurso para o tempo futuro e observe como esse momento futuro excelente parece real agora.

Continue a colocar essa excelência aumentada em seus futuros momentos sempre que quiser ou precisar.

Quando a tiver "espalhado" até ficar satisfeito, esqueça-a e recorde outra lembrança de excelência pessoal e repita o processo. Aumentando cada vez mais os momentos de excelência pessoal e colocando-os no futuro, você aumentará a qualidade geral de sua vida — assim como o nível de seu desempenho — e aumentará muito a probabilidade de que ocorram. Para obter mais detalhes sobre como usar as submodalidades e as âncoras, consulte o Capítulo 2.

Dia 17: Acelerando Seu Aprendizado

Em cada esforço geralmente há novas habilidades a aprender. A facilidade, eficiência e eficácia com as quais você aprende podem fazer uma enorme diferença, certo? Dois aspectos essenciais do aprendizado são como adquirir boa "forma" *desde o início* e como *reprogramar* com sucesso a forma ruim criada por erros habituais.

No Capítulo 3 falamos sobre o estudo no qual foi pedido que estudantes universitários fizessem lances livres de basquetebol após um treinamento mental ou prática real. Como você se lembra, aqueles que não praticaram não mostraram melhora, ao passo que os estudantes que treinaram *mentalmente* tiveram uma diferença de um ponto em relação aos estudantes que praticaram fisicamente. Esse estudo forneceu uma grande evidência sobre o poder da visualização. Hoje, atletas de todas as áreas — e profissionais em outras disciplinas — realizam algum tipo de visualização para aperfeiçoar seu desempenho.

A PNL também reconhece como o treinamento mental estimula e reforça algumas reações neurais e movimentos micromusculares como uma atividade *real*. A mente e o corpo estão aprendendo, lembrando e desenvolvendo hábitos de ambos os tipos de treinamento. Se a atividade for alpinismo, uma entrevista de trabalho ou uma apresentação para um cliente, você pode usar isso em si mesmo.

E sempre que seu desempenho for extraordinário, você poderá aumentar a probabilidade de um desempenho *repetido* reservando um momento para treinar mentalmente sua excelência. Como você acabou de praticar, os padrões estão frescos em sua mente e seu corpo. O treinamento mental acessará de novo os caminhos sempre que você reviver a experiência — naquele dia, no dia seguinte e nas semanas por vir. Reproduzir sua excelência a transforma cada vez mais em *seu* padrão de desempenho consistente.

Por outro lado, se você desenvolveu um hábito que não serve mais, seja um desalinhamento atlético, como uma bola desviada no golfe, seja um padrão de comportamento inútil, como a ansiedade no desempenho, será possível eliminá-lo "sobrescrevendo-o"!

Você pode fazer isso revendo primeiro sua experiência indesejada a partir de uma posição desassociada. Em seu filme mental, veja a si mesmo com o hábito indesejado. Mantendo o início do filme igual, pense em como gostaria que tivesse um final diferente. Assista de novo o filme começando do início, só que desta vez assista a si mesmo com uma resposta mais útil. Experimente várias alternativas e escolha aquela de que mais gostar. Agora entre nesse novo filme *revisado* como uma experiência real e associada. Comece do início e experimente claramente esse novo filme como se ele estivesse acontecendo com *você* agora, totalmente, até o novo final.

Quando terminar, você terá definido para si mesmo um novo caminho com uma nova resposta natural. Para fortalecer esse novo padrão, reproduza o filme atualizado sempre que quiser.

Dia 18: Tornando uma Parte Normal de Sua Vida como o Ponto Alto

Na PNL temos o seguinte ditado: "Você não precisa ser ruim para melhorar". Sempre é possível melhorar. Então, outro modo de encorajar o máximo desempenho é deixar que seu cérebro saiba que você *deseja* chegar nesse ponto. Veja como é possível usar o Padrão de Troca Rápida para chegar a níveis ainda mais altos de desempenho.

Para começar, lembre-se de um momento específico quando seu desempenho vacilou ou você se sentiu em um patamar costumeiro.

Leve esse exemplo particular para sua imaginação de modo claro e, no centro dele, veja um ponto. Nele há uma imagem sua quando já excedeu seu nível atual de sucesso. Você não sabe como, apenas sabe que conseguiu. Quando a imagem se aproximar, talvez você veja seu sorriso satisfeito e um brilho nos olhos que o deixará saber que conseguiu isso alinhado com seus valores e bem-estar.

Agora observe como aquela experiência de desempenho estagnado corre de você, ficando menor, mais escura e distante — até perder a importância. Ao mesmo tempo, observe como o ponto floresce em sua direção, ficando maior, mais brilhante e mais real, até você ficar cara a cara com seu eu excepcional.

Limpe sua tela interna e repita o processo desde o início, pelo menos, meia dúzia de vezes. Observe se a imagem do patamar costumeiro de desempenho enfraquece naturalmente e/ou a "autoimagem excepcional" entra automaticamente.

É apenas um exemplo do Padrão de Troca Rápida. Com um pouco de prática isso se tornará um hábito mental automático. Para mais, visite www.nlpco.com (conteúdo em inglês).

Dia 19: Criando uma Mente Inovadora

Quando o corredor britânico Roger Bannister deixou para trás a marca recorde de uma milha [pouco mais de 1.600 metros] em quatro minutos, e os levantadores de peso russos bateram o recorde de 500 libras [pouco mais de 227 quilos], nenhum deles sabia que tinha conseguido! Nos dois casos, seus treinadores tinham tramado não deixar que soubessem que estavam tentando quebrar o recorde. Nas entrevistas, após a quebra do recorde, esses treinadores diferentes foram muito claros sobre seus motivos para não contar o fato a seus atletas. E mesmo que essas entrevistas tenham sido dadas com um intervalo de *décadas*, suas explicações foram bem parecidas.

Os treinadores acreditavam que seus atletas talentosos poderiam fazer o que nunca tinha sido feito antes. Eles notaram que a diferença numérica entre quatro minutos e menos de quatro minutos era de um centésimo de segundo e a diferença entre 500 libras e mais de 500 libras era de menos de uma onça [aproximadamente 28 gramas]. Eles estavam convencidos de que os limites não estavam nos atletas, mas no *significado* que seus atletas tinham colocado nos números. Isso provou ser verdade para o corredor *e* para os levantadores de peso, e em poucos meses da quebra do recorde de cada atleta, vários outros repetiram a façanha — que antes havia sido considerada impossível!

Para fazer qualquer tipo de progresso no desempenho pessoal, é preciso mudar os próprios limites mentais. Você pode ter tido uma experiência pessoal que o levou a concluir que algo não era possível — ou pode ter sido levado a acreditar que não era possível porque outras pessoas o disseram. E pode ter pensado assim por tanto tempo, que apenas lembra vagamente como e quando isso se tornou verdade para você.

Comece pensando em algo que decidiu, anos atrás, não ser possível para você — pode ser conseguir o emprego dos sonhos, ter uma boa forma física, encontrar o par perfeito ou dominar com rapidez e sem esforço algo complexo — qualquer coisa.

Com esse limite em mente, qual experiência — se você a teve *antes* de adquirir a crença ou tomar essa decisão — a teria transformado de impossível para altamente provável? Espere um momento para criar essa experiência possível em sua mente. Pode ser parecido com algo que aconteceu mais tarde em sua vida ou pode ser algo que nunca lhe aconteceu, mas seria possível imaginar — ou, talvez, tenha ocorrido com outra pessoa.

Crie claramente essa experiência possível usando as submodalidades de um desempenho máximo anterior, um momento em que você realmente se sobressaiu, mesmo que esse exemplo seja de um contexto completamente diferente. (Você também pode se basear nas submodalidades descobertas no Dia 16.)

Assim que tiver criado uma experiência de referência rica e poderosa, volte no tempo e imagine que ela aconteceu *um pouco antes* da situação que criou sua lembrança limitante. A partir daí, siga para um ponto além desse momento — avance com essa nova lembrança possível, e quando você passar pela lembrança limitante, observe como ter a lembrança possível transforma os efeitos negativos da lembrança limitante original (e qualquer outra) em efeitos positivos — em todo o percurso de seu passado até o presente!

Agora verifique se essa antiga limitação se extinguiu por inteiro. Se quiser, repita essa última etapa para *fortalecer* sua nova lembrança possível. Essa nova lembrança não *garantirá* o sucesso, mas assegurará que os limites estarão no mundo, não em sua mente.

Dia 20: A Prática de Amar o que Você Faz

Mesmo que você transforme seus efeitos negativos, aumente os positivos, oriente-se para ser seu *melhor* eu e aumente as expectativas, ainda precisará praticar. No livro *Fora de Série*, a pesquisa do autor Malcolm Gladwell mostrou que as pessoas que realmente se sobressaem — como os Beatles e Bill Gates — investiram mais de 10 mil horas para dominar seu ofício! Ele também ressaltou que a prática não foi apenas algo que elas *fizeram* para conseguir um objetivo em particular, mas foi algo que os atraía. Para eles, praticar fazia parte de quem *são*.

Aqueles que se sobressaem em qualquer esforço realmente adoram praticar. O grande Magic Johnson do basquetebol tem sua própria quadra de basquete em tamanho real. Além de ter sua própria quadra, Larry Bird *procurava* uma quadra em todo lugar que ia, e passava horas por dia nela, fora da temporada. Os grandes astros do rock, Eric Clapton e Bruce Springsteen, tocam guitarra quando estão na estrada e quando não estão. Os mestres de xadrez do mundo estudam e repetem os jogos famosos. O grande arquiteto americano Frank Lloyd Wright costumava reformar seu próprio estúdio quase que anualmente apenas para experimentar novas ideias. Essas pessoas excepcionais, e outras como elas, são atraídas pela prática. Elas querem descobrir o que falta. Querem descobrir o que poderiam fazer desta vez que nunca fizeram antes.

Você pode aumentar a atratividade pela prática nas áreas importantes de sua vida com uma técnica simples da PNL. Assim que tiver decidido a fazer algo que valha a pena, poderá também gostar de fazê-lo, certo? A maioria das pessoas faz as coisas pelos resultados, embora todos tenham algumas coisas que fazem apenas porque gostam de fazer. Encontre o exemplo de um momento em que você quis resultados, mas consegui-los não foi muito divertido. Muitas pessoas se sentem assim ao calcular seus impostos. Identifique algo que você não gosta de fazer. Então entre em uma experiência *específica* de fazer tal coisa para descobrir as submodalidades associadas a ela.

Agora pense em uma atividade que você faz só porque gosta e o resultado final realmente não importa. Para muitas pessoas, jogos de computador, esportes e até quebra-cabeças têm essa qualidade. Entre na atividade de

Guia de 21 Dias

que gosta e descubra as distinções visual, auditiva e cinestésica da submodalidade dessa experiência.

Compare as duas lembranças até ter encontrado as distinções da submodalidade que faz a diferença entre as duas experiências. Use a folha de registro na próxima página para capturar essas diferenças. Identifique várias delas.

Em seguida associe a experiência de *querer os resultados* — mantendo o conteúdo de suas imagens constante — e transforme suas submodalidades naquelas que você descobriu a partir da experiência de *gostar de fazer*. Observe o efeito que isso tem em sua experiência. Melhor, certo?

Agora associe a prática de uma habilidade que você gostaria muito de melhorar e transforme suas submodalidades naquelas associadas a *gostar de fazer*. Na próxima vez em que praticar a habilidade, note o quanto é mais fascinante e divertido realizá-la.

Folha de Registro para Gostar Mais de Praticar Habilidades e Fazer Tarefas que Você Deseja Melhorar

Submodalidades de Querer os Resultados	Submodalidades de Gostar de Fazer

Dia 21: É uma Vida Maravilhosa — Se Você Perceber

Neste dia de descanso, é hora de apreciar a si mesmo. Você pode começar reconhecendo que concluiu todas as atividades deste guia até agora. E o convidamos a "afastar o foco" e observar como os outros o valorizam.

Cada um de nós fez uma diferença, na verdade, muitas diferenças, na vida dos outros. O clássico *A Felicidade Não Se Compra*, de Frank Capra, nos lembra que nossas vidas estão profundamente interconectadas. Ainda que esse filme seja exibido dezenas de vezes por ano, poucos de nós reservam um tempo para observar a rica trama de conexões que formam a tapeçaria de nossa vida.

Portanto, reserve alguns minutos agora, em sua imaginação, para ir ao passado e encontre maneiras pequenas e também importantes pelas quais você afetou o mundo à sua volta positivamente. Talvez você tenha ajudado seus irmãos no dever de casa, apoiado um amigo em um momento crítico, sido voluntário em um abrigo local ou tenha dado informações que ajudaram a revelar consequências inesperadas no projeto importante de alguém. Identifique as vezes em que tocou na vida dos outros com suas palavras ou ações.

Use a folha de registro na próxima página para fazer uma lista de suas palavras e/ou ações positivas (coluna 1) e seus efeitos (coluna 2), mesmo que esses efeitos só tenham ficado óbvios anos depois. Como o que valorizamos nem sempre é o que as *outras* pessoas valorizam, expanda sua medida para incluir como você foi importante para os outros (assim como o que é importante para você).

Com essas experiências como prova da importância até de suas ações diárias, reserve um momento para anotar as medidas específicas que você gostaria de tomar no *futuro*, medidas que contribuirão com a vida dos outros e com o mundo. Quando registrar isso na coluna 3, ensaie onde tomará essas ações e desfrute de sua participação no mundo.

Folha de Registro É uma Vida Maravilhosa

1	2	3
Palavras Ditas ou Medidas Tomadas	**Efeitos Positivos na Vida dos Outros**	**Medidas que Tomarei no Futuro**

O que você faz, faz diferença — em seu mundo e na vida dos outros. Pense no que aprendeu neste livro e como você será ainda mais consciente e ativo ao fazer coisas boas acontecerem nas semanas, meses e anos por vir. Continue desejando, querendo e sonhando. Você pode começar um novo ciclo amanhã.

Hoje, faça algo *por si mesmo* que realmente lhe dê prazer. Observe o pôr do sol, cheire as flores, dance uma música e toque em outro coração. Continue aprendendo e crescendo para criar a pessoa que você quer ser e as relações gratificantes que deseja.

Para mais informações, acesse: http://eg.nlpco.com/21-4 (conteúdo em inglês), ou use o código QR com seu celular.

Parabéns por assumir esse compromisso consigo mesmo e com seu bem-estar.

O trabalho que você faz para melhorar a si mesmo também afeta o mundo inteiro, e, por isso, você tem nossos sinceros agradecimentos.

Nós lhe desejamos boa sorte ao continuar sua jornada.

—*Tom, Tom e Susan*

Um Legado Duradouro

Vikki Hoobyar

Meu querido marido, Tom Hoobyar, era um gênio em relações interpessoais. Minha primeira interação com Tom ocorreu em um elevador que foi da garagem até a entrada de uma livraria muito popular em Menlo Park, Califórnia. Um adolescente estava em pé perto dele, então eu dei meu sorriso do tipo "sei como é ter um adolescente". Quando a porta do elevador se abriu, o garoto com o skate saiu, e eu fiquei espantada ao descobrir que tinha sorrido para um homem desacompanhado. Como geralmente não faço isso, abaixei a cabeça e fui para a loja, sem coragem de olhar para trás.

Um pouco depois, Tom se ofereceu para me ajudar a encontrar um livro após o vendedor "com cérebro de menos e piercings demais" (como Tom descreveu) ter me ignorado. Era uma livraria *do leitor* [trocadilho irônico com o nome da livraria — *Readers Bookstore*]. Ele pareceu tão gentil e informado sobre a livraria, que aceitei sua oferta para me ajudar.

Conversamos sobre o que eu estava pesquisando. O livro não estava lá, mas não importava mais, porque tínhamos começado uma conversa interessante sobre PNL. Lá mesmo Tom me fez experimentar pela primeira vez a PNL me fazendo visualizar minha comida favorita, depois, a comida de que menos gostava. Fiquei fascinada com essa rápida experiência e com o que meu cérebro estava fazendo, então fomos tomar café e continuamos a conversa. Foi uma delícia.

Naquele momento em minha vida, eu estava querendo ser "amiga" dos homens, não queria namorar um até realmente conhecê-lo. Tom continuou encontrando motivos para se encontrar comigo e prosseguir com nossa discussão sobre PNL. Eu sabia que ele gostava muito de mim, mas eu queria que fôssemos apenas amigos. Ele me pegava no trabalho e levava a restaurantes encantadores. No final, eu sempre o cumprimentava com um aperto de mão.

Certo dia, embora tivéssemos planejado apenas ir a uma feira de artes por algumas horas, acabamos passando o dia inteiro juntos. Naquela tarde eu disse: "Não estamos passando tempo demais juntos em nosso primeiro encontro?" O que Tom ouviu foi que eu tinha chamado de "encontro" e eu tinha dito que era o *primeiro*. Cerca de três meses depois de conhecê-lo, sentia-me completa e absolutamente apaixonada por ele. Nós nos casamos 14 meses depois. Anos mais tarde, lhe disse que se tivesse procurado um homem para namorar, ele teria sido desqualificado imediatamente como "velho demais, alto demais e careca demais".

Tom causava muito impacto nas outras pessoas — empresários, clientes da PNL e minha família. Quando o conheci, eu estava no primeiro ano de mestrado em Terapia de Casais e de Famílias. Quando nos conhecemos, ele falava sobre treinamento de PNL comigo, e fiquei muito contente em aprender essas habilidades. Então, enquanto estava na faculdade, também ia a vários treinamentos de PNL. Quando chegou a hora de começar a terapia com clientes, eu tinha muito mais confiança do que meus colegas de classe, porque meu treinamento em PNL tinha me ensinado que não havia nenhuma dificuldade que um cliente trouxesse com a qual eu não poderia lidar. (Isso não é o *máximo*?!)

Durante o namoro, meu filho mais novo rapidamente chamou a atenção de Tom. Ele tinha 15 anos, havia abandonado o ensino médio, bebia muito e usava drogas. Seu pai tinha morrido quando ele tinha 8 anos, e ele teve uma experiência muito negativa com seu primeiro padrasto. Tom começou a sair com ele para jantar uma vez por mês. Ele lhe disse que estariam na vida um do outro, gostando ou não. Explicou para meu filho que ele seria o cara mais velho na vida dele; que, de fato, chegaria o dia em que ele chamaria Tom para tirá-lo da cadeia. (E isso realmente aconteceu.)

Tom via meu filho como um grande peixe que ele tinha que puxar com uma linha muito fraca. Então ele o puxaria para mais perto e o deixaria escapar um pouco. Certa noite, quando nós três estávamos assistindo TV, Tom virou-se para meu filho (que não tinha piercings no rosto, tinha um corte de cabelo conservador e um boné de beisebol na cabeça, virado para a frente) e disse: "Quem é você e o que fez com nosso filho?" Rimos muito! Sem dúvida, Tom salvou a vida de meu filho mais novo. Agora ele é um vendedor muito bem-sucedido e um pai excepcional para seu filho de 6 anos.

Quando Tom e eu nos casamos, meu filho mais velho estava no treinamento Ranger do exército norte-americano. Ele ligou uma noite e disse que estava tendo problemas e estava impaciente com sua mulher. Por telefone, Tom o fez observar o painel de controle que estava em sua mente. Tom o ajudou a se imaginar instalando uma alavanca para controlar a velocidade de sua mente. Assim, ele poderia diminuir a velocidade quando estivesse com sua esposa e aumentá-la ao realizar as tarefas do exército.

Algumas semanas depois, meu filho ligou para Tom e disse: "Espero que você não se importe, mas fiz algumas mudanças no painel de controle". (Fofo, não é?) Tom perguntou: "O que você fez?" Ele explicou que tinha acrescentado uma tela de computador com alças em seu painel de controle. Na tela, ele colocou uma imagem de seu instrutor de treino. E quando ele segurava nas alças, todo o poder do instrutor corria em seu corpo. Ele ensinou o processo para os outros soldados, e eles bateram os recordes de treinamento físico do Exército Ranger.

Tom e eu decidimos juntos que estaríamos realmente "presentes" para os outros. Isso significava que seria uma prioridade para nós nos conectar com as pessoas e conversar com aquelas em crise, não importando o que estivéssemos fazendo no momento em que elas ligassem. (Em mais de uma ocasião, sentei em uma Starbucks, em Boston, Nova Iorque e Filadélfia, enquanto Tom instruía por telefone um amigo com problemas.) Também íamos a todos casamentos e funerais de que tomávamos conhecimento. Ao longo dos 13 anos em que fomos casados, mais seis netos adoráveis aumentaram nossa grande família. Fazíamos viagens todo mês para Reno, Nevada, para visitar Tracy, a filha de Tom, e sua família. Estávamos presentes um com o outro — e com as outras pessoas.

Tom e eu éramos muito felizes juntos. Como estávamos sempre conversando e ele continuava propondo essas "pérolas", aprendi a carregar um bloco de notas para poder anotar e consultar as minhas favoritas. Uma foi "Comportamento é informação de alta qualidade". Não era um conceito novo, mas o modo como foi formulado realmente repercutiu em mim. Houve centenas dessas pérolas coletadas ao longo dos anos. Eu dizia:

"Você ouviu o que acabou de dizer?" Descrever as coisas de um modo envolvente era tão natural para Tom que ele não tinha consciência de como era especial. Eu lhe disse que ele deveria escrever um livro para compartilhar essas pérolas. Embora ele gostasse da ideia, estava em um momento muito ocupado administrando sua indústria, orientando pessoas e conduzindo um grupo de estudos para ex-alunos chamado NLP Café. Assim, qualquer plano para um livro ficou em segundo lugar.

Também esperávamos um dia, em um futuro não muito distante, desenvolver e oferecer um refúgio de férias em uma área rural. Com sua especialização e meu treinamento e experiência em terapia de casais, acreditávamos que poderíamos realmente ajudar as pessoas. Tínhamos uma ótima relação, e mesmo que encontrássemos desafios em nosso convívio, não havia problema que não pudéssemos resolver.

Tom citava com frequência um verso de John Lennon: "A vida é o que acontece enquanto você está ocupando fazendo outros planos". Talvez essa citação tenha acabado sendo uma profecia autorrealizável. Infelizmente, Tom foi diagnosticado com câncer pancreático no estágio IV em agosto de 2009 e faleceu um mês depois. Ele tinha o contrato deste livro pronto e tinha começado a trabalhar nele. Graças a Susan Sanders e Tom Dotz, o sonho de Tom Hoobyar de deixar um legado tornou-se realidade. Em suma, Tom orientou centenas de pessoas. Ele não apenas praticava PNL, ele a *vivia*. Espero corresponder ao exemplo brilhante de Tom de ser uma pessoa realmente generosa.

Termos Comuns da PNL

Acompanhamento: combinar ou espelhar o comportamento não verbal e/ou verbal de outra pessoa. Útil para ter afinidade. (Veja "Espelhar" e "Combinar".)

Acuidade Sensorial: a capacidade de fazer diferenciações sensoriais para identificar distinções entre os diferentes estados ou eventos.

Afinidade: uma condição na qual uma resposta foi estabelecida; geralmente descrita como se sentir seguro, confiar ou querer.

Alucinação: uma representação interna do mundo ou sobre o mundo sem base na experiência sensorial do presente.

Âncora: uma pista ou gatilho que produz uma resposta, parecida com a resposta de estímulo do condicionamento clássico. As âncoras, notas adesivas mentais, podem ser auditivas, visuais, cinestésicas ou até espaciais (notas adesivas mentais).

Associado: estar em uma experiência ou lembrança o mais total e completamente possível (com todos os sentidos); observar a partir dos olhos de alguém, ouvir com os ouvidos de alguém, sentir as sensações de alguém.

Auditivo: o sentido da audição. (Veja "Sistemas Representacionais".)

Canal: um dos cinco sentidos — visão, audição, tato, paladar e olfato. (Veja também "Sistemas Representacionais".)

Cinestésico: o sentido do tato. Pode ser subdividido nas sensações táteis (sensação na pele, sentir fisicamente o mundo externo), sensações proprioceptivas (movimento, sensações internas do corpo, como tensão muscular ou relaxamento) e metassensações (respostas "emocionais" sobre algum objeto, situação ou experiência). (Veja "Sistemas Representacionais".)

Com base nos sentidos: as informações correlacionadas ao que foi percebido pelos cinco sentidos. (Compare com "Alucinações".)

Combinar: espelhar um aspecto do comportamento (postura, tom de voz, respiração etc.) da outra pessoa, geralmente para estabelecer uma afinidade.

Congruente: quando todas as estratégias, comportamentos e partes internas de uma pessoa estão de acordo e funcionando junto de modo coerente.

Conteúdo: um aspecto dos metaprogramas que trata dos cinco domínios: pessoas, lugar, informações, atividades e coisas.

Contexto: o ambiente no qual ocorre uma comunicação ou resposta. O contexto é uma das pistas que produzem respostas específicas.

Contraexemplo: uma exceção a uma regra geral proposta, uma instância específica da falsidade de uma afirmação quantificada universalmente, por exemplo, qualquer adolescente esforçado é um contraexemplo da afirmação "Todos os adolescentes são preguiçosos".

Crenças: generalizações sobre si mesmo, outras pessoas e/ou o mundo.

Critérios: padrões de avaliação; qualidades que podem ser aplicadas a uma grande faixa de comportamentos ou eventos específicos. Exemplos: diversão, entusiasmo, barato, interessante, alta qualidade, coragem, prático, novo etc.

Desassociado: estar fora de uma experiência — vendo ou experimentando as coisas a partir de um "Observador" ou terceira pessoa.

Direção da Motivação (Metaprograma): um programa mental que determina se uma pessoa se move *em direção a* ou fica *longe das* experiências.

Distorção: reprodução imprecisa dos eventos na experiência interna de alguém. Distorção na linguagem se refere a comentários comprovadamente imprecisos sobre qualquer assunto.

Domínio: os cinco elementos do metaprograma "Conteúdo": pessoas, lugar, informações, atividades e coisas.

Ecologia: considerar os efeitos de uma mudança no sistema maior, em vez de apenas um comportamento isolado, parte ou pessoa. Por exemplo, considerar como um resultado específico apoiará suas crenças, valores e relações importantes.

Espelhar: combinar um aspecto de seu comportamento (postura, tom de voz, respiração etc.) com o de outra pessoa, geralmente para estabelecer uma afinidade.

Estado de Recursos: a experiência de uma resposta útil: uma habilidade, atitude, comportamento, característica, perspectiva ou qualidade que é útil em algum contexto.

Estado: um estado de ser, uma condição de resposta do corpo/mente ou experiência em determinado momento.

Estímulo/Resposta: a associação repetida entre uma experiência e uma determinada resposta (condicionamento pavloviano), de modo que o estímulo se torne um gatilho ou pista para a resposta. Por exemplo, as âncoras acidental e intencional.

Estratégia: uma sequência de representações mentais e comportamentais que leva a um resultado específico. Por exemplo, decisão, aprendizado, motivação, habilidades específicas.

Estrutura "Como Se": fingir que algo é possível ou está concluído, e começar a pensar com isso em mente.

Execução Perdida (Executor Perdido): um padrão linguístico no qual a pessoa que realiza a ação ou julgamento não está na frase. Por exemplo, "É importante saber isso".

Feedback: as informações visuais, auditivas e cinestésicas que voltam para você como uma resposta a seu comportamento.

Filtro Perceptivo: uma atitude, tendência, ponto de vista, perspectiva ou conjunto de suposições ou pressuposições sobre o objeto, pessoa ou situação. Essa atitude "colore" todas as percepções do objeto etc.

Flexibilidade Comportamental: a capacidade de variar o comportamento de alguém para produzir uma resposta desejada da outra pessoa (em vez de um comportamento que não funcionou).

Flexibilidade: ter mais de uma escolha comportamental em uma situação. (Veja "Flexibilidade Comportamental".)

Generalização: pegar uma situação ou comportamento específico e generalizar o conteúdo nos contextos, como se fosse uma conclusão ou fato comprovado. Por exemplo, "É só o jeito que os seres humanos são".

Gustativo: referir-se ao sentido do paladar. (Veja "Sistemas Representacionais".)

Incongruente: quando duas ou mais representações, partes ou programas de uma pessoa estão em conflito. Ter "duas mentes" ou estar "dividido entre duas possibilidades" etc.

Instalação: ensinar ou adquirir uma nova estratégia ou comportamento, geralmente por treinamento ou ponte no futuro.

Intenção: o desejo ou objetivo subjacente de um comportamento, sendo supostamente positivo.

Intervenção Geradora ou Evolucionária: uma intervenção que resolve o problema apresentado e também gera outras mudanças que melhoram a vida da pessoa de muitos outros modos.

Leitura da Mente: imaginar o que outra pessoa está pensando ou sentindo ao perguntar a si mesmo: "O que deve estar acontecendo dentro daquela pessoa para isso ser verdade?" e entrar na segunda posição com ela para experimentar as coisas de seu ponto de vista.

Mapa da Realidade: a percepção dos eventos de uma pessoa. (Veja "Sistemas Representacionais".)

Termos Comuns da PNL 367

Metáfora: uma história, parábola ou analogia que relaciona uma situação, experiência ou fenômeno a outra.

Metamodelo: um conjunto de padrões de linguagem que foca a atenção em como as pessoas excluem, distorcem, generalizam, limitam ou especificam suas realidades. Fornece uma série de perguntas de especificação do resultado úteis para tornar a comunicação mais específica, recuperando as informações perdidas ou não especificadas e relaxando os padrões rígidos do pensamento.

Metaprograma: um padrão de pensamento baseado na generalização que o cérebro usa para ter eficiência. Esses padrões agem como filtros automáticos que nos ajudam a tomar decisões. Eles nos dizem o que está certo para alguém e o que não está. Os exemplos incluem as opções/procedimentos, em direção a/longe de, proativo/reativo, geral/específico e interno/externo.

Metarresultado: o resultado do resultado: que está em um nível mais alto e é de maior importância do que o declarado. Por exemplo, "ter segurança financeira ou liberdade e independência" pode ser o metarresultado de "encontrar um emprego melhor".

Modalidade: um dos cinco sentidos — visão, audição, tato, paladar e olfato. (Veja "Sistemas Representacionais".)

Modalidades Sensoriais: os cinco sentidos — visão, audição, tato, paladar e olfato.

Modelagem: observar e especificar como algo acontece ou como alguém pensa ou se comporta, e então descrever em detalhes ou demonstrar o processo para os outros de modo que as pessoas (ou você) possam aprender.

Olfativo: O sentido do olfato. (Veja "Sistemas Representacionais".)

Omissão: o processo de excluir partes da experiência do mundo das representações internas de alguém e do discurso de alguém.

Operadores Modais: literalmente o "Modo de Operar". Um termo linguístico para uma ou mais das quatro categorias amplas de atuação, desejo, possibilidade, necessidade, escolha.

Paralinguagem: *Como* algo é dito ou, para ser mais preciso, como é *percebido* que foi dito. Separada das palavras em si, a paralinguagem (como o volume, modulação, velocidade, intensidade, tom, ritmo, altura) fornece pistas audíveis que podem sinalizar informações sobre o estado interno e sentimentos de alguém. Por exemplo, o tom de voz pode indicar sarcasmo, que o ouvinte pode achar engraçado ou ofensivo.

Partes: um termo metafórico para os diferentes aspectos da experiência de uma pessoa. As partes são diferentes dos comportamentos específicos adotados pelas "partes" para obter resultados positivos.

Pistas de Acesso: comportamentos correlacionados ao uso de um sistema representacional em particular. Por exemplo, movimentos dos olhos, tons de voz, posturas, respiração etc. (Veja Sistemas Representacionais.)

Pistas Visuais de Acesso: movimentos inconscientes dos olhos de uma pessoa que indicam que o sistema representacional está sendo acessado. (Veja "Pistas de Acesso".)

Ponte para o Futuro: treinar em todos os sistemas para que um comportamento específico ou conjunto de comportamentos seja vinculado e sequenciado em resposta às devidas pistas, para que ocorram natural e automaticamente nas futuras situações.

Posição do "Outro" ou Segunda Posição: entrar totalmente na experiência de outra pessoa.

Posição do Observador: uma metaposição desassociada a partir da qual você pode observar ou rever os eventos, vendo a si mesmo e outras pessoas interagir.

Posição Própria: experimentar o mundo de sua própria perspectiva; estar associado consigo mesmo e com seu corpo.

Posições Perceptivas: as posições perceptivas se referem comumente a: Primeira Posição (também chamada de "eu"), quando alguém está em seu próprio corpo experimentando coisas com seus próprios sentidos e ponto de vista; Segunda Posição (também chamada de "Outro"), quando alguém está imaginando como é estar no ponto de vista de *outra* pessoa e tentando "estar no lugar do outro"; e a Terceira Posição (também chamada de

"Observador"), quando alguém está observando algo de fora de si e/ou da situação de um modo neutro ou objetivo.

Predicados: palavras que expressam uma ação ou relação a respeito de um tema (verbos, advérbios e adjetivos). As palavras podem refletir o sistema representacional usado ou podem não ser específicas. Por exemplo, "Isso parece bom", "Parece certo para mim", "Isso parece ótimo".

Pressuposições (na PNL): unificar as crenças dos principais indivíduos (Perls, Satir, Erickson e Feldenkrais) que foram estudados para formar os princípios operacionais da PNL.

Primeira Posição ("eu"): experimentar o mundo a partir de sua própria perspectiva; ser associado a si mesmo e a seu corpo.

Programação Neurolinguística (PNL): o processo de criar modelos de excelência humana nos quais o critério mais importante para o sucesso é a utilidade, e não a veracidade. O estudo da experiência subjetiva.

Quantificador Universal: um termo linguístico para as palavras aplicadas em todos os casos e todas as situações, sem exceção. Por exemplo, *todos, cada, sempre,* e negações como *nunca, nada* etc.

Quebrar o Estado: mudar drasticamente o estado de uma pessoa. Normalmente usado para tirar alguém de um estado desagradável.

Recursos: uma parte do conhecimento, uma compreensão sobre o mundo, uma crença, um comportamento, uma habilidade, uma pessoa ou um objeto, que contribui para a realização de um resultado. Ao criar um Resultado Bem Formado, os recursos também poderiam incluir tempo, dinheiro, apoio etc.

Reestruturação com Seis Etapas: um processo no qual a "parte" (ou partes) responsável por um comportamento indesejado é contatada diretamente, a intenção positiva que guia o comportamento é descoberta e novas opções para atender a essa intenção são criadas, resultando em uma integração das partes em conflito. Também usada para resolver conflitos interpessoais, especialmente nas equipes de trabalho.

Reestruturação do Contexto: colocar a resposta ou o comportamento de um "problema" em um contexto diferente que dá um significado novo e distinto, geralmente mais positivo.

Reestruturar: um processo pelo qual a percepção de uma pessoa de um evento ou comportamento específico é alterada, resultando em uma resposta diferente. Normalmente, subdividida em Reestruturação do Contexto, Reestruturação do Significado e Reestruturação com Seis Etapas.

Regressão: uma revisão ou resumo falado ou escrito das informações, geralmente para criar/manter afinidade e convidar para uma revisão ou correção.

Resultado Bem Formado: um objetivo declarado em termos positivos que pode ser obtido, segmentado devidamente, ficar sob controle do indivíduo e ser contextualizado, e ajuda a atender seu resultado e o resultado da outra pessoa.

Resultado: objetivo ou resultado desejado. (Veja também "Resultado Bem Formado" e "Metarresultado".)

Segunda Posição ("Outro"): "tornar-se" outra pessoa adotando totalmente a perspectiva, os critérios, a história etc., de alguém — experimentar as coisas do ponto de vista dela, ficar no lugar dela.

Separador de Estado ou Estado de Quebra: criar um estado neutro entre dois outros estados para evitar que eles se combinem ou conectem.

Sistema Líder (também conhecido como Canal Representacional Preferido): o sistema representacional usado inicialmente para acessar as informações armazenadas. Por exemplo, criar uma imagem visual de um amigo para ter a sensação de ser como ele.

Sistema Representacional Preferido ou "Canal": o sistema representacional ou modo que uma pessoa usa normalmente para processar as informações ou experiências; em geral, aquele no qual a pessoa pode fazer distinções mais detalhadas.

Sistemas Representacionais: as representações internas da experiência nos cinco sentidos: visão (visual), audição (auditivo), tato (cinestésico), paladar (gustativo) e olfato (olfativo).

Submodalidades: os menores elementos em um sistema representacional. Por exemplo, uma imagem visual pode ser brilhante, turva, clara, vaga, móvel, parada, grande, pequena etc.

Substantivação: uma forma linguística das palavras que resulta do processo de pegar as ações (verbos) e convertê-las em coisas (substantivos) que realmente não existem como coisas; em outras palavras, você não pode colocá-las em um carrinho de mão. Exemplos de substantivação são *amor, liberdade, felicidade, respeito, frustração* etc.

Tamanho da Segmentação: o tamanho do objeto, situação ou experiência sendo considerada. Pode ser alterado aumentando a segmentação para uma categoria mais geral, diminuindo para uma categoria mais específica ou segmentar para o lado englobando outros do mesmo tipo. Por exemplo, começando com "carro", você poderia diminuir a segmentação para um Ford ou um carburador, aumentar para um "meio de transporte" e segmentar para o lado englobando um avião ou trem.

Terceira Posição ("Observador"): uma posição desassociada a partir da qual é possível observar ou rever com mais objetividade ou neutralidade os eventos, vendo a si mesmo e outras pessoas interagirem.

Troca Rápida: um padrão de submodalidade gerador usado para mudar hábitos e respostas.

Visual: o sentido da visão. (Ver "Sistemas Representacionais".)

Referências

Capítulo 2

Cornell College of Hospitality, fonte da pesquisa: documento de Michael Lynn, doutor, http://www.hotelschool.cornell.edu/research/chr/pubs/reports/abstract-13602.html.

Leslie Cameron, "Quadro de Resultados", *NLP Home Study Guide*, publicado pela NLP Comprehensive, ©1984-2007.

Capítulo 3

Pesquisa sobre visualização e lances livres. L. V. Clark, "Effect of mental practice on the development of a certain motor skill", *Research Quarterly* 31, n° 4 (dezembro de 1960): 560-69; Tony Morris, Michael Spittle e Anthony P. Watt, *Imagery in Sport* (Champaign, IL: Human Kinetics, 2005), também mencionado em http://www.vanderbilt.edu/ans/psychology/health_psychology/mentalimag ery.html.

Francesco Cirillo, *Técnica Pomodoro*, 2009. Este trabalho é licenciado segundo a Licença de Atribuição Não Comercial e Sem Derivação 3.0 da Creative Commons — http://www.pomodorotechnique.com.

"Integração do Movimento dos Olhos", processo criado originalmente por Steve e Connirae Andreas, http://www.nlpco.com/library/therapy/eye-movement-integration-therapy.

Fuzileiros Navais, dicas de treinamento, http://www.menshealth.com/best-life/mission-save-you/page/5.

Capítulo 4
Herbert Benson, *The Relaxation Response* (Nova Iorque: William Morrow, 1975).

Trecho sobre os metaprogramas de Joseph O'Connor e John Seymour, *Introducing NLP* (Londres: Thorson's, 1990).

Capítulo 5
Modelo GGNEE criado por Rick Middleton, fundador da Executive Expression em Los Angeles; mencionado no livro *Just Listen,* de Mark Goulston (Nova Iorque: American Management Association, 2010).

Capítulo 6
Conteúdo emocional na comunicação com base na pesquisa de Albert Mehrabian, *Silent Messages*, 1ª ed. (Belmont, CA: Wadsworth, 1971).

Pesquisa sobre equipes esportivas e toque, Benedict Carey, "Evidence That Little Touches Do Mean So Much", *New York Times,* 22 de fevereiro de 2010, http://www.nytimes.com/2010/02/23/health/23mind.html. "Para saber se um vocabulário rico de toque de apoio está de fato relacionado ao desempenho, os cientistas na Berkeley analisaram recentemente as interações em um dos campos mais fisicamente expressivos na Terra: o basquetebol profissional. Michael W. Kraus liderou uma equipe de pesquisa que codificou os choques, abraços e "toca aqui" com as mãos abertas em um único jogo realizado por cada equipe na Associação Nacional de Basquetebol [NBA, sigla em inglês] no início da última temporada. Em um documento entregue ao jornal *Emotion,* o Sr. Kraus e os coautores, Cassy Huang e Dr. Keltner, relatam que, com poucas exceções, as boas equipes tinham a tendência de se tocar mais que as ruins."

Allen Bluedorn, *The Human Organization of Time* (Stanford, CA: Stanford University Press, 2002).

Phil Zimbardo, *The Time Paradox: The New Psychology of Time That Will Change Your Life* (Nova Iorque: Simon & Schuster, 2008). Apresentação animada em http://www.youtube.com/watch?v=A3oIiH7BLmg.

Capítulo 7
Mark Goulston, *Just Listen* (Nova Iorque: American Management Association, 2010).

Instituto de Pesquisa do Toque, Universidade da Escola de Medicina de Miami. "A Pesquisa de Campo Tiffany no Instituto de Pesquisa do Toque em Miami descobriu que uma massagem de um ente querido não só pode diminuir a dor, como também aliviar a depressão e fortalecer uma relação." Melhor fonte: http://books.google.com/books/about/Touch.html?id=1fBdoaBC9-YC.

Hospital Infantil de Cincinnati: "Uma pesquisa demonstrou que os pacientes que recebem a experiência do toque que cura *aceleraram* a cicatrização de feridas, tiveram relaxamento, alívio da dor e conforto em geral."

Robert Cialdini, *Influence: The Psychology of Persuasion* (Nova Iorque: HarperBusiness, 2006).

Capítulo 8
Robert Dilts, *Strategies of Genius* (Capitola, CA: Meta, 1995).

Keith V. Trickey, "The Walt Disney Creative Strategy", http://www.wiredportfolio.com/blog/wp-content/uploads/2008/10/DisneyPaper.pdf.

Guia de 21 Dias
Stephen R. Covey, *The 7 Habits of Highly Effective People* (Nova Iorque: Fireside, 1989).

Malcolm Gladwell, *Outliers* (Nova Iorque: Little, Brown, 2008).

Agradecimentos

Agradecemos muito ao Dr. Robert Dee McDonald, inovador, autor e instrutor de PNL por criar:

- e testar esta versão da "Troca Auditiva" em 18 países;

- sua versão estendida das Pressuposições da PNL;

- a metáfora do taxista, que é a base do Método de Destino, uma Estratégia de Treinamento entre Pessoas;

- o Processo de Detecção da Missão, que fundamentou as seções deste livro.

Robert McDonald é coautor de dois livros da PNL intitulados *Tools of the Spirit* e *NLP: The New Technology of Achievement*. Seu site é TelosCenter.com (conteúdo em inglês).

Índice

A
Acessando os Recursos Pessoais 4
adivinhações 199
afastar o foco 166
Afinidade 158, 337
Ajustar as Submodalidades 74
Albert Mehrabian 184
Alinhamento Físico 339
Allen Bluedorn 223
amígdala 100, 149
âncora
  cinestésica 26
  espacial 26
  pessoal 26
âncora deslizante 105
Âncoras 23
Âncoras Intencionais 28
Âncoras Não Intencionais 28
Andreas, Conniraee Steve xviii
anorexia xiv–xxx
Aparência Pessoal 261
Appleseed, Johnny 172
Aprendizado 347
Aproximar e Afastar 200
atalho linguístico 118
Atividade de Descoberta 5, 17, 26,
  48, 52, 55, 61, 66, 67, 82, 86,
  90, 95, 105, 125, 130, 146,
  156, 190, 191, 210, 213, 225,
  245, 267, 283, 291, 296, 300
Atividades de Bônus
Atividades de Descoberta xxvii

Atrito 149
Ausência de Critério 208
Autores 385

B
Bannister, Roger 350

C
canais de comunicação 198
Canais Representacionais 244
canal de processamento 245
canal representacional 136
Causa/Efeito 209
Cérebro 14
cérebro multifacetado 150
Círculo de Excelência 5, 7
codependência 152
Como Criamos Nossas Sensações 9
Como Este Livro É Estruturado 31
Comportamento Não Verbal 185
Comunicação em Três Canais 182
Comunicação Persuasiva 335
comunicações não verbais 197
Condutores 89
Conexão Física 235
confiança 93
conflito 284
Conflitos Internos 292
Congruência/Incongruência 51
congruência interna xx
Contato Visual 161
Conteúdo e Domínio 220
Contraexemplo 30

contraexemplos 127, 214
Coordenadas Atuais 322
Corpo 14
Covey, Stephen 334
Crença 254
Crença Pessoal 213
crenças 12, 212
Crenças 118, 209
Criar Afinidade 193
Criatividade 276
Curiosidade 70

D
Depressão 73
desassociação 277
Desconexão 165
Desejos e Necessidades 215
diálogo interno 68
Dicas 84
Dicas de Motivação 98
Diferenças do Tempo 248
Diferentes Crenças 249
direção da atenção 165
Direção e Prioridades 326
Distorção 13
Domínios 220
  Atividade 220
  Coisas 220
  Informações 220
  Lugar 220
  Pessoas 220

E
Efeitos Propagadores 133
ego 151
Einstein, Albert 284
Elogios i
emoção 10
emoções energizantes 67
Empatia 150
Energia 84
  gerar 92
Entendendo Como Você Funciona 7
Entrar no Mundo do Outro 197
Era Uma Vez 260
Eric Potterat 98
Escavação Arqueológica 132
Escolaridade 155
espaço pessoal 177
Espaço Pessoal 186
Espelhamento 160
Espelhar e Combinar 158
Espelho 117
estado de fluxo 51
Estado Emocional 59
Estado Interno 237
Estar Associado ou Desassociado 53
estilo de comunicação 247
Estratégia de Criatividade de Disney 278
Estresse 113
Evidência 208
excelência 346
Exclusão 12
Executor Perdido 208
expectativas 82
Experiência e Pertencimento 211
Experiências Práticas 319
Expressões Faciais 188

F
faíscas emocionais 148
fatalista 224
Fazendo Perguntas 169
filtros automáticos 135
filtros perceptivos 120
Fisiologia 84
Folha de Registro 324, 328, 330
Franklin, Benjamin 240
Fritz Perls xxiv
funcionamento interno xx
Fuzileiros 98

G
Generalização 11
generalização exagerada 135

Gênero 155
Geração 155
Gestos 187
GGNEE 155
grandes sucessos 95, 105
Guia de 21 Dias 321

H
hedonista 224
Helen Keller 93
Herbert Benson 115
história 259
Hoobyar, Tom xviii–xxx

I
impacto emocional 54
Incongruência 203
Influence: The Psychology of Persuasion 252
informação sensorial 9
inimigo interior 73
inimigo interno 255
Inovação 280
Instalação de Desvio da Curiosidade 70
instinto de reciprocidade 252
Integração do Movimento dos Olhos 86
intensidade 165
Interromper a Afinidade 196
Introdução xix

J
Jefferson, Thomas 240
John Seymour 120
Joseph O'Connor 120
Just Listen 234

K
Kafka, Franz 103
Keillor, Garrison xv

L
Lacunas na Compreensão 198
LeDoux, Joseph 149
leitura da mente 199
leitura do pensamento 175
lembretes 233
Leslie Cameron 42
linguagem 205
  atalho 205
linguagem corporal 177
Linguagem Local 243
linguagens dos sentidos 34
linguistas cognitivos 136
Locomoção e Ritmo 189
lutar ou correr 176
L. V. Clark 83

M
Malcolm Gladwell 352
Mapas pessoais 144
Mark Goulston 234
McDonald, Robert xviii, 153
meditação 114
meio cultural 188
Mente 15
Mente Inovadora 350
metáfora 258
Metamodelo 117, 118, 205
metaprogramas 117
Metaprogramas 120, 122, 219
Metarresultado 44
Metarresultados 215
Middleton, Rick 155
Milton Erickson xxv
Missão 335
Modalidades 55
Modalidades Representacionais 20
Modelagem xxiii
Modelo do Resultado Bem Formado 275
Modo Detetive 205
moléculas de significado 55

Monocrônico e Policrônico 222
Montapert, Alfres A. 317
Moshe Feldenkrais xxv
motivação 121
  em direção a 121
  longe de 122
Motivação 60, 90
  em direção a 326
  longe de 326
Motivação e Instrução 342
motivação real 215
Movimento dos Olhos 188

N
Nacionalidade 155
Negociação 300
notas adesivas mentais 23

O
objetividade 197
Objetivos Irresistíveis 332
Objetivos Possíveis 329
opções 121
Organização 281
Orientação do Tempo 224

P
padrão de comunicação 168
Padrão de Troca Rápida 349
Padrão do Chocolate Godiva 66
Padrões de Processamento 219
palavras 208
  de impossibilidade 208
  requeridas 208
palavras sensoriais 136
papéis 279, 281
  crítico 279
  realista 279
  sonhador 279
Paralinguagem 189
pequena falha 89
Pertence Pessoal 262

pessoal, predominante e
  permanente 73
3 Ps 73
pessoa proativa 121
pessoa reativa 121
pessoas tóxicas 264
Phil Zimbardo 224
pistas não verbais 185
PNL xxii, 3
Ponto em Comum 222
Posição Corporal 186
Posições 151
Posições Perceptivas 152
Postura 187
postura defensiva 285
predicados 117, 245
Predicados 123
preferência pessoal 247
Preferências Pessoais 217
primeiras impressões 144
primeiro plano 23
princípios operacionais
  subjacentes xxv
procedimentos 121
Processamento Instantâneo 155
Processo de Integração de
  Conflitos 284
Procrastinação 63
Programa de Desempenho
  Máximo 344

Q
Quadro de Resultados 42
Quadros de Resultados 41
quatro hábitos, 4G 99

R
reação de pânico 114
Recursos 47
Recursos Internos 277
Referências 371
Relações Tóxicas 264
renovação pessoal 334

Reprogramar 145
Resistência 85
Resolução de Conflitos 285
respiração seis-dois-seis 101
Resposta Psicológica 188
Ressignificar 250
Resultado Bem Formado 42
Resultados Bem Formados 275
Richard Bandler 322
 Troca Auditiva 69
Robert Cialdini 252
Robert Dilts 278

S
segundo plano 23
semana infernal 98
Sensações Maravilhosas 340
Sinais de Trânsito 185
Sinal Auditivo 67
sincronia 160, 194
sistema límbico 185
Sistema Representacional 218
Sistemas Internos 143
Situação Desconfortável 191
Stephen Covey 334
Steve Andreas 124
Steve e Connirae Andreas 86
Submodalidades 55
Substantivações 206
Sucesso Inevitável 333

T
Tamanho do Bloco 43
Técnica Pomodoro 85
tecnologia do comportamento
 humano xxii
Temores e Sonhos 327
Tempo 222
Termos Comuns da PNL 363
Território Inexplorado 240
toque 235
Toque 187
Treinamento Mental 83

Trickey, Keith V. 281
Troca Auditiva 69

U
Universais 207
 Sempre/Nunca 207
 Todos/Ninguém 207
 Tudo/Nada 207
Usuário Avançado xxvii

V
Valores do Coração 341
Valorizando o Amor 343
Versatilidade 167
Vida Maravilhosa 355
Virginia Satir xxv
Visão de Seu Mundo 193
você de hoje 117, 124
você desejado 124
Vozes Internas 67, 102

W
Waldo Emerson, Ralph 185
Walt Disney 278
Walter Lippmann 197

Z
Zona de Envolvimento Total 81-109

Sobre os Autores

Tom Dotz é um verdadeiro empreendedor. Isso significa que ele experimentou os negócios e a vida em cada aspecto. Pegou carona no rabo de foguete provocado pela bolha das startups financeiras e explodiu junto com ela o resto de sua vida. Ele sabe que um plano de negócios brilhante com o melhor financiamento pode evaporar sem que tenha sido sua culpa. Sabe que é preciso resiliência. Quando Tom fez seu primeiro treinamento de PNL, ficou tão impressionado que fundou o Instituto de PNL da Califórnia. Usando a PNL para comercializar a PNL, ele criou uma comunidade poderosa e a desenvolveu a ponto de torná-la a maior organização do tipo nos EUA em apenas quatro anos. Agora, como proprietário da NLP Comprehensive, comanda o design de programas e produtos para problemas e oportunidades da vida real.

Tom Hoobyar, mestre em PNL, engenheiro e CEO de alta tecnologia, usou suas habilidades de PNL e experiência de vida para ajudar pessoas e negócios a se desenvolverem. Ele teve 37 patentes na indústria de biotecnologia, inclusive a válvula original do Diafragma Radial, como CEO fundador e estrategista de marketing da ASEPCO, Inc. Aproveitou ainda mais suas realizações como homem casado e feliz, com três filhos adultos e sete netos. Fundou o NLP Café e o grupo de internacional de estudo NLP Alumni. No NLP Café, comandou programas avançados em PNL por 15 anos e fez parte da diretoria da NLP Comprehensive, uma líder mundial em treinamento em PNL.

Susan Sanders ajuda as organizações tornando o aprendizado e o trabalho mais fácil, divertido e significativo. Sua compreensão de como as pessoas "funcionam", seu amor pelas palavras, sua atenção com as crenças e metáforas e a capacidade única para organizar ideias distinguem sua abordagem e habilidade em criar uma mudança duradoura. Uma década de estudo da PNL permite a Susan integrar os conceitos e estratégias da PNL na escrita e edição, design de instrução e oferta de treinamento.